Liebe Leserinnen und Leser,

Sachunterricht soll lebenspraktisches Können und Wissen vermitteln, damit die Kinder nach Ursachen und Wirkungen lebensweltlicher Phänomene zu fragen lernen, führt **Wolfgang Biester (S. 13–15)** aus. Maschinen ähneln von außen häufig einer Black-Box. Ein Ziel sollte es daher im Unterricht sein, deren Geheimnis zu lüften und kindgerecht einfache Maschinen, Geräte und Getriebe kennenzulernen **(Monika Zolg, S. 18–27)**.

Technik begegnet uns überall im Alltag: Eine Salatschleuder kennt fast jedes Kind. Doch was macht dieses Gerät eigentlich mit dem Salat – und vor allem: wie, fragt **Dieter Schödel (S. 34–37)**. Ein tropfender Wasserhahn kann Nerven kosten! Es ist daher kaum vorstellbar, dass eine Dichtung eingeschnitten wird, um einen Hahn absichtlich zum Tropfen zu bringen – es sei denn, man möchte dem Innenleben des Hahnes und seiner Technik auf die Spur kommen … **(Monika Zolg** und **Ute Apel, S. 38–43)**. Auch die Luftpumpe ist den meisten Kindern vertraut, ihre Nutzung eigentlich kinderleicht. Daraus lässt sich sicher kein Stoff für einen problemlösenden Sachunterricht gewinnen? Doch, meint **Monika Zolg (S. 44–49)**.

Wie die Pyramiden gebaut wurden, ist auch heute noch ein Rätsel – ein Rätsel, das die Neugier und den Wissensdrang der Kinder weckt **(Elke Lier-Ertmer, S. 64–67)**!

Brücken können riesigen Schiffen ausweichen und geben ihnen so den Weg frei. Beim Bau beweglicher Brücken entwickeln die Schülerinnen und Schüler individuelle Lösungen **(Elke Lier-Ertmer** und **Katrin Kaiser, S. 68–71)**.

Die Bionik nutzt die Natur als Ideengeber bei der Entwicklung von Erfindungen. So ist etwa der Klettverschluss nach dem Vorbild der Klette entstanden – das fasziniert technikinteressierte und naturverbundene Kinder gleichermaßen **(Sigrid Belzer, S. 90–98)**.

Leere Akkus wieder aufladen – mit einem Ladegerät kein Problem! Doch wie wäre es, die Akkus einmal mit der eigenen Muskelkraft aufzuladen, fragt **(Mario Spies, S. 103–106)**.

Aerodynamik, Luftwiderstand oder Auftrieb können auch Grundschulkindern verständlich gemacht werden. Physikalisches Vorwissen brauchen sie nicht – nur das Interesse, warum ein großes und schweres Flugzeug fliegen kann, meint **Sonja Alberts (S. 124–129)**.

Der vorliegende Band bietet diese und mehr Ideen aus dem Bereich „Technik – Arbeit" für Ihren Unterricht und Schulalltag. Beim Umsetzen wünsche ich Ihnen viel Freude und Erfolg!

Herzlichst, Ihre

Uschi Pein-Schmidt

TECHNISCHES LERNEN IN DER GRUNDSCHULE

Klasse 1–4
KORNELIA MÖLLER

6 Technisches Lernen in der Grundschule

Wege zum konstruktiven Denken im Sachunterricht

Technik prägt alle Lebensbereiche. Somit gehört technische Bildung zur Aufgabe der Schule.

Klasse 1–4
WOLFGANG BIESTER

10 Technik verstehen

Technik spielt bereits in der Welt der Kinder eine wichtige Rolle.

Klasse 4
WOLFGANG BIESTER

13 Arbeit, Technik und Lebensweise

Sachunterricht in Klasse 4

Sachunterricht soll lebenspraktisches Können und Wissen vermitteln.

Klasse 2–4
KERSTIN MICHALIK

16 Ist Natur Technik?

Über Technik, Mensch und Natur nachdenken

Auch natürliche Dinge wurden den Menschen stark verändert: Ziergärten, Treibhaustomaten ...

Klasse 2–4
MONIKA ZOLG

18 Ein Maschinenbau-Lehrgang

Grundschulkinder erforschen, konstruieren und bauen Maschinen

Die Kinder lernen kindgerecht einfache Maschinen, Geräte und Getriebe kennen.

TECHNIK IM ALLTAG

Klasse 1
MONIKA ZOLG, STEPHANIE-VERENA DETERT-KUNKEL, FRIEDERIKE HELMBOLD

28 Kleine Techniker ... ganz groß

Untersucht wird Technik, der den Kindern im Alltag begegnet.

Klasse 1–4
DIETER SCHÖDEL

34 Vitamine mit Zahnrädern

Wie funktioniert eine Salatschleuder?

Was macht eine Salatschleuder eigentlich mit dem Salat – und vor allem: wie?

Klasse 3–4
MONIKA ZOLG, UTE APEL

38 Wenn der Hahn tropft ...

Kinder reparieren einen defekten Wasserhahn

Was tun, wenn der Wasserhahn tropft?

Klasse 4
MONIKA ZOLG

44 Das Rätsel der Luftpumpe

Problemlösendes technisches Lernen rund um die Luftpumpe

Die Luftpumpe ist den meisten Kindern vertraut und Stoff für einen problemlösenden Sachunterricht.

Klasse 1–4
INGELORE MAMMES

50 Warum läuft der Spülkasten eigentlich nicht über?

Die Toilettenspülung beruht auf einfachen mechanischen Prinzipien

Wir bedienen sie täglich mehrfach: doch was passiert eigentlich genau, wenn wir den Hebel drücken?

BAUEN

Klasse 1–4
INGELORE MAMMES

55 Rettet Ted!

Wir bauen ein Boot für den Klassenbären

Gemeinsam konstruieren und bauen die Kinder ein Boot, mit dem ein Teddybär transportiert werden kann.

Klasse 1–4
DIETER SCHÖDEL

59 Stein auf Stein

Auf dem Schulgrundstück entstand ein Anbau. Das machte neugierig auf das Mauerhandwerk.

Klasse 3–4

ELKE LIER-ERTMER

64 Das Geheimnis des Pyramidenbaus

Kinder erforschen die Funktionsweise einfacher Maschinen

Der Pyramidenbau – ein Rätsel, das die Neugier und den Wissensdrang der Kinder weckt.

Klasse 3–4

ELKE LIER-ERTMER, KATRIN KAISER

68 Die Brückenbauer

Problemorientiertes lernen zum Thema „Bewegliche Brücken"

Beim Bau beweglicher Brücken entwickeln die Kinder individuelle Lösungen.

Klasse 3–4

PETRA M. SPIES

72 Eine Brücke aus Papier

Selbst konstruierte Papierbrücken werden auf Stabilität getestet.

ERFINDER UND ERFINDUNGEN

Klasse 1–4

KERSTIN MICHALIK

74 Vom Faustkeil zum Smartphone

Erfindungen verändern die Welt und den Menschen

Der Faustkeil war vielleicht die erste Erfindung des Menschen.

Klasse 1–4

MONIKA ZOLG

80 Kinder als Erfinder

Ausgehend von Geschichten beschäftigen sich die Kinder mit technischen Problemen.

Klasse 3–4

MAJA JERETIN-KOPF, WALTER KOSACK

85 Kinder erfinden eine Gummibärchenwurfmaschine

Kreative Problemlösungen

Technische Bildung trägt auch zur Förderung der Kreativität bei.

Klasse 2–4

SIGRID BELZER

90 Faszination Bionik

Natur als Erfinderin und Ideengeberin

Die Bionik fasziniert technikinteressierte und naturverbundene Kinder.

FAHREN UND FLIEGEN

Klasse 1–2

CORDULA RÖSSLER

99 Vier Wochen rund ums Rad

Kinder eignen sich selbstständig vernetztes und realitätsbezogenes Wissen an.

Klasse 4

MARIO SPIES

103 Wir er-fahren Strom!

Kinder entwickeln einen „Batterieladegerät-Dynamo"

Wie wäre es, Akkus einmal mit der eigenen Muskelkraft aufzuladen?

Klasse 4

HEIKE BLÜMER

107 Die Sonne treibt uns an

Funktionsmodelle mit Solarzellen bauen

Die Kinder vertiefen und erweitern ihr Wissen über die Nutzung von Sonnenenergie.

Klasse 3–4

BERND THOMAS

117 Fliegen – längst keine Utopie mehr

Ein historischer Rückblick auf die Geschichte des Fliegens.

Klasse 3–4

SONJA ALBERTS

124 Wieso kann ein Flugzeug fliegen?

Aerodynamik, Luftwiderstand ... können auch Grundschulkindern verständlich gemacht werden.

Technisches Lernen in der Grundschule

Kornelia Möller

Wege zum konstruktiven Denken im Sachunterricht

Technik prägt alle Lebensbereiche. Sie dient der Sicherung unserer Existenz und unseres Lebensstandards, stellt aber auch ein zerstörerisches Potenzial dar. Um eine humane Technik mitdenken, mitverantworten und mitgestalten zu können, braucht jeder grundlegende Kenntnisse von Technik und ihren Wirkungs- und Bedingungsverhältnissen. Somit gehört technische Bildung zur Aufgabe der Schule.

Grundschulkinder leben in einer technisierten Welt: Sie nutzen Technik im Spiel, beim Basteln, im Haushalt und im Umgang mit Kommunikationsmedien. Und sie sind von Folgewirkungen wie z. B. Lärm und Umweltbelastung betroffen. Ihr Wissen über Technik ist aber überwiegend auf ein Bedienungs- und Umgangswissen reduziert; zu Grunde liegende Funktions- und Entstehungszusammenhänge wie auch Auswirkungen von Technik bleiben häufig verborgen. Selbst im Spiel reduziert sich der Umgang mit technischen Gegenständen häufig auf das Bedienen und Gebrauchen. Prozesse des Herstellens, Bauens, Konstruierens und Demontierens werden in einer Welt perfekten Spielzeugs immer seltener. Insgesamt erschwert die Technisierung aller Lebensbereiche einen Einblick in technische Funktionen und Zusammenhänge und einen aktiven, verstehenden Umgang mit Technik. Eine verständliche Folge sind Inkompetenzgefühle und ein ausweichendes Verhalten gegenüber technischen Sachverhalten wie auch die Ausbildung negativer Einstellungen gegenüber der Technik. Haben sich solche Einstellungen erst einmal verfestigt, lassen sie sich nur schwer aufbrechen.

Bei Kindern ist das unmittelbare Interesse hinter die Dinge zu schauen, ihre Funktions- und Wirkungsweisen zu ergründen noch uneingeschränkt vorhanden. Kinder wollen wissen, wie etwas funktioniert, woraus und wie etwas gemacht ist, wo etwas herkommt und wie etwas entsteht und sie wollen etwas machen. Über das Machen erfahren sie Eigenschaften, Funktionsweisen und Zusammenhänge. Der Sachunterricht sollte dieses ursprüngliche Interesse aufgreifen und Grundschulkindern die Möglichkeit geben, sich nicht nur als Reagierende und Bedienende zu erleben, sondern anhand zugänglicher und für sie bedeutsamer Beispiele Technik zu entdecken, nachzuvollziehen, zu gestalten, zu verstehen und zu bewerten. Der von der Gesellschaft Didaktik des Sachunterrichts (GDSU) entwickelte Perspektivrahmen für den Sachunterricht (vgl. GDSU 2001) berücksichtigt ein so verstandenes technisches Lernen als eine der fünf Perspektiven des Sachunterrichts.

Foto: Kornelia Möller

Abb. 1: Aufgeschnittenes Dynamo (innen: Dauermagnet, außen: Spule)

Ziele und Aufgaben technischen Lernens im Sachunterricht

Im Sachunterricht sollten die Kinder Gelegenheit haben,
- lebenspraktisches, technisches Können und Wissen zu erwerben,
- elementare Formen technischen Handelns zu erlernen,
- grundlegende technische Funktions- und Herstellungszusammenhänge zu verstehen,
- sich mit Folgewirkungen von Technik auseinander zu setzen,
- über Zusammenhänge zwischen technischer Entwicklung, Arbeits- und Lebensweisen nachzudenken,
- geschlechtsspezifische Einstellungen zu Technik zu thematisieren und Hemmungen abzubauen.

Dem Alter der Schülerinnen und Schüler entsprechend muss der Sachunterricht zur Entwicklung einer technisch-praktischen Handlungsfähigkeit beitragen, die hilft, in unserer von Technik bestimmten Welt zurechtzukommen. Ein solches auf Können ausgerichtetes Arbeiten vermittelt wichtige Kompetenzerlebnisse. Diese helfen eine, vor allem bei Mädchen, bereits entstandene Scheu vor technischen Sachverhalten abzubauen.

Neben das praktische Bewältigen konkreter Aufgaben, wie z. B. dem sachgerechten Umgang mit Werkzeugen und einfachen Maschinen, sollte das Verstehen technischer Zusammenhänge treten. Auch technisch relevante Verfahren, wie Konstruieren, Experimentieren, Probieren, Optimieren, Gestalten und Bewerten sollten im Sachunterricht in kindgerechter Weise erlernt werden.

Darüber hinaus sollte der Unterricht an Beispielen Zusammenhänge zwischen Arbeit und Technik (z. B. die Veränderung von Arbeit durch die Entwicklung neuer Technik), aber auch Veränderungen unserer Lebensweise auf Grund technischer Entwicklungen aufzeigen. Auf dieser Basis ist es auch im Grundschulalter möglich, sich mit Folgewirkungen von Technik wertend auseinander zu setzen.

Technik geht uns alle an – auch unsere Kinder.

Das letztgenannte Ziel bezieht sich vor allem auf das Verhältnis von Mädchen zur Technik. Bereits im Grundschulalter haben sich häufig geschlechtsspezifische Einstellungen verfestigt: Untersuchungen bestätigen einen Erfahrungs- und Interessensvorsprung bei den Jungen (vgl. *Mammes* 2001). Allerdings zeigen diese Untersuchungen auch, dass das Interesse, das Kinder an Technik haben, durch den Unterricht positiv beeinflusst werden kann.

„Fahrzeuge" und „Elektrischer Strom" im Unterricht

Das folgende Unterrichtsbeispiel, das unter verschiedenen Schwerpunkten ausbaubar ist und sich auch in mehreren Schritten vom ersten bis zum vierten Schuljahr unterrichten lässt, soll zeigen, wie die Ziele des Perspektivrahmens konkretisiert werden können.

Etwas Herstellen

Das Bauen von Fahrzeugen gehört in vielen Bundesländern zu den verbindlichen oder optionalen Themen des Sachunterrichts. Kindern macht es Spaß, aus Holzteilen oder Alltagsmaterialien ein Spielzeug selbst herzustellen. Beim Herstellen von Fahrzeugen lernen sie, mit Werkzeugen sachgerecht umzugehen und einen Herstellungsvorgang zu planen, vorzubereiten und durchzuführen: Sie sägen z. B. ein Holzbrett für die Grundplatte auf die passende Länge ab, schleifen die Sägeflächen mit einem Schleifklotz, schrauben Ösen unter die Grundplatte, nachdem sie mit einem Lineal die Stellung der Achsen für die Räder markiert und mit einem Vorstecher die entsprechenden Schraubstellen vorbereitet haben, befestigen die Räder auf den Achsen und verwenden Klötze, Leisten und Ähnliches, um die Aufbauten ihres Fahrzeugs individuell zu gestalten (vgl. *Wiesenfahrt* 1997).

Probieren und Optimieren

Funktionieren die Fahrzeuge auch? Die Kinder testen die selbst gebauten Fahrzeuge, indem sie diese auf einer schiefen Ebene rollen lassen. Fahren die Fahrzeuge geradeaus? Drehen sich die Räder? Wie steht es mit der Rollweite? Sie entdecken

Unterschiede: Bei einigen Fahrzeugen rollen die Räder nicht optimal, weil die Räder in unterschiedlicher Höhe angebracht sind; auch die Reibung der Räder und Achsen beeinflusst das Rollverhalten. Am Besten klappt es, wenn eine Metallachse sich in einer Metallöse dreht. Es werden Ursachen für Fehler gesucht, Verbesserungen vorgenommen und neue Tests gestartet.

Abb. 2: Lichtmaschine

Konstruieren

Jetzt soll eine Beleuchtung für das Fahrzeug entwickelt und befestigt werden (vgl. *Möller* 1997; *Lips/Nachtigäller* 2000).

Kinder experimentieren sehr gerne mit elektrischem Strom (mit 4,5 Volt Batterien). Auch dieses Thema gehört in vielen Bundesländern zum Kanon verbindlicher oder möglicher Inhalte. Die Kinder sollen lernen, dass elektrischer Strom in unserem Leben wichtig ist, wie man mit Strom Licht macht, welche Funktion ein Schalter im Stromkreis hat, dass elektrischer Strom nicht nur in Licht, sondern auch in Wärme und Kraft umgewandelt werden kann und welche Gefahren im Umgang mit elektrischem Strom vorhanden sind.

Im Unterricht haben die Kinder Gelegenheit, mit isolierten und nicht isolierten Drähten, kleinen Blechen und Batterien ein Glühlämpchen zum Leuchten zu bringen, einen Schalter zum Ein- und Ausschalten des Lichts einzubauen, mehrere Glühlampen gleichzeitig zum Leuchten zu bringen, elektrische Spiele zu erfinden und elektrische Haushaltsgeräte, die außer Betrieb genommen sind, zu untersuchen.

Auch die elektromagnetische Wirkung des elektrischen Stroms lässt sich spielerisch erkunden: Ein gewickelter Leiter, auch elektrische Spule genannt, der um einen Nagel gewunden ist und an eine Batterie angeschlossen ist, macht diesen

Nagel magnetisch; so lassen sich z. B. mehrere Büroklammern sicher transportieren. Im Alltag finden sich Elektromagnete in vielen Bereichen: Ein Elektrokran, der zum Transportieren von Schrott eingesetzt wird, funktioniert z. B. nach diesem Prinzip; mit einem Dauermagneten wäre ein Schrotttransport unmöglich. Auch in jedem Elektromotor finden wir Elektromagneten – diese bewirken die Drehung des Motors.

Das Thema „Beleuchtung" wird an den Fahrzeugen vertieft: Die Schülerinnen und Schüler statten ihre Fahrzeuge mit einer Beleuchtung aus. Als Alternativen stehen die Beleuchtung mit einer (wie beim Polizei- oder Krankenfahrzeug) oder mit mehreren Glühlampen (Vorder- und Rücklichter) zur Auswahl. Die Batterie findet auf der Ladefläche des Fahrzeugs Platz; dort (oder an der Seite) lässt sich auch ein Schalter für die Beleuchtung anbringen. Wie die Glühlampen zu verdrahten sind, können die Schülerinnen und Schüler selbst herausfinden. Dabei können sie die Vorteile einer Parallelschaltung entdecken: Bei dieser Schaltung leuchten die Glühlampen heller als bei der Reihenschaltung, bei der sich die Spannung der Batterie auf alle vier Lampen verteilt.

Technische Funktionszusammenhänge verstehen

Wie steht es mit der Beleuchtung bei „richtigen" Fahrzeugen? Wie funktioniert z. B. die Beleuchtung am Fahrrad? Die Schülerinnen und Schüler richten die Aufmerksamkeit auf den Dynamo, der den Strom für das Vorder- und Rücklicht am Fahrrad erzeugt. Das Fahrradlicht brennt, wenn der Dynamo gedreht wird. Ein aufgeschnittener Dynamo (siehe *Abb. 1*) zeigt, dass im Dynamo eine elektrische Spule und ein Dauermagnet untergebracht sind. Der Dauermagnet zieht kleine Eisenteile an. Durch Ausprobieren mit einem Stabmagneten können die Schülerinnen und Schüler auch feststellen, wo sich die Pole des Dauermagneten befinden. Der Dauermagnet wird durch die Drehung des Dynamos in Bewegung versetzt. Er dreht sich in der elektrischen Spule. Dadurch fließt in der elektrischen Spule ein elektrischer Strom.

In der Lichtmaschine des Autos passiert nichts anderes. Den gesamten im Auto benötigten Strom durch eine Batterie zur Verfügung zu stellen, wäre viel zu aufwändig. Auch hier wird Strom durch die Drehung einer elektrischen Spule in einem Magnetfeld „erzeugt". Ein Blick unter die Motorhaube zeigt, dass die Drehung des Motors auf die Lichtmaschine durch Riemen übertragen wird (siehe *Abb. 2*).

Wird aller Strom, den wir brauchen, auf diese Weise „erzeugt"? Das vom Dynamo bekannte Grundprinzip – das Generatorprinzip – liegt auch der Stromerzeugung in Kraftwerken zu Grunde. Hier gibt es große Generatoren, in denen sich mächtige elektrische Spulen befinden. Das Entscheidende ist, dass sich eine elektrische Spule in einem Magnetfeld dreht (oder umgekehrt). Wie aber wird die Drehung der mächtigen Spulen bewirkt?

Karte 1 (siehe S. 9) zeigt das Grundprinzip, das jedem Elektrizitätswerk zu Grunde liegt: Mit Hilfe von Wasser, Wind oder Dampf wird eine große Turbine in Drehung versetzt. Der Dampf wird durch Erhitzen von Wasser mithilfe von Gas, Kohle oder Kernenergie erzeugt. Das auf die Turbinenschaufeln bzw. -flügel auftreffende Wasser bzw. der auftreffende Wind oder Dampf bewirken die Drehung der Turbine; damit drehen sich die elektrischen Spulen im Generator und erzeugen wie beim Dynamo Strom, der anschließend an die Verbraucher, z. B. auch an unsere Haushalte, über Leitungen verteilt wird. Der kleine, nicht sehr aufwändige Demonstrationsversuch (siehe Karte 2, S. 9) zeigt das Grundprinzip leicht verständlich: Der austretende Dampf trifft auf die Flügel der Turbine (hier ein Windrad) und versetzt diese und damit auch die Spulen im Generator in Drehung; Wind- und Wasserkraftwerke funktionieren analog.

Technik bewerten

Dampfkraftwerke brauchen zur Erzeugung des Dampfes Primärenergien wie Gas, Stein- oder Braunkohle oder auch Kernbrennstoffe. Wasser- und Windkraftwerke nutzen dagegen regenerierbare Energiequellen – eine Unterscheidung, die wir mit den Kindern erörtern können. Auch Vor- und Nachteile lassen sich, vielleicht sogar an konkreten Beispielen aus der Umgebung, erarbeiten.

Über technische Entwicklungen und Zusammenhänge nachdenken

Was wäre, wenn es keinen elektrischen Strom gäbe? Seit Mitte des 19. Jahrhunderts ist es möglich, mithilfe von Genera-

toren elektrische Energie zur Verfügung zu stellen. Die Erfindung des Generators durch *Werner von Siemens* (1866) wurde zunächst für die Beleuchtung, die Elektrifizierung der Eisenbahnen und für Fernsprecheinrichtungen genutzt. Fast bis zum Ende des 19. Jahrhunderts dauerte es, bis elektrischer Strom über weite Entfernungen verschickt werden konnte (vgl. *Klein* 1984).

Abb. 3: Reparatur eines selbst gebauten Autos

Heute gehört elektrischer Strom zu den Selbstverständlichkeiten unseres Lebens. Elektrizität wird unter anderem dazu gebraucht, um Arbeit zu erleichtern, Informationen zu verarbeiten und zu transportieren sowie Licht und Wärme zu erzeugen.

Mädchen- und Jungenkompetenzen

Sind diese technischen Zusammenhänge für Mädchen schwieriger zu verstehen als für Jungen? Entscheidend sind die Vorerfahrungen, die sie haben. Mädchen holen den Vorsprung der Jungen leicht auf, wenn der Unterricht Möglichkeiten bietet, Erfahrungen mit technischen Verfahren und Inhalten zu machen. So kann z. B. das selbst gebaute und beleuchtete Fahrzeug Kompetenzerlebnisse für Mädchen und Jungen vermitteln und die Erfahrung ermöglichen, dass die Mädchen den Jungen im Hinblick auf Verstehen und Können durchaus nicht nachstehen.

Lernen in der technischen Perspektive

Das obige Beispiel zeigt: Technisches Lernen im Sachunterricht beschränkt sich nicht auf den Umgang mit Werkzeugen und Materialien, auch wenn dieser Bereich zu den wichtigen Aufgaben des Sachunterrichts gehört. Neben technischem Können geht es auch um das Verstehen von Funktionszusammenhängen, um Einsichten in

Folgewirkungen sowie um die Bewertung technischer Errungenschaften. Und immer geht es um das Erleben von Kompetenz: Nur so lässt sich die Scheu vor technischen Inhalten abbauen – je früher umso leichter und nachhaltiger.

Das Beispiel zeigt auch: Lernen in der technischen Perspektive kann nur exemplarisch erfolgen. Inhalte sind dann im exemplarischen Sinne gehaltvoll, wenn sie wichtige, auch für Kinder bedeutsame technische Gegenstände, Verfahren und Errungenschaften anhand übertragbarer, gründlich bearbeiteter und für Kinder verstehbarer Beispiele erschließen. Das handelnde Ausprobieren, Konstruieren und Überprüfen ist dabei unerlässlich.

Die Bearbeitung solcher umfassender Themenbereiche erfordert fast immer ein mehrperspektivisches Vorgehen und eine Verknüpfung mit weiteren Perspektiven des Sachunterrichts, hier z. B. mit der historischen, sozialwissenschaftlichen und naturwissenschaftlichen Perspektive. ●

Literatur

Biester, Wolfgang: Sachunterricht – Ideen, Modelle, Methoden, Material für die Unterrichtspraxis, Freiburg i. Br. 1981
Gesellschaft für Didaktik des Sachunterrichts (GDSU): Fünf Perspektiven für den Sachunterricht. In: Grundschule, Heft 4/2001, S. 9–14 und https://www.westermann.de/zeitschriften/grundschule/die-grundschule/; Specials; Artikel und Arbeitsblätter
Klein, Heinrich: Elektrischer Strom. Heinsberg 1984
Klein, Heinrich: Glühbert und Wolfram. Bd. 1 und 2. Heinsberg 1984
Lips, Susanne/Nachtigäller, Ingrid: Tannenbaumbeleuchtung. In: Die Grundschulzeitschrift, Heft 139/2000, S. 20
Mammes, Ingelore: Förderung des Interesses an Technik, Frankfurt 2001
Möller, Kornelia: Geht Dir ein Licht auf? In: Die Grundschulzeitschrift, Heft 108/1997, S. 12
Wiesenfarth, Gerhard: Fahrzeuge bauen – Schüler entwerfen Fahrgestelle. In: Zeitschrift für Technik im Unterricht, Heft 86/1997, S. 22–30

Wie im Elektrizitätswerk Strom erzeugt wird

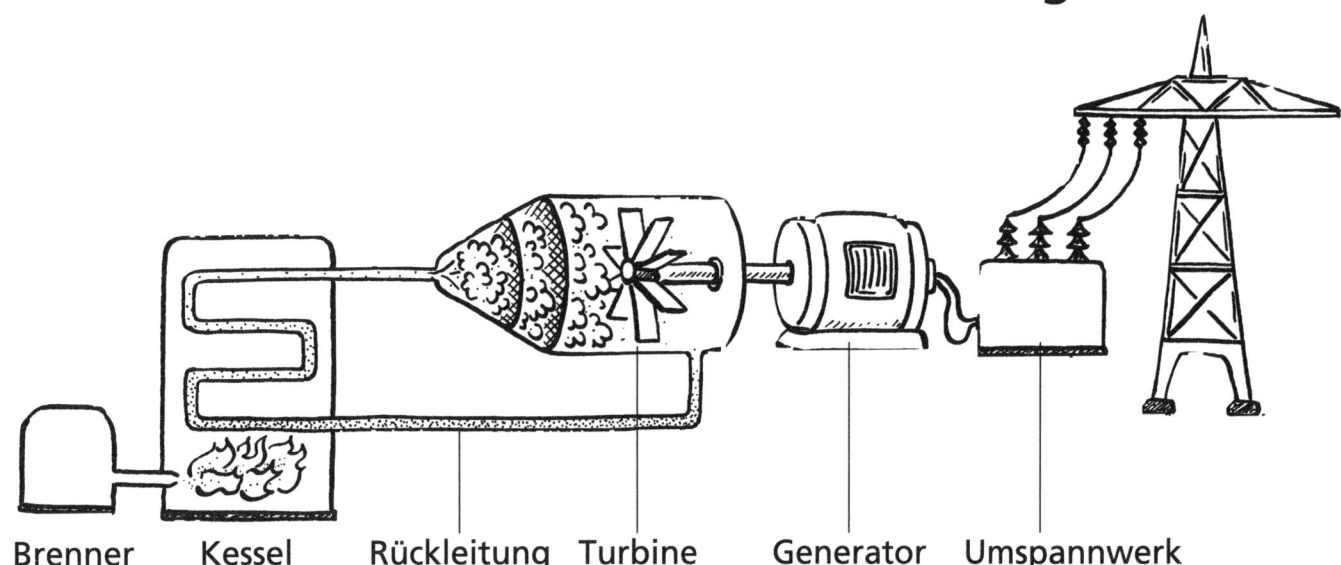

Brenner   Kessel   Rückleitung   Turbine   Generator   Umspannwerk

Der Brenner erhitzt im Kessel das Wasser.

Dieses wird dadurch zu Dampf.

Der Dampf versetzt die Turbine in Drehung.

Diese Drehung wird auf den Generator übertragen.

Der im Generator erzeugte Strom wird im Umspannwerk so verändert, dass er über große Entfernungen weitergeleitet werden kann.

Der Dampfkesselversuch

Was passiert?
Warum?

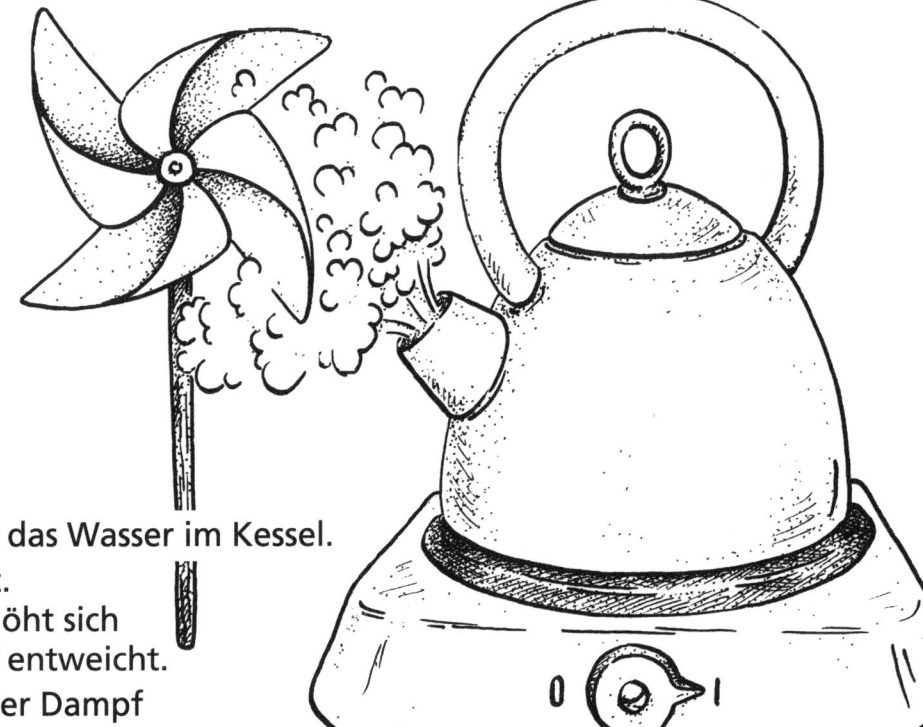

Erklärung:

Die Herdplatte erhitzt das Wasser im Kessel.

Das Wasser verdampft.

Der Druck im Topf erhöht sich und der Wasserdampf entweicht.

Durch die Tülle wird der Dampf genau auf das Windrad geleitet und setzt es auf diese Weise in Bewegung.

ILLUSTRATION: SCHWANKE UND RAASCH

Technik verstehen

Wolfgang Biester

Technik ist ein weltgestaltendes, -veränderndes und auch problemhaftes Instrumentarium und darf deshalb nicht allein Expertensache sein. Sie spielt bereits in der Welt der Kinder eine wichtige Rolle, geht jeden an und muss reflektiert werden, um Urteilsfähigkeit bezüglich technischer Nutzen und Schäden frühzeitig anzubahnen.

A ls Teil von Allgemeinbildung gelten in der Grundschule auch für Technik die folgenden Sachunterrichtsziele: Ausbildung eines lebenspraktischen Könnens und Wissens als Lebenshilfe, die Isolierung von Fragen und Problemen aus diesem handlungsintensiv gewonnenen Fundus, Anregung zu Untersuchungen sowie die Einordnung der Ergebnisse in Zusammenhänge.

Erfahrungen an der Wippe

Im Unterricht findet ein Gespräch über das beliebte Wippen statt: Wann es besonderen Spaß macht, worauf man achten muss, über Spielverderber ... Der Lehrer zeichnet *Abb. 1* an die Tafel. „Die geht nicht." „Die Stange da (zeigt), der Wippebalken, muss rechts länger sein, so wie links." „Wer auf dem kurzen Stück sitzt, der bleibt oben." „Aber nicht, wenn er dick ist." Der Lehrer zeichnet den kurzen Teil dicker. „Dann gehts auch nicht." „Geht schon, aber macht keinen Spaß." „Die muss so sein (breitet die Arme weit aus, meint ‚waagerecht')." „Wenn einer schwerer ist als der andere, dann muss der sich mehr nach vorn setzen, dann ist das so ähnlich wie hier" (zeigt auf *1b* und zeichnet *Abb. 2*). Lehrer: „Dann ist die Wippe im Gleichgewicht und steht waagerecht" (schreibt die Begriffe an die Tafel).

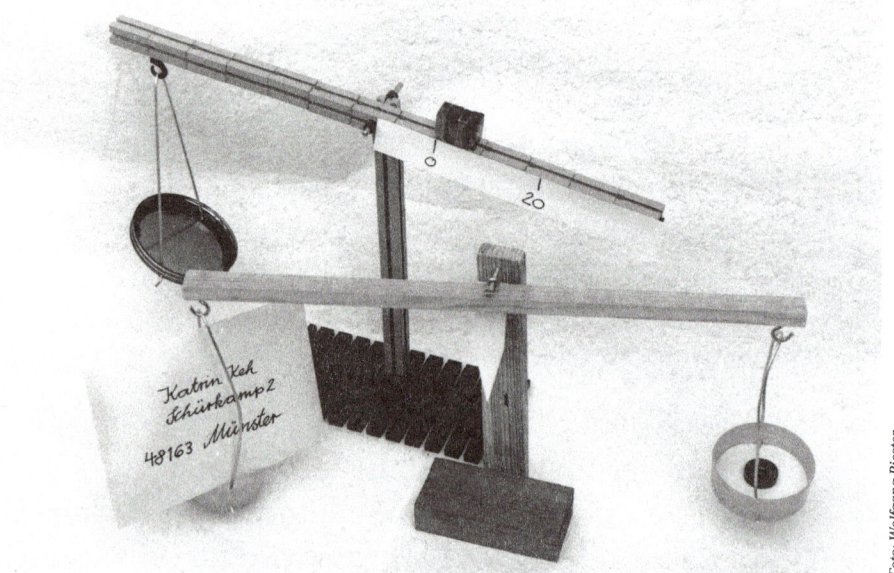

Die Kinder konstruieren eine Briefwaage, ...

Was geschieht in diesem in Ausschnitten wiedergegebenen Gespräch, das auch den folgenden Unterricht vorbereitet? Weil die Zeichnung des Lehrers nicht der Wirklichkeit entspricht, irritiert sie und fordert zum Widerspruch heraus. Dieser regt das Gespräch an und hält es in Gang. Dabei versprachlichen die Kinder die Schemata, in denen das kaum reflektierte Umgangswissen vom Wippen assimilierend (*Piaget* 1976) aufgehoben ist. Zeichnung und Geste unterstützen und veranschaulichen die Sprache.

Die Interaktion des Gesprächs macht die Spielerfahrungen bewusst, regt zum Weiterdenken des von anderen Gedachten an und verändert damit die individuellen und zunächst verschiedenen Schemata. Diese werden dabei akkomodierend umstrukturiert, ihre Elemente kausal verknüpft und auf einem höheren Niveau als zuvor angeglichen. Die Kinder können jetzt die Begriffe „Gleichgewicht" und „waagerecht" in die erweiterte Struktur integrieren. Die allgemeine Verwendung ist dadurch allerdings noch nicht gesichert.

Konstruktion einer Waage

Zum Rahmenthema „Einkaufen" gehört auch die Erkundung des Wochenmarktes. Die Kinder teilen mit, was sie davon bereits wissen: „Da ist es billiger." „Alles frisch." „Da kann man aussuchen und vergleichen ..." Wir halten fest, was wir auf unserem Marktgang beobachten und erfragen wollen, z. B. was man alles kaufen kann, wo es wächst, von wem es hergestellt oder ausgeliefert wird, was es kostet, was nach Stückzahl und was nach Gewicht berechnet wird und welche Art Waagen dafür verwendet werden.

Zur Auswertung des Marktganges gehört das Wägen. Da wurden erhebliche Unterschiede beobachtet: Waagen mit Waagschalen, mit und ohne Gewichtsstücke und auch automatische Waagen. Bei einem früheren Besuch der Apotheke im Schulbezirk sahen wir eine Waage für geringe Gewichte (vgl. *Biester* 1994).

Wir bauen nun selbst eine Waage. Sie soll uns helfen, einen Brief, der für 80 Cent Porto nur höchstens 20 g wiegen darf, richtig zu frankieren. Der Lehrer zeigt Brief, Gewichtsstück (20 g) und das Material zum Bauen, er bringt eine Leiste (Waagebalken) auf seinem ausgestreckten Zeigefinger ins Gleichgewicht, erinnert an die Wippe und behauptet, das könne schon fast ausreichen, um festzustellen, ob der Brief schwerer oder leichter als das Gewichtsstück sei. „Den Brief auf die eine und das Gewicht auf die andere Seite." „Der Brief kostet eine Mark,

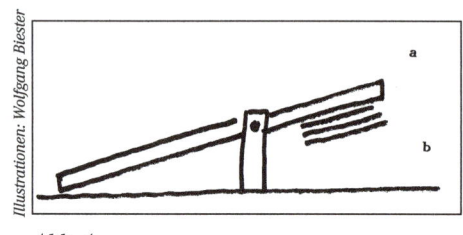

Abb. 1

Abb. 2

wenn das Gewicht runtergeht." „Wenn die Leiste so grade auf der Kippe ... wenn die grade so eben noch Gleichgewicht hat, dann ist's besser, noch 'ne Marke draufzukleben." „Aber so fällt das doch alles runter." Die Kinder zeichnen auf, wie sie sich ihre Waagen vorstellen und diskutieren und verbessern ihre Entwürfe (z. B. „An was Festes machen, wie bei der Wippe, dass es nicht

praktische Fertigkeiten, z. B. sachkundiges Einkaufen, Preise aus Gewichten berechnen und - eher technisch-fachpropädeutisch - die Funktion von Waagen.
Der dargestellte Unterricht gibt Letzteres gekürzt wieder: Die Behauptung des Lehrers, seine ins Gleichgewicht gebrachte Leiste sei schon fast eine Waage, ist eigentlich eine Frage an die Kinder. Diese stel-

dann immer viel tragen." „Aber umkippen könnte er doch" (meint, umkippen habe mit Stabilität nichts zu tun). Der Lehrer fordert auf, den Kran genau zu beobachten. „Der hat so'n Klotz am Ende" (Gegengewicht). „Der schiebt aber nicht, wie bei der Waage (mit Schiebegewicht)." Als die Laufkatze einige Bretter am Ende des Auslegers transportiert: „Der hebt mal am Ende und auch

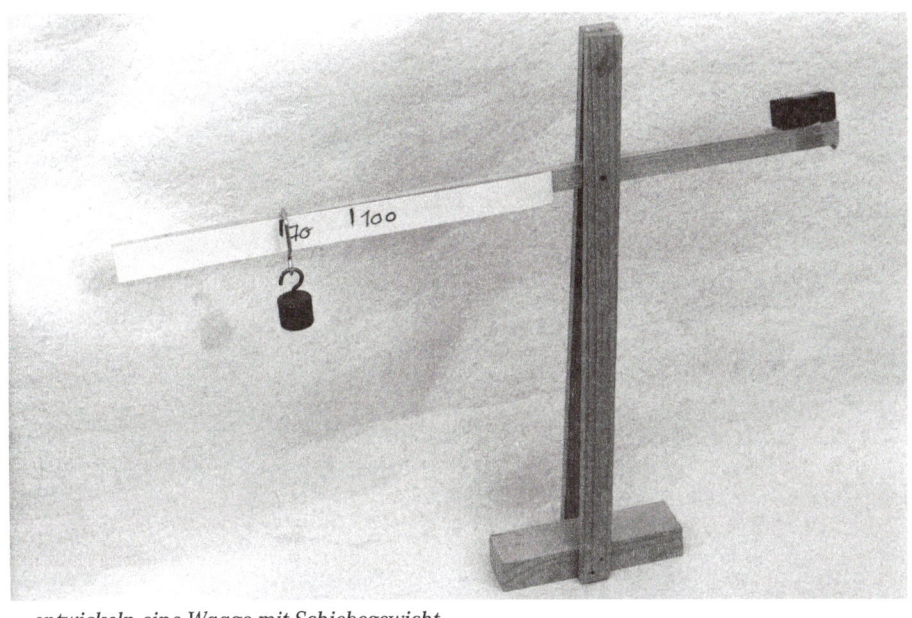

Foto: Wolfgang Biester

... entwickeln eine Waage mit Schiebegewicht ...

Foto: Imago/Chromorange

... und lernen die Funktion von Gegengewichten kennen

so kippelig ist."). Der Lehrer zeigt, wie man den Vorstecher benutzt, Draht biegt, einen Haken eindreht ... Bei der Fertigung machen die Kinder einige Entdeckungen, z. B. dass man durch Ausmessen der Leistenmitte nicht unbedingt schon Gleichgewicht erhält, dass man vor dem Wägen unbedingt Gleichgewicht herstellen muss (Ausgleichsgewicht!), dass außer der Stellung „waagerecht" auch die Senkrechte eines angeklebten Pfeils Gleichgewicht anzeigt.
Der Lehrer erinnert an die Wippe und das schwere Kind, das sich je nach dem Gewicht dessen, mit dem es wippt, mehr zur Mitte hin setzen muss. Er hängt die Gewichtsschale ab und legt stattdessen einen Klotz auf den „Gewichtsarm" und wartet ab ... „Den kann man jetzt hin- und herschieben bis Gleichgewicht ist." „Und wenn die Briefwaagschale leer ist, dann wiegt es da (unter dem Klotz) nichts." „Und wenn man dann ein Gewicht mit 20 g in die Briefwaagschale legt, muss man den Klotz schieben, bis es wieder waagerecht ist und 20 g unter den Klotz schreiben." „Und das kann man dann auch mit schwereren Gewichten machen." Die Kinder erfinden eine Skala und entdecken auch, dass man größere Gewichte wägen kann, wenn man den Gewichtsarm länger macht.
Das Rahmenthema „Einkaufen" setzt sich in unserem Fall aus Unterrichtseinheiten wie „Was wir jede Woche einkaufen", „Beim Bäcker im Schulbezirk", „Markt", „Briefe und Post" zusammen. Gelernt werden

len Vergleiche mit der Wippe an, machen Vorschläge, zeichnen, diskutieren und entdecken schließlich das unter dem Gesichtspunkt „Gleichgewicht" Ähnliche, dass nämlich Waagschale und Gewichtsstücke (bzw. Schiebegewicht) den Kindern auf der Wippe entsprechen. Das akkomodierte, vorläufige Schema (siehe *Abb. 2*) wird durch die Erfindung des Schiebegewichts und der Skala umstrukturiert.
Das Ergebnis ist ein technisches Gerät für genaues und einfacheres Messen von Gewichten, das Daten für das Rechnen zur Verfügung stellen kann - geschichtlich gesehen ist diese Neuerung eine Voraussetzung der späteren Automatisierung von Waagen, durch die - wie in der Regel bei jeder Automatisierung - Arbeit eingespart wird. Das umstrukturierte Schema enthält auch die Beziehungen von Gleichgewicht, waagerecht und senkrecht.

Der Baukran
Zusammen mit „Baustelle" gehört der Kran zum Rahmenthema „Bauen" („Tragfähige Brücke", „Handwerker am Bau", „Werkzeuge, Maschinen und Baustoffe" - vgl. *Biester* 1991). Wir beobachten, wie der Kran ein großes Paket mit Kalksandsteinen hebt.
„Warum fällt der eigentlich jetzt nicht um?", fragt ein Kind. „Der kann das eben." „Weil der stabil ist." „Der ist so, wie wir das mal mit der Brücke gemacht haben, so zickzack (zeigt) aus lauter Dreiecken." „Wie bei Starkstrommasten auch." „Das kann

woanders (am Ausleger), und da sind auch Zahlen daran (an Schildern)." Die Kinder notieren die Angaben.
In die Schule zurückgekehrt, zeichnet der Lehrer den Kran vereinfacht an die Tafel (siehe *Abb. 3*): „Eigentlich müsste der Kran umkippen, weil er verschieden schwere Sachen mal am Ende und auch ganz woanders hebt. Aber das Gegengewicht bleibt immer an der gleichen Stelle. Wie das kommt, werden wir beim Bauen herausfinden" (Leisten, Baukästen u. a.). „Vielleicht ist das wie bei der Waage (mit Schiebegewicht), aber auf der anderen Seite, das Schieben" (demonstriert an der *Abb. 3*).
Die Technik des Transportierens, Hebens und Senkens erkannten die Kinder bereits auf der Baustelle, deshalb geht es jetzt beim Bauen lediglich um die Überprüfung der

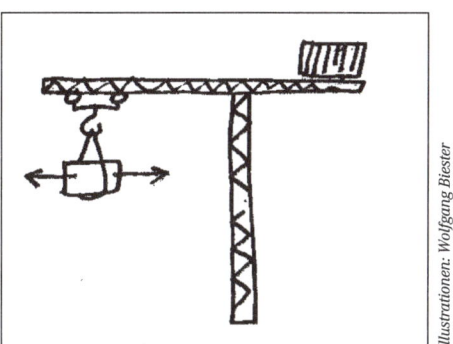

Illustrationen: Wolfgang Biester

Abb. 3

zuletzt geäußerten Vermutung, es könne sich hier um eine Art umgekehrter Waage mit Schiebegewicht handeln. Der Bau und die Diskussion zeigen, dass der Ausleger gegen sein Ende immer weniger belastet werden darf und dass die Schilder dem Kranführer die Grenzwerte der Belastung angeben.

Ein Kind meint: „Wir hätten das auch leichter rausgekriegt (demonstriert an der Leiste), wenn man die so drehig über was drüberlegt, hier kürzer (zeigt) mit Gewichtsstück drauf, dann kann man das waagerecht machen mit Gewichtsstücken auf der längeren Seite, das sind dann die Sachen, die der Kran hebt."

Zu finden ist die technische Verwirklichung des Hebens unter der Bedingung „Gleichgewicht". Unmittelbar am „technischen Ernstfall" Kran beobachtend, beginnt das akkomodierende Gespräch, gerät zunächst auf den Nebenweg „Stabilität" und wird schließlich durch ein Kind auf „Gleichgewicht" zurückgeführt. Weitere Beobachtungen (Heben verschieden schwerer Baustoffe, Zahlenschilder) liefern Denkmaterial. Der Lehrer veranschaulicht das Problem in einer Zeichnung, worauf ein Kind eine Lösung spontan anbietet, indem es die Waage mit Schiebegewicht (bildlich) umgekehrt denkt und auf den Kran anwendet. Dieses Kind konnte das Schema bereits gedanklich an den neuen Fall anpassen. Die meisten Kinder brauchen allerdings die handelnde Überprüfung der Lösungsvermutungen, auch als Selbstvergewisserungs- und Korrekturprozess. Bei der Fertigung wird auch die Bedeutung der Schilder klar. Das Kind, das schließlich eine Vereinfachung der praktischen Überprüfung vorschlägt, abstrahiert bereits von der Realität und wendet das Schema flexibel an.

Zur Struktur des Unterrichts

Der Unterricht thematisiert umfassende Sinnzusammenhänge (z. B. Technik und Arbeit), erweitert und reflektiert das entsprechende lebenspraktische Können und Wissen (z. B. vom Einkaufen und dem Umgang mit der Waage) und stellt Beziehungen her. Dieses allgemeine Merkmal des Unterrichts ist überfachlicher Art.

Die Kinder erfahren im Rahmen von Sinnzusammenhängen Naturphänomene, technische und wirtschaftliche Sachverhalte, Aspekte von Arbeit und anderes. Diese regen an, nach Ursachen, Wirkungen und Beziehungen zu fragen. Solche Fragen – im dargestellten Unterricht sind sie überwiegend technischer Art – beabsichtigen Verstehen, sind fachpropädeutischer Art, folgen aber noch nicht der fachlichen Systematik.

Mit Verstehen ist hier die Veränderung lebensweltlicher Denkmuster (Schemata) durch neue Erfahrungen gemeint. Diese Umstrukturierung zielt auf bessere Anpassung und allgemeinere Verwendung. Für den so verstandenen Prozess des Verstehens muss der Unterricht an die bereits vorhandenen Erfahrungen anschließen und sie bewusst machen. Er führt Situationen herbei, in denen als passend vermutete Denkmuster versagen und deshalb Irritationen, Zweifel, Widersprüche und spontane Hypothesen veranlassen, welche die Umstrukturierung herausfordern.

Das geschieht im dargestellten Unterricht z. B. dort, wo das Schema „Wippe/Gleichgewicht" in der Weise akkomodiert wird, dass es auch auf unterschiedliche Waagen und auf den Kran passt, indem die Kinder also unter dem Aspekt „Gleichgewicht" das (technisch) Ähnliche im Andersaussehenden erkennen. Diese Erkenntnis an technischen Beispielen bereitet das Hebelgesetz vor, das selbst aber nicht Gegenstand der Grundschule ist.

Dem Lehrer muss bewusst sein, dass Lernen im Kindesalter ein körperlich-geistiger Prozess ist, dass Verstehen erarbeitet werden muss, immer vorläufig ist und durch neue Erfahrungen in Frage gestellt wird. Der Lehrer ist nicht mehr der Instrukteur, der träges Wissen vermittelt, sondern der beobachtende und anregende Begleiter der Auseinandersetzung. Diese bedarf des Handelns, das sich vom spontanen Machen zum vorwegbedenkenden Fertigen, Konstruieren, Bauen, Demontieren usw. entwickelt und durch Zeichnung und gestische Demonstration ergänzt wird.

In diesem aktivrekonstruierenden Prozess ist die Versprachlichung unerlässlich: Im Gespräch – ein wichtiger sozialer Faktor des Verstehens – werden die individuellen Schemata verglichen und verändert. Dabei erfährt der Lehrer, welche Informationen und Begriffe die Kinder in ihre kognitive Struktur integrieren können.

Verstehen ist immer auf Zusammenhänge angewiesen. Die Kinder müssen deshalb lernen, die Inhalte des Unterrichts aufeinander und auf sich selbst zu beziehen. Nach unseren Erfahrungen motivieren Fragen nach Bedeutung und Zusammenhang besonders die Mädchen, die sich bei technisch-naturwissenschaftlichen Sachverhalten mitunter – auch infolge der vermuteten Überlegenheit der Jungen – passiv verhalten. ●

Literatur

Glasersfeld, E. von: Konstruktion der Wirklichkeit und des Begriffs der Objektivität. In: *Ders.:* Einführung in den Konstruktivismus. München, Zürich 1995

Piaget, J.: Der Aufbau der Wirklichkeit beim Kinde. Stuttgart 1969

Stork, H.: Sprache im naturwissenschaftlichen Unterricht. In: *Reinders Duit* und *Wolfgang Gräber* (Hrsg.): Kognitive Entwicklung und Lernen der Naturwissenschaften. Festschrift. Kiel (IPN) 1993

Biester, W.: Turmdrehkran – Unterrichtsgang und Auswertung. In: *Ders.* (Hrsg.): Denken über Natur und Technik. Bad Heilbrunn 1991

Biester, W.: Einkaufen – Aspekt: Technik verändert die Arbeit. In: Grundschulunterricht, Heft 3/1994, S. 12ff

Arbeit, Technik und Lebensweise

Wolfgang Biester Sachunterricht in Klasse 4

Sachunterricht soll lebenspraktisches Können und Wissen vermitteln, auch, damit die Kinder je nach den Ursachen und Wirkungen lebensweltlicher Phänomene zu fragen lernen. Leider eignen die Lehrplaninhalte sich oft nicht, um diese Ziele zu realisieren.

Foto: PantherMedia GmbH (panthermedia.net)/ Wavebreakmedia ltd

Gemeinsam ein Fahrrad inspizieren

Als Ziel ist unbestritten, dass Sachunterricht bei der Bewältigung und Erhellung des Lebens helfen und in seine kulturellen Dimensionen einführen soll und dass dafür lebenspraktisches Können und Wissen nötig ist – auch als eine handlungsintensive Grundlage, um von hier aus nach den Ursachen, Wirkungen und Zusammenhängen der Phänomene und Vorgänge der Lebenswirklichkeit weiterfragen zu können. Problematisch ist allerdings die Verwirklichung, weil die in den Lehrplänen genannten Inhalte sich oft nicht eignen, zu diesen Zielen hinzuführen. Auf diesen Mangel habe ich mehrfach hingewiesen. Im folgenden thematisiere ich ein anderes Defizit der Inhalte: Auch der Zusammenhang von Arbeit und Technik, der unsere Art zu leben fortdauernd verändert, wird im Sachunterricht nur unzureichend bearbeitet. Gänzlich unbeachtet blieb die didaktische Potenz von Hausarbeit: obwohl hier noch Fertigungs- und Instandhaltungsarbeiten im Sinnzusammenhang erkennbar sind, die in der Erwerbsarbeit für die Kinder kaum noch einsehbar sind.

Der im folgenden dargestellte Unterricht nimmt diese Chance wahr und versucht, Einsichten in Wirkungs- und Bedingungszusammenhänge von Arbeit und Technik anzubahnen. Im dritten Schuljahr gingen voraus: Ein Besuch beim Bäcker im Schulbezirk und ein Unterrichtsgang zu einer nahegelegenen Baustelle. Dabei waren uns die Berufe und Arbeitsanforderungen sowie die erforderlichen Werkzeuge und Maschinen wichtig.

Küchengeräte heute und früher

Der Lehrer erinnert an Backstube und Baustelle: „Da arbeiteten Bäcker, Maurer und Zimmerleute und bekamen dafür Geld. Zu Hause wird ohne Bezahlung gearbeitet; dabei helft ihr manchmal mit." Die Kinder nennen Staubsaugen, Spülen, Schuheputzen, Fahrradflicken u. a. Sie zählen Geräte auf, die dafür gebraucht werden (Brotschneidemaschine, Mixer, Spülmaschine, Rührgeräte) und teilen Erfahrungen mit: „Als bei uns mal der Strom weg war, hat Papa das Brot mit 'nem Messer geschnitten." „Und der Mixer bei uns, als der mal nicht mehr ging, haben wir Eischnee mit der Gabel gemacht." Ein Dialog beginnt: „Den kriegt man auch, wenn man mit dem Löffel einfach nur rührt, ganz schnell und immer rund." „Dann gibt es aber keinen Schnee, weil Schnee eigentlich Schaum ist." „Und der Schaum, da ist eigentlich Luft drin, wie bei Seifenblasen." „Die Luft kommt aber nicht durch Reinblasen, sondern durch Schlagen oder Rühren rein."

Nachdem das Gespräch den „Werkstattcharakter" der Küche bewusst machte, erteilt der Lehrer folgende Hausaufgabe: „Nennt Geräte und Maschinen in der Küche, zeichnet sie und fragt nach den richtigen Bezeichnungen. Fragt auch danach, was man alles mit ihnen macht und wie man sich hilft, wenn ein Gerät nicht funktioniert oder der elektrische Strom ausfällt. Erkundigt euch bei alten Leuten, mit welchen Geräten diese früher in der Küche gearbeitet haben!" Zwei Wochen später berichten die Kinder: *Annika:* „Brot schneiden wir mit der Brotschnei-

demaschine (zeichnet 1a, s. Abb. 1); die ist elektrisch mit 'nem Motor. Früher hat man das immer mit dem Messer gemacht." *Sven:* „Unsere Brotschneidemaschine hat 'ne Kurbel, die ist nicht elektrisch." *Ruth:* „Die ist noch ein bisschen von früher." Der Lehrer bittet *Sven*, seine Maschine neben *Annikas* zu zeichnen (b) und zeichnet selbst das Messer (c) rechts daneben. „Wenn wir die anderen Geräte jetzt darunter zeichnen, bekommen wir so eine Art Liste und sehen auch, was früher war." *Dagmar:* „Mit unserer Küchenmaschine, die ist so (zeichnet d), da kann man reinstecken, was man gerade machen will, zum Beispiel Sahneschlagen." *Björn:* „Wir haben noch diese (e), die geht noch mit der Hand, wie bei Sven. Aber die brauchen wir nicht mehr, höchstens, wenn die Elektrische mal kaputt ist." *Birgit:* „Oma hat dafür einen Schneebesen (f), aber den nimmt sie auch nicht mehr." *Barbara:* „In unsere Küchenmaschine kann man ein Schnitzelwerk reinstecken. Ganz früher gab es vielleicht etwas mit 'ner Handkurbel und einem Drehmesser. Aber ob es das gab, das weiß ich nicht." *Sven:* „Und früher hat man das auch mit dem Messer, ohne elektrischen Strom und Maschinen gemacht. Daneben müsste man also wieder ein Messer zeichnen."

Wie alle Maschinen erleichtern auch Küchenmaschinen die Arbeit. Die Kinder zäh-

Illustrationen: Wolfgang Biester

Abb. 1

len auf, was man nicht mehr tun muss. Als Ursache für die Erleichterung nennen sie den elektrischen Strom und Motoren. Der Lehrer demonstriert an einem handbetriebenen Rührgerät die Funktion. *Dagmar* sagt: „Das ist auch ohne Strom schon eine Maschine wegen der Zahnräder." In der folgenden Gruppenarbeit ermitteln die Kinder an handbetriebenen Rührgeräten die Dreh- und Zahnzahlen und bilden Zahlenverhältnisse. *Björn:* „Wenn ich an der Handkurbel einmal drehe, drehen sich die Quirle fünfmal, und das kommt, weil das große Rad an der Kurbel 60 Zähne hat und an dem Quirl sind nur 12 Zähne." Die Kinder untersuchen auch Fahrradgetriebe und bestimmen die Übersetzungsverhältnisse.

Sie konstruieren eine Bleistiftspitzmaschine aus Baukastenteilen und zeichnen Getriebe auf (siehe *Abb. 2*). Sie beschreiben, in welcher Weise Getriebe die Drehzahlen verändern und wie sie zusammen mit der Energie des elektrischen Stroms, von Wasser- und Windkraft und natürlich auch Benzin körperliche Arbeit erleichtern und oft auch ersetzen.

Unsere Waschmaschine arbeitet ziemlich selbstständig

Wir nehmen uns nun die komplizierteren Maschinen, die im Haushalt helfen, vor, z. B. die Waschmaschine. Die Kinder berichten von Bunt- und Kochwäsche. Waschtrommel, Schleudern u. a. „Aber wie das genau funktioniert, das kann man nicht sehen." „Und eine richtige Maschine ist das eigent-

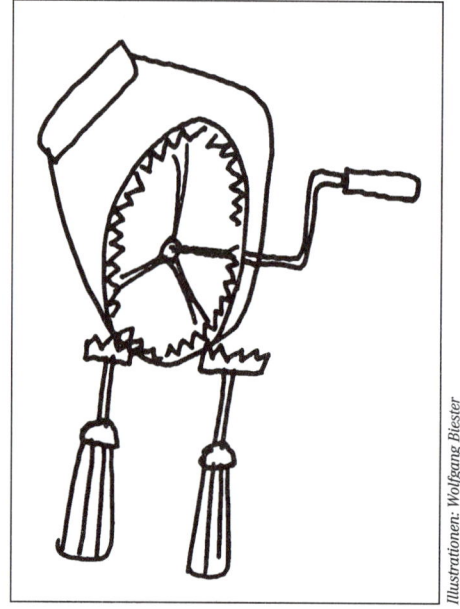

Illustrationen: Wolfgang Biester

Abb. 2

lich gar nicht, weil die keine Zahnräder hat und vieles automatisch macht, wo wir fast nichts mehr selber tun müssen." Der Lehrer regt an, möglichst genau herauszufinden, was man bei der Waschmaschine noch selbst tun muss und was sie ohne uns macht. Dazu sollen die Kinder zu Hause einen Waschgang verfolgen und dabei nicht nur beobachten, sondern auch auf Geräusche achten und wichtige Teile nennen.

Eine Woche später berichten die Kinder: „Wäsche in Bunt-, 60 °- und Feinwäsche sortieren." „Die Trommel mit 60 °-Wäsche

füllen, aber locker und nicht stopfen." „Am Programm drehen, so rum (rechts)." „Erst kommt dann Vorwäsche, dann Hauptwäsche, dann ..." „Waschmittel darf man nicht vergessen." An einer Betriebsanleitung, die der Lehrer mitbrachte, werden die Angaben überprüft, Vergessenes eingefügt, Ungenaues präzisiert und Fehlerquellen besprochen: Überdosieren von Waschmitteln bildet Schaum und beeinträchtigt den Waschvorgang. Wenn man vergisst, den Ablaufschlauch ins Becken zu legen, gibt es eine Überschwemmung. Gemeinsam entwickeln wir an der Tafel ein vollständiges Programm.

Einige Beobachtungen und Geräusche machen auf technische Funktionen aufmerksam, z. B. auf Motor und Trommel in Wasch- und Schleudergang, auf Heizung und Pumpe. „Am Programmwähler kann man sehen, was gerade dran ist, weil der sich mitdreht und darauf zeigt." „Wie bei der Eieruhr." „Das ist so wie beim Video, auch automatisch." „Das Programm schaltet, z. B. Trommel linksrum und rechtsrum und ganz schnell." Der Hinweis auf das Waschen von Strümpfen regt zum Vergleich an: „Alles was man mit der Hand macht, dafür muss der Waschautomat etwas Technisches haben, das Rubbeln hin und her zum Beispiel, das macht die Trommel, und dafür muss ein Motor da sein." „Und das Programm schaltet Motor, Pumpe und Heizung ein und aus; das müssen wir noch selber machen." Wir schreiben das Waschprogramm auf: 1. Trommel mit Kochwäsche füllen 2. Programm einstellen, dafür muss man ...

Illustrationen: Wolfgang Biester

Abb. 3

in der der Waschautomat wäscht, können wir etwas anderes tun. Auch der Spülautomat und die vielen technischen Geräte im Haushalt erleichtern die Arbeit. Was machen wir mit dieser Zeit? Die Kinder zählen auf: Sport, Lesen, Fernsehen ... Schließlich taucht die Frage auf, was sich ändern würde, wenn z. B. morgen alle Wasch- und Spülautomaten, Staubsauger u. a. ausfielen und wir wie früher alles mit der Hand machen müssten ...

Der Zusammenhang von Technik und Lebensweise war unser Thema gewesen. Konstruierend und analysierend erarbeiteten die Kinder die Funktion von Haushaltsgeräten und versuchten, das Ähnliche im Andersaussehenden als das „Allgemeine" zu erkennen. Sie erfragten Zeitzeugen und vollzogen so den Schritt von der mechanisierten Handarbeit bis zur Automatisierung nach. Der Vergleich des „Früher" mit dem „Heute" machte uns die Veränderung von Arbeit durch Technik und die Auswirkungen auf den Haushalt, auf unsere Lebensweise deutlich. Das Thema regte die Kinder zum Beobachten, Vergleichen, Berichten und Diskutieren an. Auch das ist Aufgabe des Sachunterrichts. ●

Literatur _____

Biester, Wolfgang: Einkaufen – Aspekt: Technik verändert Arbeit. In: Grundschulunterricht, Heft 3/1994, S. 12ff.

Wäsche waschen vor 50 Jahren

Früher gab es noch keine Waschmaschinen. Diese Feststellung leitet ein Gespräch ein. *Iris* sagt: „Als Oma klein war, da musste man noch alles mit der Hand waschen. Da dürfte ich meine Anziehsachen nicht so dreckig machen wie heute." *Stefan* weiß, dass bei Opa im Keller noch ein alter Ofen steht, in dem früher Wäsche gewaschen und nach dem Kriege auch Sirup aus Rüben gekocht wurde. Wir präzisieren das Interview, indem wir die Fragen nach Arbeiten, Werkzeugen und Geräten, Energie, Wasser, Waschmitteln und Hilfsmitteln ordnen.

Nach zwei Wochen haben wir die Antworten zusammen. Einige Kinder holten sie sogar telefonisch ein, andere besuchten dafür ihre Großeltern auswärts. *Annette* traf die Waschküche im Hause der Oma noch fast so an, wie sie früher war: „Oma wohnt noch immer in dem Haus, wo sie Kind war. Da ist im Keller noch die Waschküche. Da ist ein Waschkessel drin mit so einer Art Ofen darunter. Am Tag vor dem Waschen wurde im Kessel die Wäsche eingeweicht. Das ist wie ‚Vorwäsche' in der Waschmaschine. Am Waschtag wurde dann aufgestanden, wenn es noch dunkel war und die Wäsche gekocht. Dafür musste Oma vorher schon immer Feuerholz holen. Das war draußen

auf dem Hof gestapelt. Nach dem Kochen wurde die Wäsche mit dem Wäschestampfer bearbeitet (zeichnet an die Tafel, siehe *Abb. 3*) und auf dem Waschbrett gerubbelt. Die Flecken wurden manchmal auch mit der Bürste extra geschrubbt. Dann kam alles in einen Holzbottich. Im Sommer machte Oma das Wäschespülen mit der Tante zusammen am Feuerlöschteich. Dann musste die Wäsche noch ausgewrungen werden, und davon hat sie immer Muskelkater gekriegt. Zum Schluss wurde die Wäsche dann aufgehängt. Das Waschen hat manchmal zwei Tage gedauert und war einmal im Monat, weil kleine Wäsche auf dem Küchenherd so zwischendurch gewaschen wurde.

Einige Kinder ergänzen: „Meine Oma hat gesagt, wenn man Wäsche gleich kocht und nicht vorher einweicht, dann gehen Blutflecken nicht raus." „Zum Einweichen brauche man Henko, und das Rubbelbrett heißt Waschbrett."

Wir vergleichen das Waschen im Waschautomaten mit dem Handwaschen von früher, und den Kindern fällt noch manches ein, dass es z. B. auf dem Lande kein fließend Kalt- und Warmwasser gab, dass man manchmal zur Pumpe gehen musste, mit Holz oder Kohle geheizt und viel geschleppt werden musste. Wir stellen fest: In der Zeit,

Ist Natur Technik?

Über Technik, Mensch und Natur nachdenken

Abb. 1: Dieser junge Schimpanse fischt mit einer selbst gebauten Angel nach Termiten.

Kerstin Michalik

Das Wort Technik leitet sich vom griechischen Wort téchne ab, das so viel wie „Kunst, Handwerk, Kunstfertigkeit" bedeutet. Unter Technik versteht man in der Regel von Menschen hergestellte Dinge im Gegensatz zu den natürlichen Dingen. Die Grenzen sind allerdings fließend, denn Ziergärten, Treibhaustomaten oder genmanipulierte Pflanzen sind Naturdinge, die durch technische Eingriffe des Menschen zumindest stark verändert wurden.

DAS PLANVOLLE HERSTELLEN von Dingen im Sinne von Technik und auch der Werkzeuggebrauch gehören zu den wichtigsten Wesensmerkmalen des Menschen, wobei auch Tiere in begrenztem Umfang Dinge herstellen können, wie z. B. Nester, Höhlen, Staudämme, ja sogar Werkzeuge (siehe Abb. 1). In der Gegenwart sind die fortschreitende Technisierung der Lebenswelt und die bedrohliche Seite technischen Fortschritts zunehmend ins Bewusstsein gerückt. Technik lässt sich jedoch weder einseitig als Mittel zur Daseinserleichte-rung noch ausschließlich als Bedrohung und Gefahr betrachten, denn eigentlich ist sie neutral. Es sind menschliche Handlungen, die Technik zum Segen oder Problem werden lassen.

Mit den folgenden Vorschlägen für Nachdenkgespräche wird der Themenkomplex Technik mit perspektivübergreifenden Problemen und Fragestellungen vernetzt. Die Kinder werden dazu angeregt

▸ über das Wesen von Technik, ihre Erscheinungsformen und ihre Abgrenzung zu natürlichen Dingen nachzudenken,
▸ sich mit „Techniken" anderer Lebewesen auseinanderzusetzen, um Besonderheiten der von Menschen geschaffenen Technik in den Blick zu nehmen,
▸ Technik im Alltag zu erkunden und Vor- und Nachteile technischer Erfindungen abzuwägen. ◼

LITERATUR

Michalik, Kerstin: Kann das Leben der Menschen durch Technik besser gemacht werden? Förderung kritischer Technikkompetenz im Sachunterricht. In: Grundschulunterricht, Heft 4/2005, S. 4–11

DIE AUTORIN

Dr. Kerstin Michalik ist Professorin für Didaktik des Sachunterrichts an der Universität Hamburg.

Was ist Technik?

Das Wort Technik kommt vom
altgriechischen Wort „téchne"
und bedeutet so viel wie „Kunst,
Handwerk oder Kunstfertigkeit".
Unter Technik versteht man
vom Menschen hergestellte Gegenstände
im Gegensatz zu Dingen in der Natur.

Von Menschen hergestellte und natürliche Dinge

▶ Fertigt eine Liste von Dingen an,
die Menschen hergestellt haben,
und eine Liste natürlicher Dinge.

Von Menschen hergestellte Dinge	Natürliche Dinge
...	...

▶ Wie lassen sich von Menschen
hergestellte Dinge von natürlichen
Dingen unterscheiden?
Kann man sie immer genau
unterscheiden?

▶ Wie würdet ihr folgende Dinge
einordnen?
Eine Tomate aus dem Treibhaus,
eine schöne Zuchtrose,
ein Blumenbeet,
ein künstlich gezeugtes Schaf,
einen Mensch mit einer neuen Nase?

Begründet eure Entscheidungen.

Können nur Menschen Dinge herstellen?

▶ Können Tiere auch Dinge herstellen?
Fertigt eine Liste der Dinge an,
die Tiere herstellen können.

▶ Sind diese Dinge technische Dinge oder
natürliche Dinge?
Begründet eure Meinungen.

▶ Wozu stellen Menschen etwas her,
wozu stellen Tiere etwas her?
Findet Gemeinsamkeiten und
Unterschiede.

Wie wäre ein Leben ohne Technik? Macht Technik das Leben der Menschen besser?

▶ Wie viele technische Geräte gibt es
bei dir zu Hause?
Stelle eine Liste her und überlege:
Welche Dinge sind für dich
unverzichtbar? Wähle fünf aus.
Vergleicht eure Ergebnisse.

▶ Überlegt gemeinsam:
Ist das Leben der Menschen durch
Technik besser geworden?
Oder waren die ersten Menschen
vielleicht glücklicher als wir?
Was war anders in ihrem Leben?

Ein Maschinenbau-Lehrgang

Grundschulkinder erforschen, konstruieren und bauen Maschinen

Foto: Monika Zolg

Monika Zolg

Maschinen sind meist technische Black-Box-Objekte. Wie es drinnen aussieht und funktioniert, weiß keiner. Ein Ziel des vorgestellten Unterrichtsprojektes war es deshalb, dieses Geheimnis zu lüften und kindgerecht einfache Maschinen, Geräte und Getriebe kennenzulernen. Konzipiert wurde das Unterrichtsvorhaben für ein drittes Schuljahr.

„WIR ERFINDEN UND bauen Maschinen" — so lautete das Thema, das sich die Kinder zu Beginn der dritten Klasse gewünscht hatten. Zuvor hatten sie vermutet, dass eigentlich schon alles erfunden worden und heutzutage keine Zeit mehr für Erfinder und Erfindungen sei. Die Klasse ist sehr interessiert am Lernen und hat ein gutes soziales Miteinander. Einige Kinder verfügen über ein ausgeprägtes technisches Verständnis, andere sind bislang kaum mit Technik in Berührung gekommen. Einzelne Themen mit technischen Anteilen, wie z. B. der Bau einer Wetterstation, wurden im Unterricht behandelt, Unterrichtserfahrungen mit technischen

Baukästen hat aber keines der Kinder. Entsprechend — und auch wegen der komplexen Thematik — planten wir den Unterricht so, dass alles sehr konkret, anschaulich und greifbar ist, und die Lernprozesse verschiedene Lernebenen ansprechen.

Das Unterrichtsvorhaben ist so gegliedert:

▶ freies Arbeiten mit Fischertechnik zum Kennenlernen der Baukästen und zum Ausgleich verschiedener Erfahrungen (2 Stunden),
▶ Kleingruppenarbeit mit verschiedenen Maschinen (Geräten) und der Nachbau des jeweiligen Getriebes mit Fischertechnik (2 Stunden),
▶ Kennenlernen des allgemeinen Aufbaus von Maschinen und Gespräche darüber, wozu Maschinen gut sind (2 Stunden),
▶ eine Maschine selbst erfinden, aus Alltagsmaterial bauen und der Klasse vorstellen (3 Stunden).

Zum Abschluss gibt es für jedes Kind eine Urkunde zum Maschinenbau-Diplom. Als didaktisches Element der gesamten Einheit fungieren die Lehrerinnen als Beauftragte einer „Internationalen Erfinderorganisation", die sich per E-Mail mit den Kindern in Verbindung setzt und von den Kindern über diesen Weg auch kontaktiert werden kann. Ein solches didaktisches Vorgehen hat Vor- und Nachteile. Oftmals ist für technische Unterrichtsthemen so ein zusätzliches Motivationselement gar nicht notwendig und eher von Schaden. Für diese Klasse gab es aber die Einschätzung, dass die internationale Organisation die Motivation und den Arbeitseifer der Kinder erhöhen würde. Ein weiterer Vorteil war, dass die Kinder sofort akzeptierten, dass die „strenge" Organisation die Regeln des Lehrgangs bestimmte und auf deren Einhaltung bestand.

Fischertechnik kennenlernen

Nachdem die Kinder das Thema der kommenden Sachunterrichtsstunden erfahren hatten, war die Begeisterung groß. Besonders motivierend war die bevorstehende Arbeit mit den Baukästen, die die Konstrukteure auch „im wirklichen Leben" verwenden, um Modelle zu bauen. Die Baukästen — jedes Kind hatte einen eigenen zur Verfügung — wurden zunächst eingeführt, indem die Teile, ihre Namen, ihre Funktion und die Art der Nutzung vor- und von den Kindern nachgemacht wurden. Jedes Baukastenteil wurde mit Foto und Begriff an der Pinnwand ausgehängt, sodass die Kinder später immer wieder auf die Begriffe zugreifen konnten. Nachdem die Teile bekannt waren, bekamen die Kinder den Auftrag, etwas zu bauen, das sich bewegt. Nach einer 30-minütigen Bauphase konnte jedes Kind auf einem zentral aufgestellten kleinen Tisch seine Ergebnisse vorstellen. Der Gesprächskreis war von sehr viel gegenseitigem Interesse für die gebauten Objekte bestimmt. Dass jedes Kind sein Ergebnis vorstellt, wird in manchen Klasen die Konzentrationsfähigkeit überfordern. Deshalb wäre auch eine Gruppenarbeit denkbar, in der die Kinder sich gegenseitig ihre gebauten Objekte vorstellen und die Ergebnisse auf einem Plakat festhalten. Meist wurden Fahrzeuge gebaut, mit Solarenergie angetrieben (gedanklich), zum Wohnen und Schlafen gedacht. Maschinen oder Getriebe waren bei diesen ersten Konstruktionen nicht dabei.

Bevor nun das eigentliche Thema bearbeitet werden konnte, wurden zuerst die Gesetze der Erfinderorganisation vorgestellt. Sie mussten von den Kindern durch ihre Unterschrift bestätigt werden („Das sollen wirklich wir unterschreiben, nicht unsere Eltern?"). Diese Gesetze waren: Sorgfältiger Umgang mit den Materialien, gegenseitige Hilfe und Zusammenarbeit, den Anweisungen der Vertreterinnen der Organisation ist unbedingt Folge zu leisten, und auf ein bestimmtes Signal hin muss alle Arbeit ruhen. Jedes Kind bekam zusätzlich eine Maschinenbau-Mappe und ein offizielles Namensschild der Erfinderorganisation.

Was dreht da wen?

In den folgenden zwei Stunden arbeiteten die Kinder in vier rotierenden Kleingruppen mit jeweils einer Maschine (einem Gerät). Dabei sollte insbesondere der Aufbau des jeweiligen Getriebes erarbeitet und in Zweiergruppen mit Fischertechnik nachgebaut werden. Anhand des anschließenden Vergleichs sollten

die Kinder erkennen, dass alle Maschinen/Geräte zwar eine unterschiedliche Funktion erfüllen, aber dennoch alle aus gleichen Elementen aufgebaut sind: Jede Maschine hat einen Antrieb, einen Getriebeteil, einen Arbeitsteil und — mehr oder weniger deutlich wahrnehmbar — auch einen Steuerungsteil (vgl. Ullrich/ Klante 1994, S. 17 ff.; siehe auch Kopiervorlage auf S. 24).

Diese Maschinen bzw. Geräte waren vorhanden: ein Teilmodell eines Kinderfahrrades mit Kettenantrieb (Übersetzung ins Schnelle, siehe Abb. 1), eine mechanische Handbohrmaschine mit einem Zahnradgetriebe (Übersetzung ins Schnelle, Änderung der Drehebene), eine mechanische Brotschneidemaschine mit einem Zahnradgetriebe (Übersetzung ins Langsame, siehe Abb. 2) sowie eine Spielzeuglokomotive als Beispiel für eine Kurbelwelle (Übersetzung einer Drehbewegung in eine Auf- und Abbewegung). Die Spielzeuglokomotive hat sich dabei nicht bewährt. Die Spielmotivation war hoch, der Funktionsablauf war aber schwer zu erkennen, und die Gesprächsführung mit den Kindern musste sehr stark gesteuert werden. Im Kasten gibt es zwar eine „echte" Kurbelwelle als Beispiel, allerdings ist sie den Kindern aus keinem Alltagszusammenhang vertraut, weshalb man auf diese Getriebeform verzichten könnte. Einzig das Fahrradmodell war allen Kindern bekannt. Der Kettenantrieb und seine Funktion konnten gut aus eigener Erfahrung beschrieben werden.

Foto: Monika Zolg

Abb. 1: Der Kettenantrieb des Fahrrads demonstriert die Übersetzung ins Schnelle.

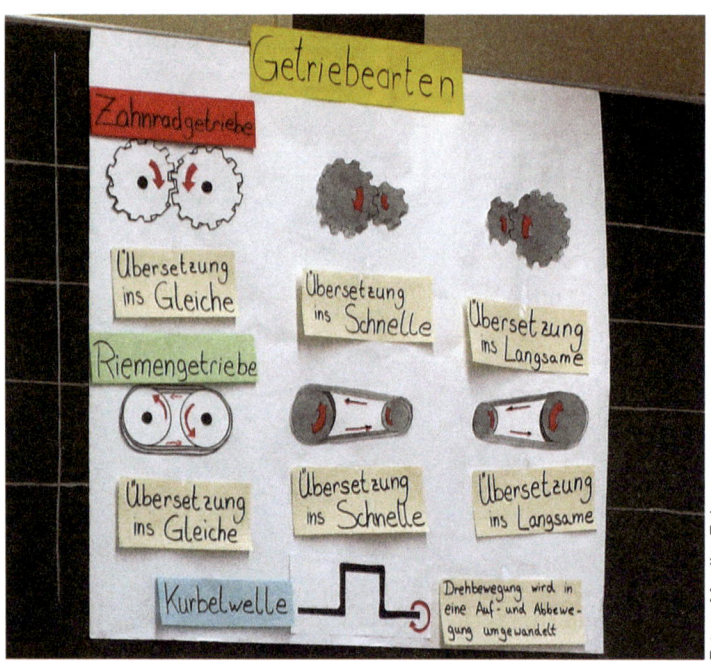

Fotos: Monika Zolg

Abb. 2: Das Zahnradgetriebe der Brotschneidemaschine übersetzt ins Langsame.

Abb. 3: Diese Getriebearten wurden im Unterricht behandelt.

Die vorgegebene Zeit reichte für diese Praxisphase bei Weitem nicht aus. Man sollte sich bei einer Wiederholung des Themas auf zwei Getriebeformen beschränken, auf das Kettengetriebe des Fahrrads und auf das Zahnradgetriebe der mechanischen Brotschneidemaschine.

Wie ist eine Maschine aufgebaut? Wozu ist sie gut?

Zu Beginn der folgenden zwei Stunden, die eigentlich dem Aufbau und den Funktionen von Maschinen gewidmet waren, erfolgte auf der abstrakteren Ebene von gezeichneten Abbildungen und Modellen die Erfassung der bisherigen Lernprozesse zum Thema Getriebe. An der Tafel hingen große Plakate, auf denen alle Getriebearten, die zuvor Thema des Unterrichts waren, abgebildet waren (siehe Abb. 3). Sie sollten nun von den Kindern mit den richtigen Begriffen und einer Beschreibung der Funktion versehen werden. Die Antworten belegten, dass die Kinder sehr viel gelernt und behalten hatten. Lediglich bei der Darlegung der Übersetzungen kam es zu Unsicherheiten. Der Grund lag darin, dass für die Kinder bei den Zeichnungen nicht deutlich war, welches der angetriebene und welches der treibende Teil des Getriebes war. Dadurch konnten sie nicht eindeutig sagen, ob es sich um eine Übersetzung ins Schnelle oder Langsame handelte. Nachdem wir den Antrieb eingezeichnet hatten, war das Problem verschwunden (siehe auch S. 22).

Anschließend zeichnete die Lehrerin eine Tabelle mit der Überschrift „Die Maschine und ihre Bestandteile" an die Tafel. Die vier Spalten waren mit „Maschine", „Antrieb", „Getriebe" und „Arbeitsteil" beschrieben. Als Erarbeitungsbeispiele dienten das Fahrrad und die Brotschneidemaschine, anhand derer die

Kinder die Teile zuordneten (ein weiteres Beispiel zeigt S. 24). Zur Festigung und Ausweitung des Gelernten untersuchten die Kinder in Kleingruppen Salatschleudern und Dosenöffner. Beim Dosenöffner wurde eine Variante benutzt, bei der das Schneidrad oben am inneren Rand des Dosenwulstes läuft, das gezahnte Transportrad wird von unten gegen den Wulst gedrückt und durch den Drehgriff gedreht. Die Salatschleuder hat einen Kurbelantrieb und ein Zahnradgetriebe mit einer Übersetzung ins Schnelle.

Beim Gespräch über den Nutzen von Maschinen ging es vor allem um die Arbeitserleichterung, die Maschinen für den Menschen bedeuten. Waschmaschine, Geschirrspülmaschine, Staubsauger wurden als Helfer im Haushalt angeführt (siehe S. 25-27) Bei einigen Argutationen der Kinder war es sinnvoll, sich Zeit für ein philosophisches Gespräch zu nehmen. Streitpunkt eines solchen Gesprächs war z. B. die Frage, ob eine mächtige Waffenmaschine eine hilfreiche Erfindung ist oder nicht. Deutlich wurde dabei, dass nicht die Maschinen selbst oder „die" Technik das bestimmen, sondern dass der Mensch die Maßstäbe und Werte festlegt.

Eine Maschine erfinden und bauen

Zum Abschluss der Unterrichtseinheit sollten die Kinder eine funktionsfähige Maschine erfinden und aus Alltagsmaterial bauen. Aus Alltagsmaterial deshalb, weil die Kinder ihre Erfindungen gerne mit nach Hause nehmen wollten. Vor allem aber, weil das Wiedererkennen von bestimmten technischen Funktionen im Alltagsmaterial das Gelernte vertieft und festigt. Hierfür hatten die Kinder zu Hause verschiedene Materialien gesammelt. Auch standen Hilfekisten zur Verfügung, die den Kindern z.B. zeigten, wie man aus

Alltagsmaterial Zahnräder oder eine Kurbelwelle herstellt (siehe S. 23).

Erfunden wurden nun Putz-, Abfallsammel-, Applaus- und Konfettiwurfmaschinen, auch eine Zeitmaschine wurde konstruiert. Die Kinder stellten ihre Ideen und Maschinen im Kreis vor (siehe Abb. 4) und bekamen dazu Hilfestellung von den Klassenkameradinnen und -kameraden. Wegen des Zeitumfangs und der großen Motivation beim Bauen sollte man diese Phase besser in Kleingruppen durchführen. Alle Maschinen brachten ihren Erbauerinnen und Erbauern die begehrte Maschinenbau-Urkunde ein, und zum Schluss wurden alle mit großem Applaus bedacht. ◼

LITERATUR

Ullrich, Heinz/Klante, Dieter: Technik im Unterricht der Grundschule. Neckar-Verlag. Villingen-Schwenningen 1994

DIE AUTORIN

Dr. Monika Zolg leitete das Fachgebiet „Technische Elementarbildung" am Fachbereich Naturwissenschaften der universität Kassel.

Foto: Monika Zolg

Abb. 4: Vorstellung der eigenen Konstruktion

Zahnräder und Getriebe

Griff zum Drehen

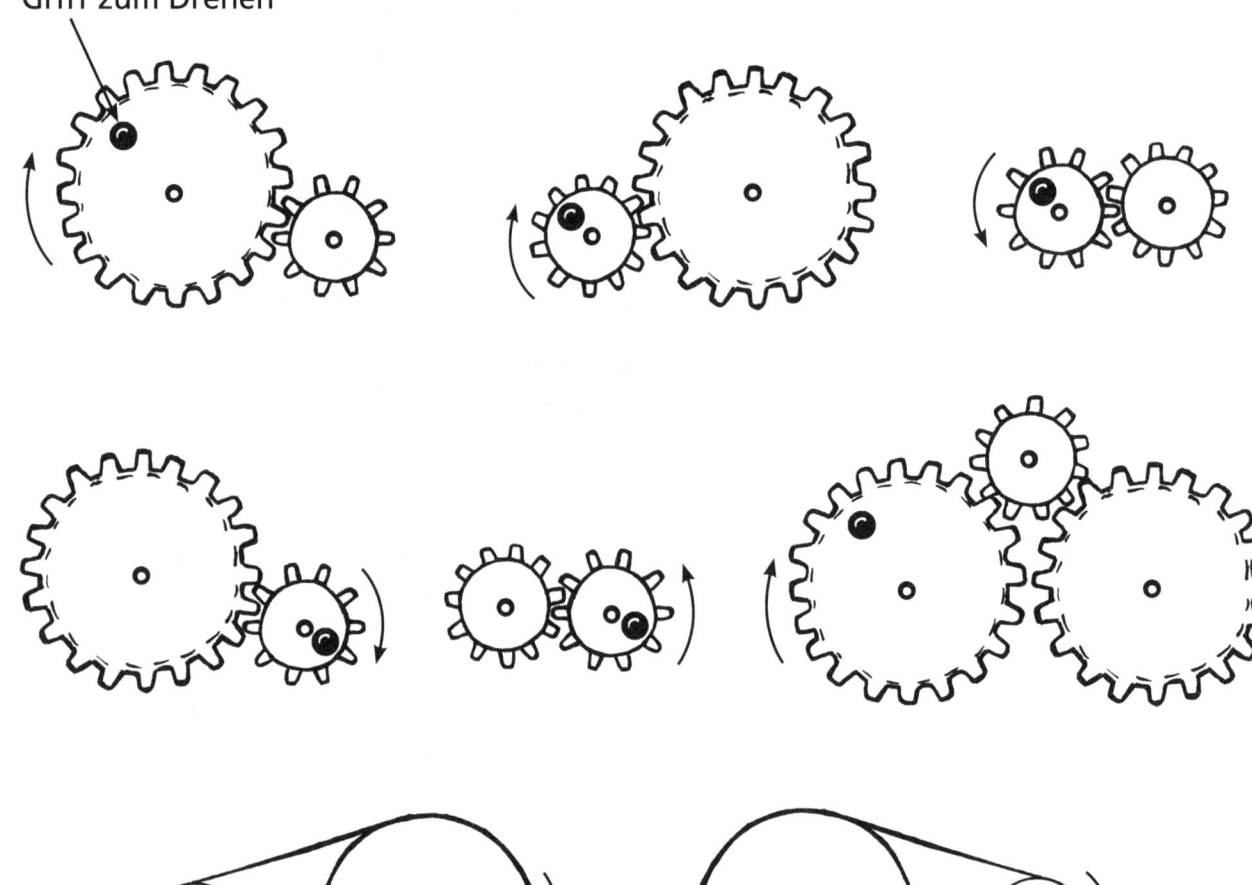

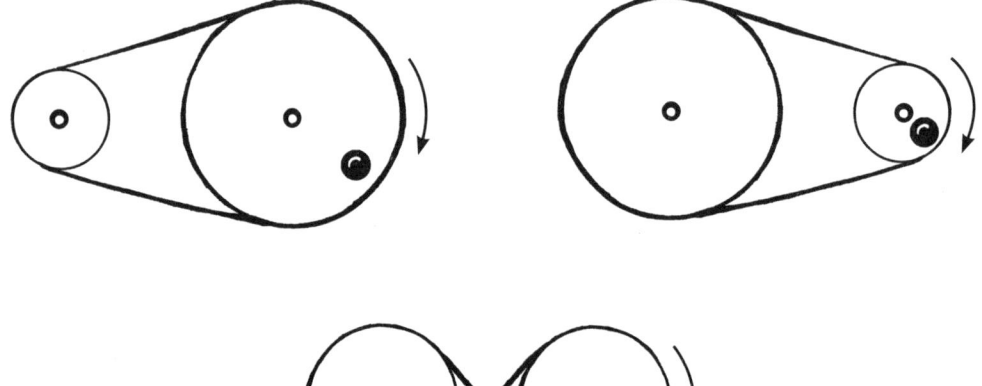

Das Rad mit dem Drehgriff ist das treibende Zahnrad,
das andere Rad ist das angetriebene Zahnrad.

1. **Überlege, in welche Richtung sich die angetriebenen Zahnräder drehen,
   und zeichne dies mit einem Pfeil ein.**

2. **Beobachte: Welches Rad dreht sich schneller? (S)
   Welches Rad dreht sich langsamer? (L)
   Welche Räder drehen sich gleich schnell? (G)
   Kennzeichne die Zeichnungen mit dem passenden Buchstaben.
   Was stellst du fest?**

Zahnräder selber bauen

Du brauchst:

- ▶ einen Zirkel, eine Schere,
- ▶ ein Lineal, einen Bleistift,
- ▶ einen Nagel,
- ▶ Pappe,
- ▶ 8 halbe Wäscheklammern aus Holz,
- ▶ Klebstoff,
- ▶ einen Holzspieß (Schaschlikspieß).

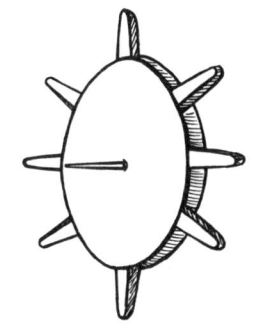

So gehst du vor:

1. Zeichne mit dem Zirkel zwei gleich große Kreise auf die Pappe. Schneide diese beiden Scheiben aus.

2. Zeichne mit dem Zirkel auf jede Pappscheibe einen kleinen Kreis. Er zeigt dir später, bis wohin du die Wäscheklammern kleben musst.

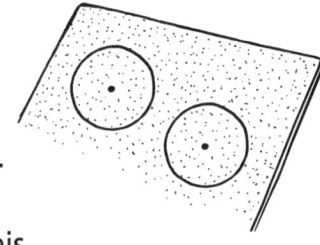

3. Jetzt zeichnest du auf eine der Pappscheiben vier Hilfslinien. Die Linien gehen durch den Mittelpunkt der Scheibe und haben den gleichen Abstand zueinander. Die Scheibe ähnelt dann einer Torte mit acht Stücken.

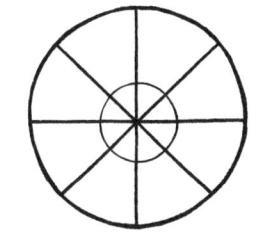

4. Bohre mit einem Nagel durch den Mittelpunkt der Scheiben.

5. Klebe die acht halben Wäscheklammern mit der schmalen Seite auf die Hilfslinien. Die Klammern dürfen aber nur bis zum inneren Kreis reichen. Außerdem solltest du die Klammern immer in der gleichen Richtung aufkleben.

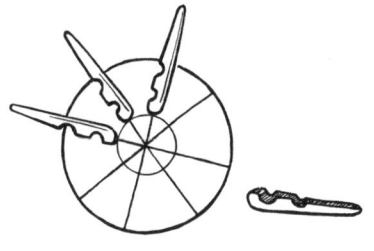

6. Klebe die zweite Pappscheibe auf die Klammern.

7. Schiebe den Holzspieß durch die Bohrungen in der Mitte der Scheiben.

8. Jetzt muss alles gut trocken.

Wenn du ausprobieren willst, wie sich mehrere Zahnräder drehen, brauchst du mindestens noch ein weiteres. Stecke sie auf eine Styroporunterlage. Wenn du vorher noch eine Perle auf die Spieße steckst, drehen sich die Räder besser.

Zusatzaufgabe für Tüftler:
Mit einer Pappröhre, zum Beispiel von einer Küchenrolle, und einem Korken kannst du das Experiment rechts nachbauen. Was geschieht, wenn du das Rad an der Röhre nach rechts drehst?

ILLUSTRATIONEN: REBECCA MEYER

Eine Wassermusikmaschine

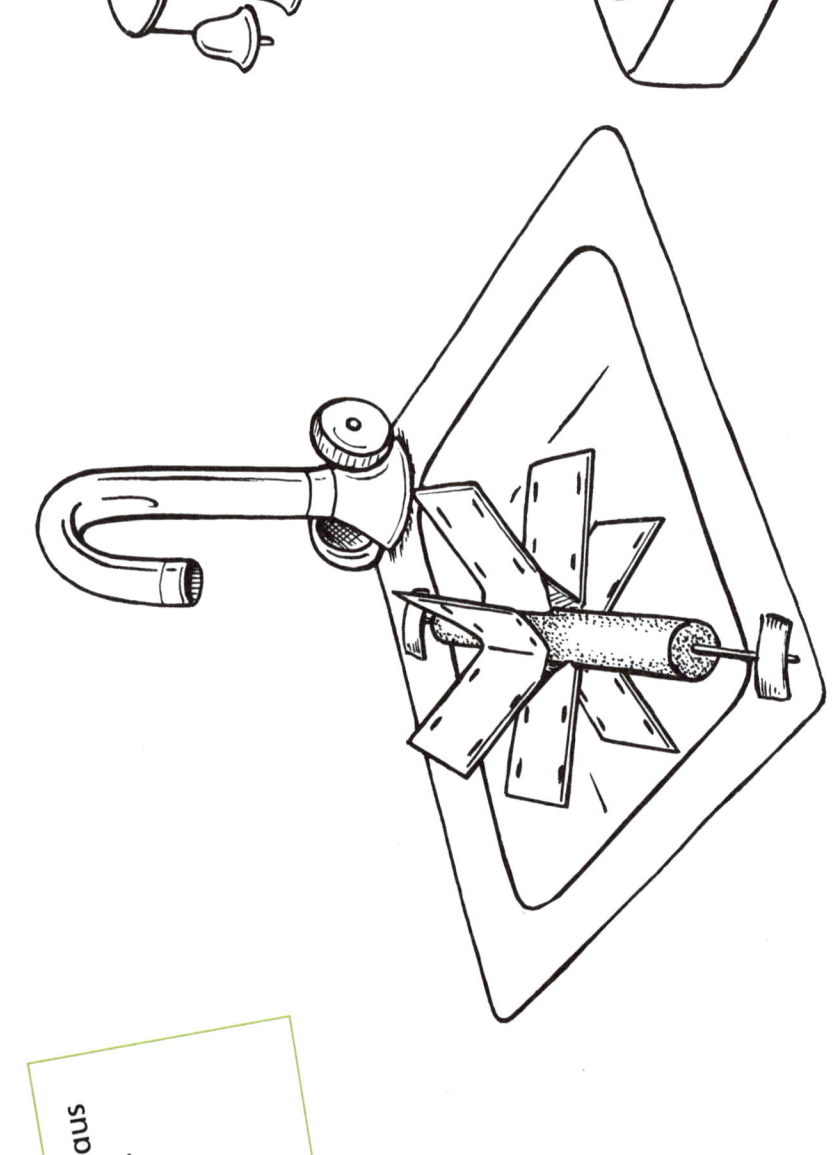

Eine Maschine besteht aus diesen vier Elementen:
▲ Antriebsteil,
▲ Übertragungsteil,
▲ Arbeitsteil und
▲ Steuerung.

Die Kinder aus der Maschinen-AG wollen eine Wassermusikmaschine bauen.

1. Welcher Teil der Maschine fehlt noch?
2. Überlege, wie der fehlende Teil aussehen könnte, und zeichne ihn.
3. Kennzeichne die Elemente dieser Maschine, indem du sie anmalst.
   Verwende dazu vier unterschiedliche Farben.

Werkzeuge und Maschinen

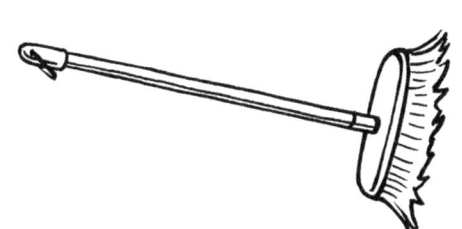

_____

_____

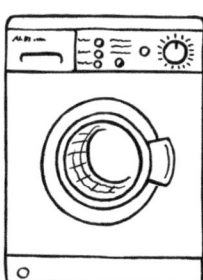

_____

_____

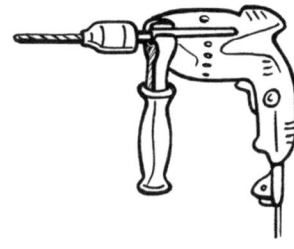

_____

_____

Hier wurden verschiedene Gegenstände und Maschinen gegenübergestellt.

1. Vergleiche sie und schreibe die jeweiligen Vor- und Nachteile auf.
2. Bei welchen Arbeiten helfen welche Geräte am besten?
   Denk dir eine Situation aus, in der eine der Maschinen
   oder eins der Geräte genau richtig ist.
   Zeichne sie auf einem Extrablatt auf.

ILLUSTRATIONEN: REBECCA MEYER

Maschinen erleichtern die Arbeit

Hier siehst du ein altes Schöpfrad. Mit ihm wird Wasser aus einem Fluss geschöpft.

1. Beschreibe, wie das Schöpfrad funktioniert.

_____

_____

_____

_____

_____

**2. Die Arbeit, die die Menschen verrichten müssen,
ist anstrengend und sehr eintönig.
Jetzt ist deine Fantasie gefragt:
Überlege, wie das Schöpfrad ohne Menschen betrieben werden könnte.
Natürlich kannst du auf einem Extrablatt erst einen Entwurf anfertigen.**

Der dicke Wurzel

Wurzel ist ein Dackel und leider viel zu dick.
Während seine Menschen jede Woche
zweimal ins Fitness-Studio gehen und Sport treiben,
sitzt Wurzel vor dem Kamin, schläft
und träumt von Hundekuchen.

„Es müsste mal jemand ein Fitness-Studio
für Hunde erfinden",
ruft sein Herrchen verzweifelt,
als Wurzel beim Spaziergang
mal wieder getragen werden will.

Das ist eine tolle Idee!
Überlege, wie ein Fitness-Studio für Hunde aussehen könnte,
und zeichne deine Idee auf.
Natürlich kannst du auf einem Extrablatt erst einen Entwurf anfertigen.

ILLUSTRATIONEN: REBECCA MEYER

Kleine Techniker
... ganz groß

Die Begegnung mit Alltagstechnik ist keine Frage des Alters. Kinder treffen nicht nur in der realen Umgebung, sondern auch in ihrer Spielwelt auf technische Objekte. Ihre Neugier bietet einen Zugang in die Welt der Technik – etwa wenn sie sich mit der Funktionsweise einer Schranke auseinandersetzen.

Fotos: Monika Zolg; Fotolia/lagom

Monika Zolg/
Stephanie-Verena Detert-
Kunkel/Friederike Helmbold

EINE STRASSE MIT einem Bahnübergang auf Tonpapier, ein Zug, ein Auto und Spielfiguren – diese Spielumgebung (siehe Kasten rechts) lockt die Kinder sofort an. Sie spielen hingebungsvoll mit den Fahrzeugen und Figuren. Nach einiger Zeit beginnt eine Betreuerin, den ersten Teil der Geschichte von Tine und Tim zu erzählen:

Wer kann Tine helfen?

Tine ist traurig, weil ihr Freund Tim im Krankenhaus liegt. Er wäre fast von einem Zug angefahren worden und ist dabei gestürzt. Er hat sich am Bein verletzt und muss ein paar Tage im Krankenhaus bleiben. Tine geht zu der Stelle, wo Tim verunglückte und schaut sich die Sache an. Könnt ihr Tine dabei helfen, damit sich hier niemand mehr verletzen kann?

Sofort sagt *Jasmine*: „Da muss eine Schranke hin". Weitere Bauteile für den Bau einer Schranke (siehe Kasten S. 30) werden auf den Tisch gelegt. *Jasmine* legt die zwei langen Rundhölzer quer über die Straße auf die seitlichen Aussparungen der Schrankenlager. Das Problem scheint gelöst.

Aber die Kinder erkennen schnell, dass nun Autofahrer und Fußgänger die Eisenbahngleise wegen der ständig geschlossenen Schranke nicht mehr überqueren können. Sie finden eine einfache Lösung: Man könnte die Schranken immer hochheben, wenn der Zug vorbeigefahren ist.

Aber ist eine große Schranke so einfach hochzuheben? „Man müsste hinten etwas Schweres auf die Schranke machen, damit sie aufgeht", meint *Alina*. Dabei drückt sie auf das hintere Ende der vor ihr stehenden Schranke (siehe Abb. 1). Die Schranke hebt sich. Da sie aber noch nicht richtig gelagert ist, fällt sie beim Absenken oft neben die Halterungen.

Wie bewegt sich die Schranke?

Die Betreuerinnen regen an, sich die Schranken und das weitere Material genauer anzusehen. Die Kinder sehen die Bohrung in der Schranke und der Halterung und probieren, ob der dünnere Rundstab durch die Bohrung passt.

Zunächst wird der Rundstab durch die Bohrungen des Schrankenlagers geführt und die Schranke auf den Rundstab gelegt. Aber zufrieden stellend ist die Lösung nicht. Im zweiten Versuch ändern die Kinder die Reihenfolge: Die Schranke wird zuerst in die Halterung gelegt, darüber der dünne Rundstab durch die Bohrungen geführt. Die Idee ist nicht schlecht,

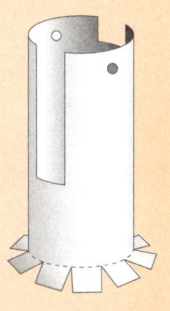
Illustrationen: Schwanke & Raasch

denn die Schranke ist jetzt sicher gelagert – nur lässt sie sich jetzt nicht mehr öffnen, weil sie sich im Schrankenlager nicht nach oben bewegen kann.

Jasmine hat schließlich die Idee, den dünneren Rundstab als Achse für die Schranke zu benutzen und das Ganze dann in den Bohrungen des Schrankenlagers zu lagern: eine motorische Herausforderung für die Kinder! Deshalb möchten das alle ausprobieren und das Erfolgserlebnis genießen.

Das Problem der stabilen Lagerung ist gelöst, noch nicht geklärt ist die Frage, wie man die Schranke ohne große Kraftanstrengung öffnen und wieder schließen kann. *Alinas* ursprüngliche Idee war ja,

Foto: Monika Zolg

Abb. 1: Die Schranke wird hinten belastet

► 2 Rundhölzer (ca. 1 cm Durchmesser, Länge entsprechend dem Abstand zwischen den Schrankenlagern) mit Bohrung (ca. 3 cm von einem Ende; Durchmesser ca. 4 mm)
► 2 ebenso präparierte Rundhölzer in halber Länge, mit denen man nur die halbe Straßenbreite beschranken kann.
► 2 dünnere Rundstäbe mit ca. 3 mm Durchmesser
► 2 durchsichtige Filmdosen
► 2 Reißzwecken
► Metallmuttern

Die Rundhölzer sollen als Schranken fungieren – ein Paar reicht über die gesamte Straßenbreite, das andere nur über eine Fahrbahnhälfte. Mit Hilfe der dünneren Rundstäbe können die Schranken an den Schrankenlagern fest gelagert werden, indem sie durch die vorgesehenen Bohrungen geführt werden.

Durchsichtige Filmdosen können – vorsichtig – mit je einer Reißzwecke ausgestattet werden, damit sie später am hinteren Ende der Schranken als Gewichtsträger befestigt werden können. Die Metallmuttern können die Kinder als Ballast nutzen.

etwas Schweres drauf zu legen. Die Muttern direkt auf die Schranken zu legen ist mühselig, weil sie sofort wieder runterfallen, wird aber zunächst geduldig versucht.

Dann werden sie links und rechts auf die überstehende Achse gefädelt. Das geht gut, ändert aber nichts, die Schranke bewegt sich nicht. Schließlich entdeckt ein Kind die Reißzwecken an der Filmdose, und vorsichtig wird zunächst geprüft, ob die wirklich so spitz sind, wie die Betreuerinnen sagen. Die Filmdosen werden am Ende der Schranken befestigt und Metallmuttern in die Dose gelegt (siehe Abb. 2).

Nach neun Muttern öffnet sich die lange Schranke. Die Filmdosen werden umgedreht, die Muttern fallen wieder heraus und das Ganze beginnt von vorne. Jedes Kind möchte – möglichst mehrmals – ausprobieren, und alle sind jedes Mal begeistert, wenn die Schranke sich langsam hebt.

Wie funktioniert ein Fahrstuhl?

Die Beschäftigung mit der Schranke hat über eine halbe Stunde gedauert, deshalb ist ein Themenwechsel sinnvoll, auch wenn die Kinder noch keine Ermüdungserscheinungen zeigen. Die Betreuerin setzt die Geschichte von Tine und Tim fort:

Tine hat Angst vorm Fahrstuhlfahren

Tine ist stolz, das Problem gelöst zu haben, und fährt zu Tim ins Krankenhaus. Sein Zimmer liegt im vierten Stock. Da Tine schon so müde ist, will sie ausnahmsweise den Fahrstuhl nehmen. Der aber macht ihr immer etwas Angst, weil sie nicht weiß, wie so ein Fahrstuhl eigentlich funktioniert …

Alle Kinder stürzen auf das vorbereitete Modell eines Fahrstuhles (siehe Kasten unten und Abb. 3) und lassen die beiden Insassen mehr oder weniger sanft die Stockwerke überwinden. Nach einiger Zeit flaut das Interesse aber ab; die Kinder wollen sich wieder mit der Schranke beschäftigen.

► „Haus" aus Karton
► 1 Rundholz, ca. 3 mm Durchmesser, etwas länger als die „Hausbreite"
► 1 Garnrolle mit aufgewickelter, reißfester Schnur
► 1 Korken
► 1 durchsichtige Reißzwecken-Dose als „Fahrstuhlkabine"
► 2 Spielfiguren, die in die Dose passen

Aus dem Karton wird ein Haus mit einem einfachen Fahrstuhl gebaut. Dieser besteht aus einem Rundholz, einer aufgesteckten Garnrolle und einem Korken als Antrieb an einem Ende. Ein Reißzweckendöschen mit zwei Spielfiguren dient als Kabine samt Insassen (siehe **Abb. 3**).

Und noch einmal die Schranke …

Die Betreuerin lenkt die Aufmerksamkeit auf die beiden Halbschranken. Schnell sind diese nach dem bewährten System angebaut und werden zum Öffnen mit Muttern beladen. Vier Muttern zählen die Kinder. *Jasmines* Antwort auf die Frage „Warum denn nur vier, vorhin waren es doch neun?" lautet: „Je dicker die Schranke, desto weniger Muttern braucht sie". Erst jetzt fällt auf, dass die Kurzschranken etwas dicker sind. Das war zuvor keinem Erwachsenen aufgefallen, weil diese ihre Aufmerksamkeit ausschließlich auf den offensichtlichen Unterschied – die Länge – gelenkt hatten. Auch wenn diese „Je-desto"-Beziehung von *Jasmines*

Foto: Monika Zolg

Abb. 2: Metallmuttern in der Filmdose dienen als Ballast

Foto: Monika Zolg

Abb. 3:
Während die Schranke das Hebelprinzip veranschaulicht, kann mit dem Fahrstuhl die Rolle erprobt werden

inhaltlich nicht stimmt, ist es doch erstaunlich, dass sie eine Beziehung zwischen den beiden Ereignissen herstellt.

Nach über einer Stunde wird das Thema beendet. Auf dem Weg zurück in die verschiedenen Gruppen lassen die Kinder Tine voller Begeisterung mit dem Lastenaufzug vom Keller in die Küche fahren. Zum Abschluss wird noch ein Ausflug zu einer Schranke geplant, um den Kindern eine Realbegegnung zu ermöglichen.

... und die Kinder wollen immer noch weitermachen

Zurück in ihrer Gruppe, dreht sich das Gespräch immer noch um die Schranke. Es wird entschieden, gemeinsam eine eigene Lern- und Spielumgebung zu planen und zu bauen. Noch am selben Tag wird gemeinsam das Material zusammengesucht, am nächsten Tag bauen die Kinder zusammen mit den Betreuerinnen und Betreuern die Straße, die Schienen und die Schranken; in den darauf folgenden

Tagen wird das Gebaute optimiert. Die Kinder konstruieren alleine oder mit ein wenig Hilfe die Schranken.

Aber *Jasmine* ist noch nicht zufrieden: Sie überlegt, dass die Filmdosen an keiner echten Schranke vorkommen und keiner Gewichte auf die Schranke legt. Sie kommt auf die Idee, Nägel hinten in die Schranken aus Wellpappe zu stecken. Die Schranke bewegt sich nun auf und

ab, wenn man die Nägel herauszieht oder weiter hineinsteckt (siehe Abb. 4). Sie ist mit ihrer Lösung schon sehr zufrieden, möchte aber eigentlich etwas haben, was sich immer in der Schranke befindet. *Jasmine* meint: „Das Gewicht müsste man da oben hin- und her verschieben können".

Schließlich entwickelt sich die Idee mit der Murmel – ein schwerer, aber gleichzeitig beweglicher Gegen-

Foto: Monika Zolg

Abb. 4: Nägel eignen sich schon gut als Gewicht – aber die optimale Lösung ist das nicht

Foto: Monika Zolg

Abb. 5: Die in einem Zylinder gelagerte Murmel kann sich gut bewegen

Foto: Monika Zolg

Abb. 6: Ergebnis des beharrlichen Forscherdrangs der Kinder: eine perfekt funktionierende Schrankenanlage

! ALLTAGSTECHNIK

Damit Technikthemen im Anfangsunterricht gelingen, sollten folgende Punkte beachtet werden:

▶ Technik im Anfangsunterricht sollte in einer spielerischen und handlungsintensiven Form angeboten werden.

▶ Die Lernumgebung muss motivierend gestaltet sein und unterschiedliche Lern- und Umgangsebenen bieten.

▶ Während der gesamten Entwicklungsphase fördern die Betreuer und Betreuerinnen die Kinder durch behutsame Anregungen, durch Zeitlassen, Ernstnehmen und Würdigen der kindlichen Lösungsvorschläge.

▶ Die Kinder beschäftigen sich freiwillig mit dem Thema und den Objekten, solange sie wollen. Wer keine Lust mehr hat, kann einfach gehen.

▶ Das Thema sollte einen Alltags- und kindlichen Erfahrungsbezug haben. Aus diesem Grund eignen sich z. B. die Themen „Schranke" (vgl. auch *Eckel/Halamiczek* 1981, 87–98) und „Fahrstuhl" (vgl. auch *Kälberer/Hüttenmeister* 2002, S. 60).

stand. Die Kinder erarbeiten und bauen gemeinsam mit den Betreuerinnen und Betreuern einen Zylinder für die Murmel (siehe Abb. 5), die Straße und die Bahnschienen (siehe Abb. 6). Fertig ist die Schrankenanlage – von den Kindern in nicht zu erwartender Perfektion entwickelt.

Selbstverständlich können auch Kinder in der Grundschule vor diese Konstruktionsaufgabe gestellt werden. Sie können mit Hilfe der Kopiervorlage auf S. 33 arbeiten. ■▪

LITERATUR

Eckel, Johann/Halamiczek, Herbert: Werkerziehung Grundstufe 1. Wien 1981
Kälberer, Günther/Hüttenmeister, Hilleke: Bauen, Montieren, Konstruieren. Stuttgart 2002

MÄDCHENKONSTRUKTIONEN – JUNGENSPIELE

Eine Betreuerin berichtet: „Die Mädchen arbeiteten viel interessierter mit als die Jungen. Sie hatten die tollsten Ideen, wie und aus welchem Material man am besten die Schienen macht, sie berechneten die Breite und überlegten, wie man die Schienen ausmessen kann."

Inzwischen gibt es eine Technik-AG des Kindergartens in Kooperation mit Studierenden, und es wird sich herausstellen, ob sich der deutliche Unterschied zwischen Jungen und Mädchen wieder zeigt. Alle Beobachterinnen stellten fest, dass die Jungen vor allem am Spielen interessiert und teilweise so gefesselt waren, dass sie zum Beispiel die Geschichte von Tine und Tim gar nicht gehört haben. Das setzte sich auch beim Bau der Schranke fort. Für die Jungen wurde das Ganze erst wieder interessant, als sie damit spielen konnten, was sie auch jetzt noch gerne tun.

Die Mädchen hingegen waren an der Spielhandlung kaum interessiert, erfassten die Problemstellung, dachten nach, entwickelten Ideen, erprobten Lösungsmöglichkeiten und wollten diese – gleichgültig, wie beschwerlich und Zeit raubend das manchmal war – umsetzen. Erstaunlich war auch, dass sie sich nicht mit „einfachen" Lösungen zufrieden gaben.

DIE AUTORINNEN

Dr. Monika Zolg leitete das Fachgebiet „Technische Elementarbildung" an der Universität Kassel.

Stephanie Detert-Kunkel ist Erzieherin und Lehrerin.

Friederike Helmbold ist Erzieherin.

Foto: Monika Zolg

Wie funktioniert eine Schranke?

Könnt ihr eine Schranke bauen,
die sich einfach öffnen und schließen lässt?
Probiert es.

Zunächst braucht ihr zwei Papprollen,
die so vorbereitet sind:

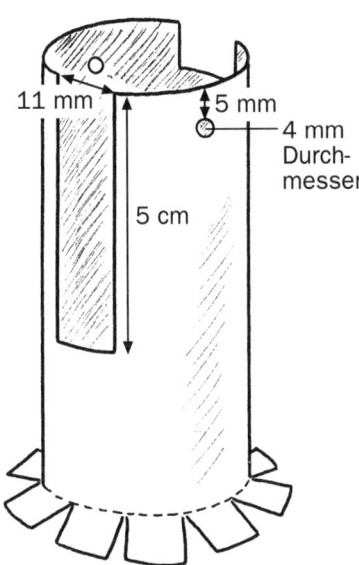
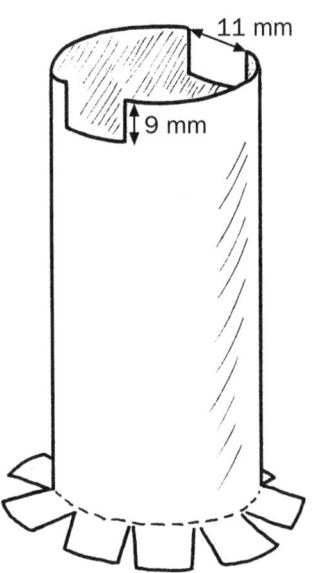

Das sind eure Schrankenlager.
Klebt sie mit 15 cm Abstand
auf eine stabile Unterlage.
Die beiden kleinen Aussparungen
stehen sich dabei gegenüber.

Um die Schranke fertig zu bauen,
stehen euch zur Verfügung:

- 30 cm langes Rundholz
  (ca. 1 cm Durchmesser)
  mit einem 4 mm breiten Loch,
  das in 5 cm Abstand von einem Ende gebohrt ist
- 10 cm langer Rundstab mit ca. 3 mm Durchmesser
- ca. 10 Metallmuttern oder Murmeln
- 1 Filmdose, durch die am oberen Rand
  von innen nach außen
  eine Reißzwecke steckt

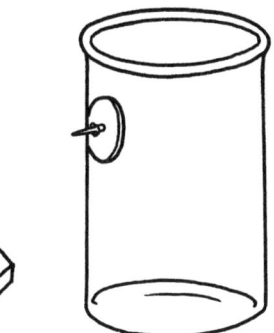

Funktioniert eure Schranke?
Gibt es etwas, was euch nicht so gut gefällt?
Könnte man sie vielleicht noch anders bauen?
Wenn ihr mögt, erfindet eure eigene Schranke
mit anderem Material.

ILLUSTRATIONEN: SCHWANKE UND RAASCH

Vitamine mit Zahnrädern

Wie funktioniert eine Salatschleuder?

Foto: Dieter Schödel

Eine Salatschleuder hat fast jedes Kind schon gesehen und benutzt. Doch was macht dieses Gerät eigentlich mit dem Salat – und vor allem: wie?

Dieter Schödel

IN EINER ERSTEN Klasse wird Kopfsalat zubereitet. Einige Kinder erzählen, wie dies zu Hause geschieht: „Der Salat wird gewaschen und kommt dann in so eine komische Schüssel und wird ganz schnell gerührt. Ich darf das auch manchmal machen." Im Klassenraum stehen zwei Salatschleudern bereit, eine mit einem Schnurantrieb, die andere mit einer Handkurbel. Zwischen tränenreichem Zwiebelschneiden und dem Zerlegen der Salatköpfe entwickeln sich Vermutungen über den Sinn der Salatschleudern: „Wenn sich das dreht, werden die Salatblätter kleiner gemacht." „Da geht das Wasser raus vom Waschen, das schmeckt nicht in der Soße."

Salat- oder Wasserschleuder?

Natürlich sind alle gespannt, was mit dem Salat passiert, wenn er nach dem Waschen in die Schleudern kommt. Alle haben sich vom nassen Zustand des Salates überzeugt, und jedes Kind will einmal „rühren".

Daher wird in Partnerarbeit immer ein Teil des Salates bearbeitet. Die abschließende Prüfung überzeugt: Die Blätter sind zwar noch genauso groß, aber sie sind erheblich trockener geworden.

Auf dem Schüsselboden unter dem Korb sammelt sich trübes Wasser – Wasser, das kein Kind in der Soße haben will. Ein tolles Instrument, diese Salatschleuder: Das Wasser fliegt durch den Korb und der Salat bleibt drin. Alle Beobachtungen der Kinder decken sich:

▶ Durch das Drehen der Kurbel oder das wiederholte Ziehen der Schnur wird der Korb in schnelle Drehbewegungen versetzt.
▶ Der Salat im Korb wird dabei mit dem Wasser an die Korbwand gedrückt.
▶ Das Wasser kann sich nicht halten, es fliegt durch die Löcher im Korb.
▶ Der Salat ist zu groß, er bleibt an der Korbwand hängen.

Um das Prinzip deutlich werden zu lassen, wird der Salat durch einen nassen Stofflappen ersetzt. Die Kinder stellen auch hier einen deutlichen Trocknungsprozess fest. Ein Ball wird in den Korb gelegt. Die Kinder vermuten, dass der Ball während der Drehbewegung an der Korbwand hängen bleibt (siehe S. 36). Der Versuch bestätigt die Vermutung. Es dauert nicht lange, bis ein Kind die Salatschüssel mit dem Karussell auf dem Spielplatz vergleicht. Wenn man sich dort nicht mit aller Kraft festhält (Zentralkraft), wird man wie die Wassertropfen von einer Kraft (Flieh- bzw. Zentrifugalkraft) nach außen gezogen und im schlimmsten Falle weggeschleudert.

Der Fliehkraft auf der Spur

Die Kinder nennen als weiteres Beispiel die Waschma-Waschmaschine. Die Lehrkraft muss hier die angesprochene Funktionsweise auf den Schleudergang beschränken. Ein Kind berichtet von seinem Opa. Sein Hobby sei die Imkerei und er hätte so eine Schleuder, aus der der Honig herauskomme. Die Kinder suchen Bienenwaben im Kinderlexikon. Das Foto einer Honigzentrifuge wird herumgereicht und den Kindern wird schnell klar, wie auch der Honig nach dem Entdeckeln der Waben herausgeschleudert wird.

Den Abschluss an diesem Tag bildet die Frage: Was passiert mit dem Wasser, das nicht durch Löcher herausgeschleudert werden kann? Kann die Fliehkraft so groß sein, dass es in einem Eimer mit der Öffnung nach unten festgehalten wird? Einige Kinder ahnen sofort, wie man das nachweisen kann und wollen dies in einem Versuch zeigen (siehe S. 36). Vorsichtshalber gehen wir mit einem Eimer Wasser auf den Schulhof. Da einige Kinder skeptisch sind, legen wir erst einen kleinen Ball in den Eimer. Einige Kinder schleudern den Eimer mit ausgestrecktem Arm über dem Kopf, ohne dass er herausfällt. Die Mutigen füllen den Eimer halb mit Wasser und wiederholen den Versuch. Nicht der kleinste Tropfen wird verschüttet.

Zwei Techniken – ein Ergebnis

Am nächsten Tag untersuchen wir den Antrieb der Salatschleudern. Bei der Schnursalatschleuder rollt sich die Schnur von einer Rolle ab, und weil die Scheibe im Deckel in Schwung ist, auch wieder auf. Ein Kind entdeckt, dass sich der Korb auch immer wieder in unterschiedliche Richtungen dreht, während bei der Kurbelsalatschleuder der Korb immer die gleiche Drehrichtung hat.

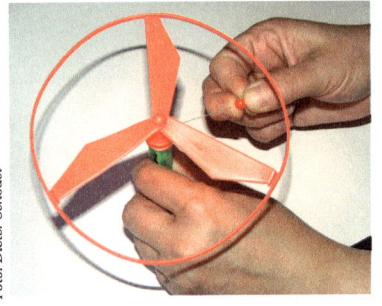

Foto: Dieter Schödel

Ein Propeller mit Schnurmotor

Ein ähnliches Prinzip entdecken zwei Kinder bei einem Spielzeug und bringen es am nächsten Tag mit: Propeller in verschiedenen Formen werden von einer Achse so schnell angetrieben, dass sie in die Höhe steigen und sanft wieder landen. Die Achse wird in einem Haltegriff von einer aufgewickelten, herausziehbaren Schnur in Drehung versetzt. Ein Kind erinnert sich, dass sein Vater den Motor des Rasenmähers nach diesem Prinzip anwirft.

Auch die andere Salatschleuder mit der Kurbel hat einen halbtransparenten Deckel. Die Kinder entdecken Zahnräder im Inneren und bestehen auf einer Demontage.

Der Sachzeichnung folgt der Nachbau

Nach ausgiebiger Untersuchung wagen sich die Kinder an eine Sachzeichnung. Das Ziel dieser Phase ist, den konstruktiven Zusammenhang der Antriebsteile zu verdeutlichen und ein Ergebnis für die Konstruktionsphase festzuhalten (vgl. Zolg 2006).

Die Ergebnisse sind in dieser Klassenstufe erwartungsgemäß unterschiedlich. Während viele Kinder die Einzelteile katalogmäßig nebeneinander setzen, versuchen andere, die Funktionsweise zeichnerisch darzustellen. Dabei wird in einigen Zeichnungen die Kurbel mit dem großen Innenzahnrad verbunden und die Mitnehmerscheibe (die sich in den oberen Rand des Korbes einklinkt) dem kleinen Zahnrad zugeordnet.

Mit Fischer-Technik wird ein Funktionsmodell der kurbelbetriebenen Salatschleuder gebaut. Die Mehrzahl der Kinder experimentiert mit der Grundplatte, Achsen, Buchsen und großen und kleinen Zahnrädern, bis das Ergebnis stimmt: Wenn der „Korb" sich schneller drehen soll, muss die Kurbel mit dem großen Zahnrad verbunden werden, der Korb mit dem kleinen. Das Mädchen, das die Zeichnung in Abb. 1 anfertigte, entwickelt ohne Experimentierphase zielstrebig ein funktionsfähiges Modell, ohne auf häusliche Erfahrungen mit Technikbaukästen zurückgreifen zu können.

Kinder, die vor den anderen fertig sind, gehen den unterschiedlichen Drehgeschwindigkeiten auf den Grund. Ein Kind dreht die Kurbel einmal, das andere Kind zählt die Umdrehungen des Korbes (zweimal). Um diesen Sachverhalt auf abstrakterer Ebene noch einmal aufzugreifen, können die Kinder anschließend die Kopiervorlage auf S. 37 bearbeiten.

Foto: Dieter Schödel

Weiter sollte das Thema in dieser Altersstufe nicht vertieft werden. Die entdeckten technisch-physikalischen Sachverhalte sind so prägnant, dass sie künftig jederzeit abgerufen und erweitert werden können. Erhalten bleibt die Freude der Kinder, zwar alltäglichen, aber doch komplizierten Phänomenen auf die Spur zu kommen. ■

LITERATUR
Zolg, Monika: Das Rätsel der Luftpumpe. In: Technisches Lernen, Praxis Grundschule Extra, Braunschweig 2020, S. 44–49

DER AUTOR
Dieter Schödel unterrichtet an der Mittelpunktschule Braunsberg in Breuna.

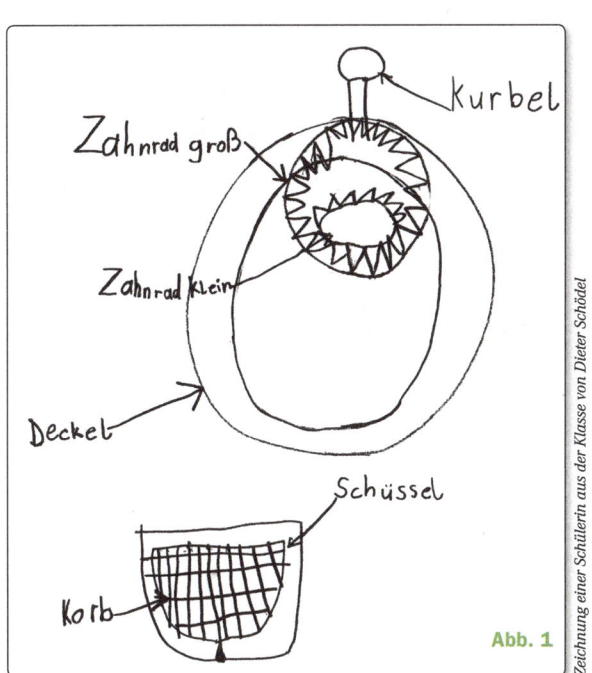

Zeichnung einer Schülerin aus der Klasse von Dieter Schödel

Zahnrad groß
Kurbel
Zahnrad klein
Deckel
Schüssel
Korb

Abb. 1

Die Salatschleuder

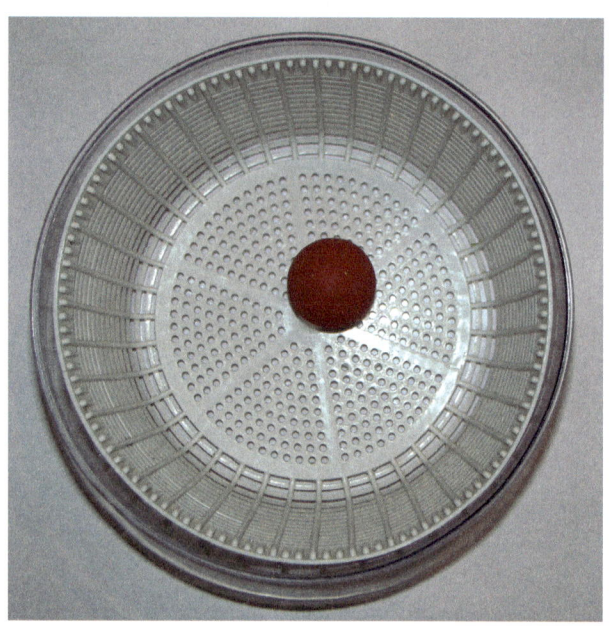

Die Salatschleuder steht still.
In der Mitte liegt ein Ball.

Die Schleuder dreht sich nun ganz schnell.
Wo ist der Ball jetzt?
Zeichne ihn ein.

Zwei Eimer mit Wasser

Beide Eimer sind mit Wasser gefüllt.
Was passiert jeweils?
Zeichne und schreibe.

FOTOS: DIETER SCHÖDEL

Wie schnell dreht sich das Zahnrad?

Kreuze an:

◯ Das kleine Zahnrad dreht sich schneller als das große.

◯ Das kleine Zahnrad dreht sich langsamer als das große.

Kreuze an:

◯ Das große Zahnrad dreht sich schneller als das kleine.

◯ Das große Zahnrad dreht sich langsamer als das kleine.

FOTOS: DIETER SCHÖDEL

Wenn der Hahn tropft…

Kinder reparieren einen defekten Wasserhahn

Ein tropfender Wasserhahn kann Nerven kosten! Es ist daher kaum vorstellbar, dass eine Dichtung eingeschnitten wird, um einen Hahn absichtlich zum Tropfen zu bringen – es sei denn, man möchte dem Innenleben des Hahnes und seiner Technik auf die Spur kommen …

Foto: shutterstock.com/Igor Nikushin

Monika Zolg/Ute Apel

DER WASSERHAHN im Klassenzimmer tropft, und das kann auf keinen Fall so bleiben, sagen die Kinder, der „Umwelt wegen". Aber was tun? Der Hausmeister ist nicht da. So bleibt nur die Möglichkeit, dass wir ihn gemeinsam reparieren. „Cool!" – Sofort stürzt ein Teil der Kinder zum Waschbecken und will mit bloßen Händen den Hahn auseinanderbauen. Der andere – vorsichtigere – Teil möchte erst beratschlagen, was kaputt sein könnte.

Die Lehrerin lässt die Kinder zeichnen, wie ein Wasserhahn aufgebaut ist und funktionieren könnte. Sie sollen sich vorstellen, der Wasserhahn sei durchsichtig, und darstellen, was sie im Inneren sehen. Kinder, deren „Erfindergehirn" noch etwas müde ist, können sich mit der Lehrerin beraten.

Wie sieht der Hahn von innen aus?

Der Wasserhahn in der Klasse ist mit einem seitlich gelagerten Drehknopf ausgestattet. Es bereitet einigen Kindern Probleme, sich vorzustellen, was sich da wie bewegen könnte. Alle Kinder vermuten eine Sperre im Hahn, die „irgendwie" durch die Drehung auf- und zugeht (siehe Abb. 1). Stephan denkt an eine Zahnradkonstruktion, die einen Metalldraht auf- bzw. abwickelt, welcher dann die Sperre löst oder schließt (siehe Abb. 2). Einige schreiben „Hebel" in Klammern neben die Sperre.

Andere wiederum wissen, dass da noch eine Dichtung sein muss. Max, der bei der Jugendfeuerwehr ist, zeichnet sie auch ein. Er lässt sich viel Zeit, ehe er beginnt. Er fährt mit dem Bleistift über das Blatt, ohne wirklich zu zeichnen. Was zögerlich wirkt, ist in Wirklichkeit eine ausführliche gedankliche Planung, denn dann zeichnet er zügig, sehr detailliert – selbst der blaue Punkt für den Kaltwasserhahn ist abgebildet – und zeichentechnisch anspruchsvoll. Zwei Zahnräder bewegen eine Platte hin und her. Diese ist mit zwei dicken Dichtungen nach oben und unten abgeschottet (siehe Abb. 3).

Es gibt nicht nur eine Lösung

Wer große Probleme hat, sich den Hahn räumlich vorzustellen, kann das Schnittmodell eines Kaltwasserhahnes (siehe Abb. 5) anschauen – natürlich von der geschlossenen Seite. Bei der oben angebrachten Spindel fällt es leichter, eine Lösung zu finden (siehe Abb. 4). In den Gruppen tauschen die Kinder ihre Ideen aus, viele haben ähnliche Vorstellungen und ungelöste Fragen. Alle Entwürfe werden vorgestellt, diskutiert und in Gruppen zusammengefasst. Die Kinder erkennen, dass es mehrere „richtige" Lösungen gibt.

Statt einer weiteren Erklärung gibt die Lehrerin das Modell des Wasserhahnes (siehe Abb. 5) oder die Kopiervorlage auf S. 42 an einzelne Arbeitsgruppen. Die Schülerinnen und Schüler sollen den Hahn mit ihren Zeichnungen vergleichen und gemeinsam überlegen, wie er funktioniert.

Liegt den Kindern das Modell vor, wollen sie es zunächst ausgiebig auf- und zudrehen und sich dabei gegenseitig erklären, wie die Platte nach unten gedrückt wird und wo die Dichtung sitzt. Die Meinungen werden zusammengetragen und problematisiert, falls es Widersprüche gibt. Bald sind sich alle einig, dass bei unserem Hahn die Dichtung kaputt sein muss.

Kleine Werkzeugkunde

Nachdem sich die Kinder sicher sind, den Fehler gefunden zu haben, steht der Reparatur nichts mehr im Wege. Die Lehrerin hat Rohrzangen und Dichtungen dabei. Eigentlich benötigt man dafür eine spezielle Armaturenzange, die verhindert, dass Kratzer entstehen.

Nimmt man eine normale Rohrzange, sollte man die Zangenbacken mit einem Stück Plastik oder Stoff abdecken.

Ein Teil der Klasse bekommt den Auftrag, im Werkraum den Umgang mit der Rohrzange an einem Übungsstück zu proben und sich dabei gegenseitig zu helfen. Reparieren darf nur, wer mit der Zange sachgerecht umgehen kann.

Die Kinder wundern sich, warum die Wasserpumpenzange so lange Griffe hat. *Max* klärt uns auf, dass es bei der Feuerwehr noch viel größere Zangen gibt – der Grund dafür sei „der Hebel". Da einige damit nichts anfangen können, erklärt er weiter, dass es einfach leichter geht, wenn „das" länger ist. Jetzt haben wir keine Zeit, das zu überprüfen, aber wir merken es uns für später …

Von Zoll und Zentimeter

Eine andere Gruppe soll sich um die Dichtungen kümmern; die Lehrerin hat einige im Baumarkt gekauft. Aber schon wieder gibt es ein Problem: Die Dichtungen sind unterschiedlich groß und tragen eine seltsame Aufschrift: $\frac{1}{2}''$, $\frac{3}{4}''$, $1''$. Wir lernen, dass $''$ das Zeichen für die Maßeinheit „Zoll" ist und dass ein Zoll 2,54 cm entspricht. Aber wie messen wir $\frac{1}{2}$ und $\frac{3}{4}$ Zoll?

Die Lehrerin hat für jedes Kind der Gruppe einen Messschieber (Schieblehre) mitgebracht. Damit wird geübt. Zentimeter werden in Zoll und Zoll in Zentimetern abgelesen, was gar nicht so einfach ist. Anhand eines Übungsblattes und einer Beispielaufgabe, mit deren Hilfe man prüfen kann, ob man richtig gemessen hat, üben die Kinder den Umgang mit dem Messschieber. Das Messinstrument ist so interessant, dass nicht nur die gestellten Aufgaben, sondern alles Mögliche gemessen werden muss: die Dicke der Tischplatte, ein Bleistift, ein Radiergummi, die Nase und die Ohren der Lehrerin und vieles mehr.

Die dritte Gruppe festigt anhand eines Arbeitsblattes, auf dem der Wasserhahn aus Abb. 5 abgebildet

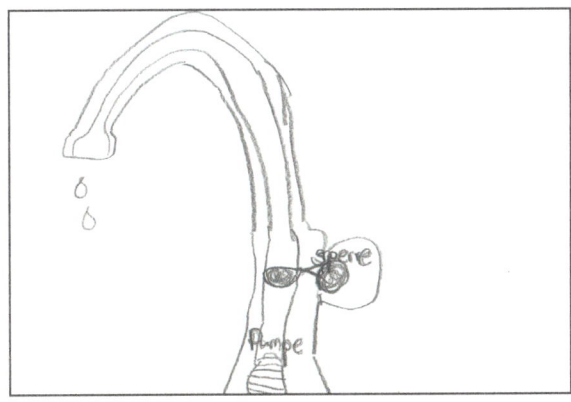
Abb. 1: Schließt sich beim Drehen eine Sperre?

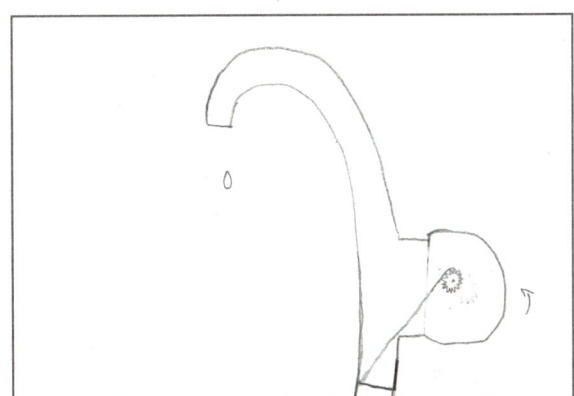
Abb. 2: Liegt Stephan mit seiner Zahnradkonstruktion richtig?

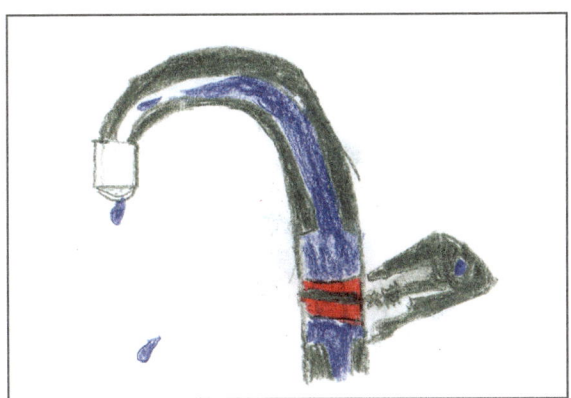
Abb. 3: Wie funktionstüchtig ist Max' Entwurf?

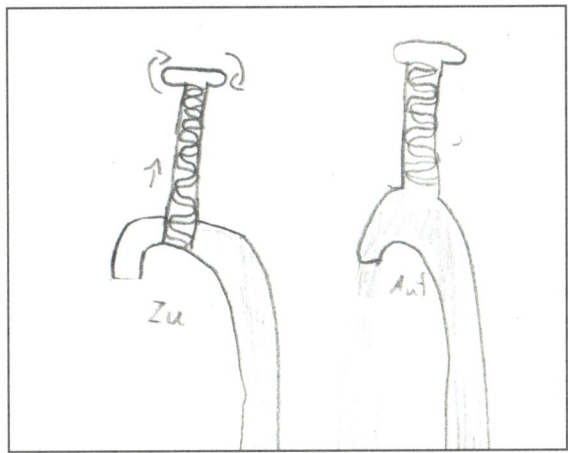
Abb. 4: Diese Zeichnung kommt der Funktionsweise des Wasserhahns schon nahe.

WIE FUNKTIONIERT EIN WASSERHAHN?

Beim Wasserhahn handelt es sich in Wirklichkeit um ein Ventil, welches beim Kaltwasserhahn durch eine Spindel auf eine Dichtung gedrückt wird. Nicht sichtbar ist die Abdichtung des Hahns nach oben, früher in Form einer Stopfbuchse, heute durch Dichtringe. Heute benutzt man aber fast immer einen Einhandmischer oder Einhebelmischer für Warm- und Kaltwasser. Hier gibt es zwei gängige Systeme:

▶ Bei der Plattentechnik werden zwei gelochte Platten gegeneinander verschoben, bis die Bohrungen übereinanderliegen. Bei Hebelbewegung nach oben oder nach unten öffnet bzw. schließt der Hahn. Die Bewegung nach links und rechts entscheidet über das Mischungsverhältnis warm – kalt. **Abb. 6** zeigt, wie die Platten bei geöffnetem bzw. geschlossenem Hebel liegen.

▶ Andere Systeme arbeiten mit einer durchbohrten Kugel, die ähnlich funktioniert. Mit einer 90 Grad-Drehung wird die Bohrung geöffnet bzw. geschlossen. Dieser Hahn ist nicht demontierbar, da die Kugel passgenau eingebaut wurde und somit keiner weiteren Abdichtung bedarf.

Bei den modernen Einhebelmischern auf Keramikbasis ist eine Reparatur nicht möglich. Bei einem Defekt wird das gesamte Gehäuse ausgetauscht.

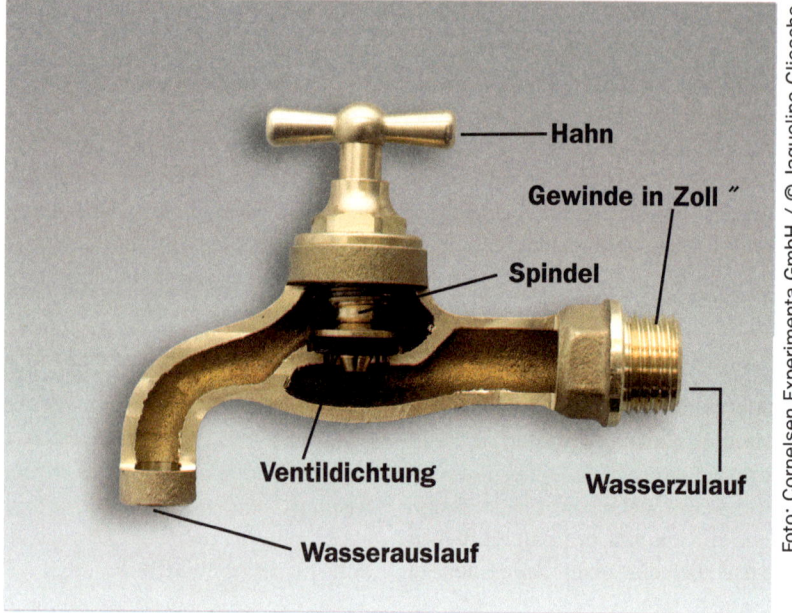

Hahn
Gewinde in Zoll ″
Spindel
Ventildichtung
Wasserauslauf
Wasserzulauf

Abb. 5: Schnittmodell eines Kaltwasserhahns

ist, die Begriffe. Als weiterführende Aufgabe sollen die Kinder beschreiben, wofür die einzelnen Teile notwendig sind. Anschließend übertragen sie ihre neu gewonnenen Kenntnisse in Zeichnungen eines Hahns mit seitlicher Spindel.

Der Wasserhahn wird demontiert

Wer den Umgang mit der Rohrzange geübt hat, geht zum tropfenden Wasserhahn. Einige Kinder machen sich dran, den Drehknopf abzuziehen und wollen den Hahn öffnen. Andere sind damit nicht einverstanden, denn wir müssen zuerst das Wasser abstellen. Die Tür des Waschbeckenunterschranks wird geöffnet, und viele Kinder staunen über das Abflussrohr mit Geruchsverschluss. Auch über diese Funktion werden wir später noch sprechen müssen ...

Zunächst dreht ein Kind den Absperrhahn zu, andere prüfen, ob aus dem Hahn oben noch Wasser kommt. Aber es dauert und dauert – die Kinder sind sich sicher, dass der Absperrhahn auch kaputt ist. Schließlich aber kommt kein Tropfen mehr aus dem Hahn. Die Kinder bauen ihn abwechselnd auseinander, während andere jeden Schritt beobachten und Reparaturanleitungen (siehe Abb. 7) schreiben.

Dichtung ist nicht gleich Dichtung

Das Ventil wird ausgebaut, und die Kinder sehen sofort, dass die Gummidichtung defekt ist. Sie suchen sich aus den vielen Dichtungen die passende heraus und fragen sich, warum es so viele verschiedene

WASSERHÄHNE ZUM DEMONTIEREN

Einen Mischhahn bekommt man für ca. 20,– € im Baumarkt oder gebraucht beim Installateur, wenn man früh genug nachfragt.

Das Schnittmodell des Wasserhahnes kann für 41,20 € zzgl. Versand bestellt werden (Bestellnummer 13368) bei:
Cornelsen Experimenta
GmbH & Co. KG
Tel.: 0 30/4 35 90 20
www.cornelsen-experimenta.de/shop

Dichtungen gibt. Andererseits gibt es aber auch viele verschiedene Wasserhähne, argumentieren sie und wollen beim nächsten Baumarktbesuch mal nach den Dichtungen schauen.

Die Dichtung wird ausgewechselt und alles wieder eingesetzt wie zuvor. Der Absperrhahn wird geöffnet – und schnell wieder verschlossen. Jetzt tropft der Hahn zwar nicht mehr, dafür läuft beim Aufdrehen das Wasser oben aus dem Ventil heraus. Einige Kinder vermuten, dass die neue Dichtung auch schon kaputt sei.

Nein, das kann nicht sein! Das Ventil ist nur nicht fest genug angezogen worden. Es kostet jetzt noch einige Kraft und Mühe. Dann ist es gemeinsam geschafft, der Wasserhahn tropft nicht mehr und wurde von den Kindern selbst repariert – ein augenfällig gutes Gefühl! Zum Schluss entbrennt eine Diskussion, ob man denn den Hahn ganz, ganz fest zudrehen soll. Nach den heutigen Erfahrungen haben alle verstanden, dass das für die Dichtung nicht gut sein kann. Möglicherweise war das ja auch schuld am Defekt des Klassenhahns?

Der Einhandmischer

Schon während der Arbeit am Kaltwasserhahn taucht immer wieder die Frage nach den „richtigen" Wasserhähnen, die man zu Hause hat, auf. Die Kinder bekommen den Auftrag, sich diese zu Hause anzuschauen und zu überlegen, wie sie funktionieren könnten. Wer will, kann seine Vermutung über den Aufbau der Kalt-Warm-Wasserhähne zeichnen. Außerdem sollen sie den Absperrhahn suchen. In der nächsten Stunde berichten die meisten Kinder von Einhandmischern und vermuten, dass hier auch eine Platte drin ist und dass vielleicht Löcher drin sind, die auf- und zugehen.

Die Kinder bekommen in Gruppen einen einfachen Einhandhebelmischer (siehe Kasten S. 29), den sie begeistert vollständig demontieren (siehe Abb. 8).

Es bedarf keiner großen Erklärungen mehr, die Kinder erkennen beim Auseinanderbauen selbst, dass man mit der Auf- und Abbewegung den Hahn öffnet und schließt, mit der Links- und Rechtsdrehung die Öffnungen unterschiedlich stark freigibt für Kalt- und Warmwasser.

Auch die Kunststoffdichtung erkennen sie, trauen ihr aber nicht so viel zu wie unserer dicken Gummidichtung – womit sie wohl nicht ganz Unrecht haben. Auf einem Teil des Hahns sind so kleine Borsten, die aussehen wie ein kleiner Kamm. Ob das wohl den Dreck rausfiltern soll? Die kleinen Borsten sind dazu da, das Wassergeräusch zu vermindern, sagt uns ein Installateur. Zum Schluss werden die Ein-

handmischer natürlich wieder richtig zusammengebaut. Ein „Puzzle" (siehe S. 43) festigt die Erkenntnisse. Hier wird das Ventil vereinfacht dargestellt, damit die Kinder das Grundprinzip nachvollziehen können: Nur die beiden Öffnungen der Zuläufe, die warmes bzw. kaltes Wasser freigeben, werden dargestellt; die größere Ablauföffnung ist nicht dargestellt (siehe Abb. 6 und 8).

Ein Nachspiel

Nach dem Wochenende berichtet *Lara* freudestrahlend: „Welch ein Glück, bei uns im Keller war der Wasserhahn kaputt, und ich konnte ihn reparieren". Ob alle Familienmitglieder den kaputten Hahn als

Glück empfunden haben, ist fraglich. Auf alle Fälle waren alle, besonders der Papa, voller Bewunderung für *Laras* Können – und das ist sicherlich ein großes Glück. ◼️▨

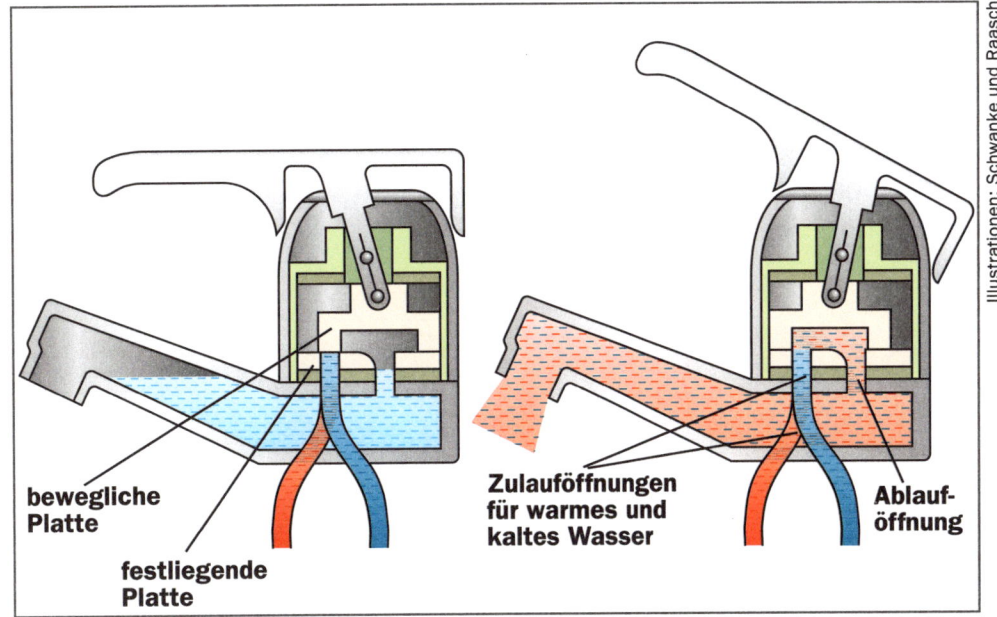

bewegliche Platte

festliegende Platte

Zulauföffnungen für warmes und kaltes Wasser

Ablauföffnung

Abb. 6

Illustrationen: Schwanke und Raasch

DIE AUTORIN

Dr. Monika Zolg leitete das Fachgebiet „technische Elementarbildung" an der Universität Kassel.

Ute Apel ist Schulleiterin einer Grundschule.

1. Hauptwasserhahn abstellen
2. Hahn abziehen.
3. Spendil abdrehen.
4. Dichtungsring abnehmen (mit Schraubenzieher, dazu erst die Schraube abdrehen).
5. Neuen Dichtungsring einsetzen, Schraube wieder festziehen.
6. Spindel mit Rohrzange festziehen
7. Hahn aufstecken.
8. Wasserzufuhr aufdrehen.

Abb. 7: **Franziskas Reparaturanleitung**

Abb. 8: **Die Teile eines Einhandmischers**

Foto: Monika Zolg

Wie funktioniert ein Wasserhahn?

Beschreibe, was auf den Bildern passiert.
Zeichne den Weg des Wassers ein.

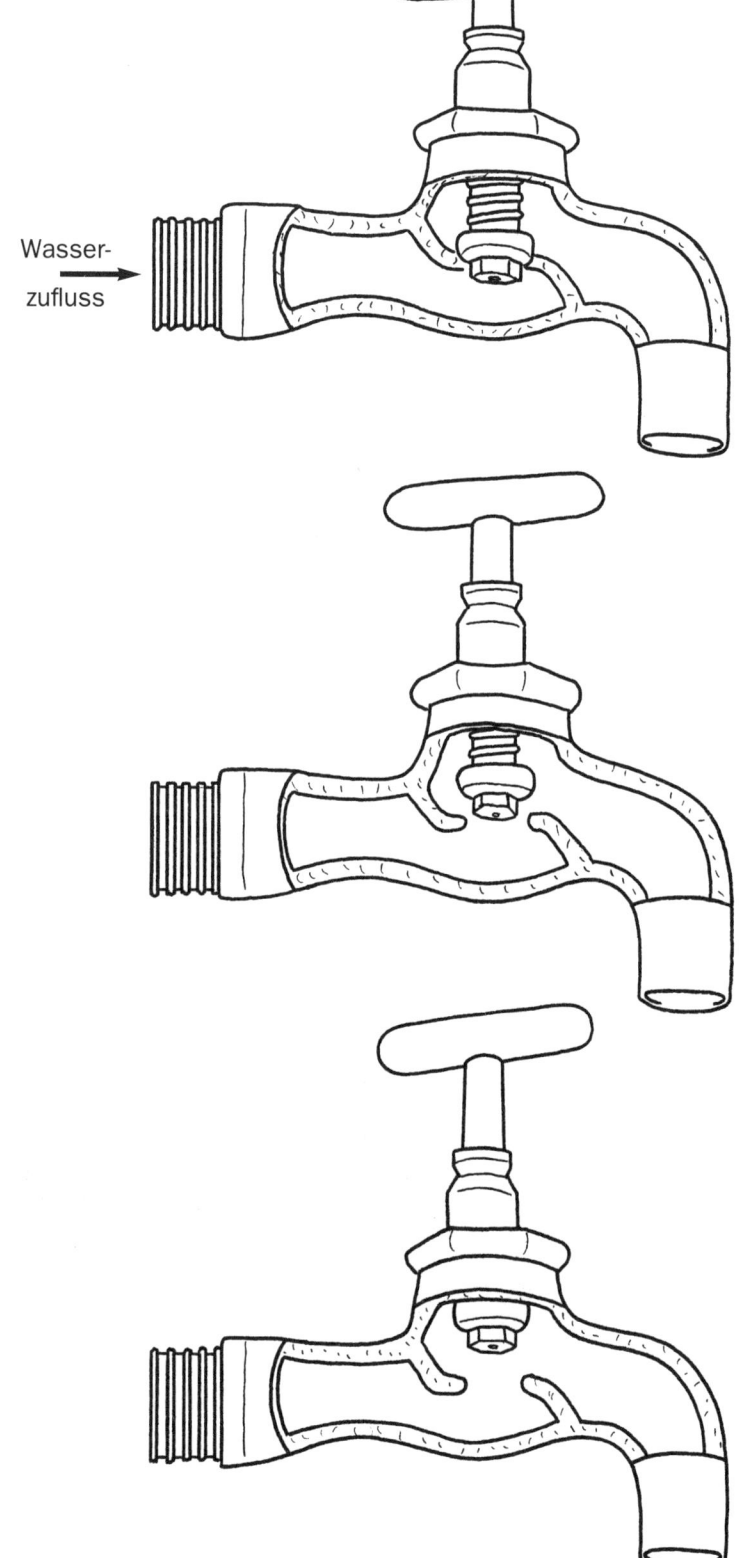

Wasser-
zufluss →

_____
_____
_____
_____
_____
_____
_____
_____

_____
_____
_____
_____
_____
_____
_____

_____
_____
_____
_____
_____
_____

Das Wasserhahnpuzzle

Es gibt viele verschiedene Wasserhähne.
Zum Beispiel den Einhebelmischer.

Mit ihm kann man warmes und kaltes Wasser mischen,
indem man mit dem Hebel die Ventilöffnung verändert.

Welche Hebelstellung passt zu welcher Ventilöffnung?
Schneide die Bilder aus und klebe richtig nebeneinander.
In welcher Stellung fließt Wasser und in welcher nicht?
Welche Temperatur hat das Wasser jeweils?

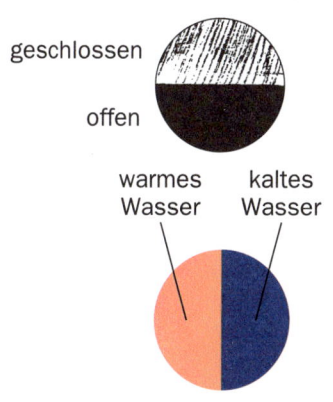

geschlossen

offen

warmes
Wasser   kaltes
            Wasser

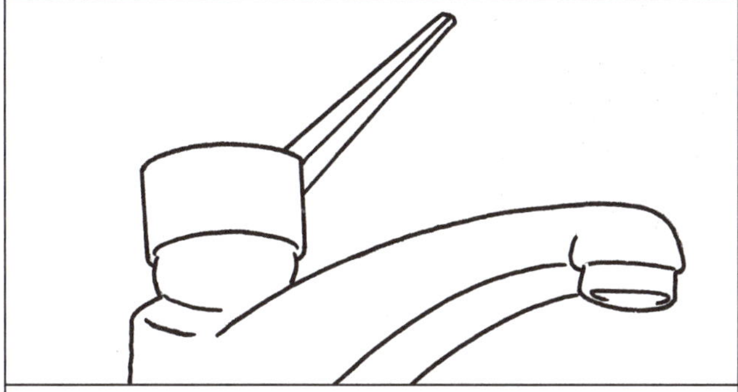

	Wasser fließt
	☐ ja ☐ nein
	Temperatur: _____

	Wasser fließt
	☐ ja ☐ nein
	Temperatur: _____

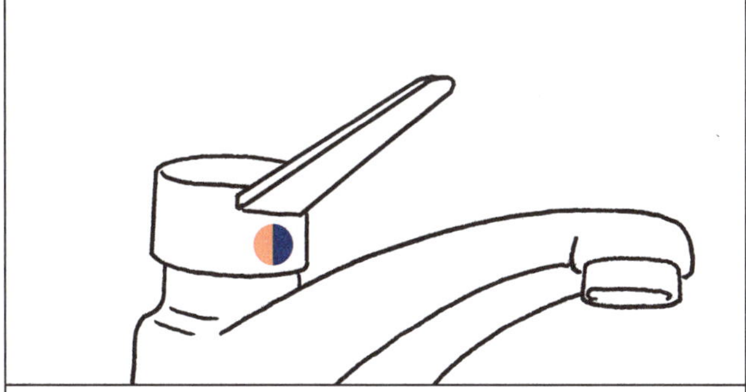

	Wasser fließt
	☐ ja ☐ nein
	Temperatur: _____

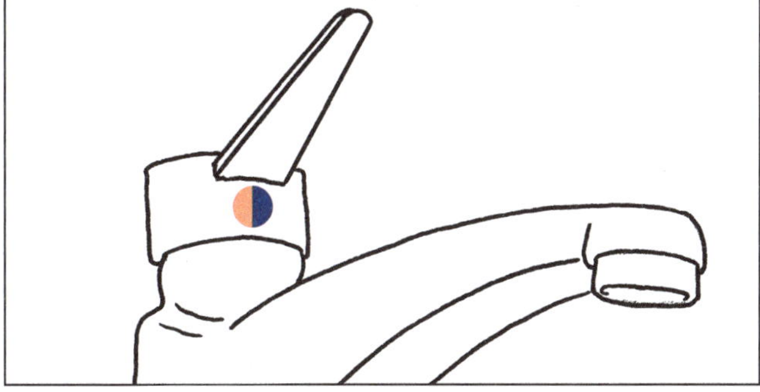

	Wasser fließt
	☐ ja ☐ nein
	Temperatur: _____

ILLUSTRATIONEN: SCHWANKE UND RAASCH

Das Rätsel der Luftpumpe

Problemlösendes
technisches
Lernen rund um
die Luftpumpe

Foto: Monika

Die Luftpumpe ist den
meisten Kindern vertraut,
ihre Nutzung ist zwar
Kräfte zehrend, aber
eigentlich kinderleicht.
Daraus lässt sich sicher
kein Stoff für einen
problemlösenden
Sachunterricht gewinnen.
Oder doch?

Monika Zolg

BETRACHTEN WIR DEN Vorgang des Luftpumpens etwas genauer: Wir haben einen Fahrradreifen mit einem Ventil und eine passende Luftpumpe. Nun setzen wir die Pumpe am Ventil an, ziehen den Kolben am Griff nach außen, schieben ihn mit Anstrengung wieder nach innen und pumpen dabei die Luft über das Ventil in den Reifen. Nun wiederholen wir den Vorgang. Aber ... wieso ziehen wir eigentlich nicht mit jedem Rückzug des Kolbens die Luft wieder aus dem Reifen? Wenn das nicht geschieht, was ja ausgesprochen unproduktiv wäre, wie, woher und wieso kommt der Luftnachschub?

Wieso bleibt die Luft im Schlauch?

Das Ventil muss so aufgebaut sein, dass es die Luft – mit möglichst wenig Anstrengung des Pumpenden – in den Schlauch hinein-, aber nicht mehr hinauslässt. Das hat man beim heutigen Blitzventil elegant mit einer kleinen Kugel (siehe Abb. 1) gelöst. Beim Pumpen hebt

DAS BLITZVENTIL

Abb. 1 Blitzventil

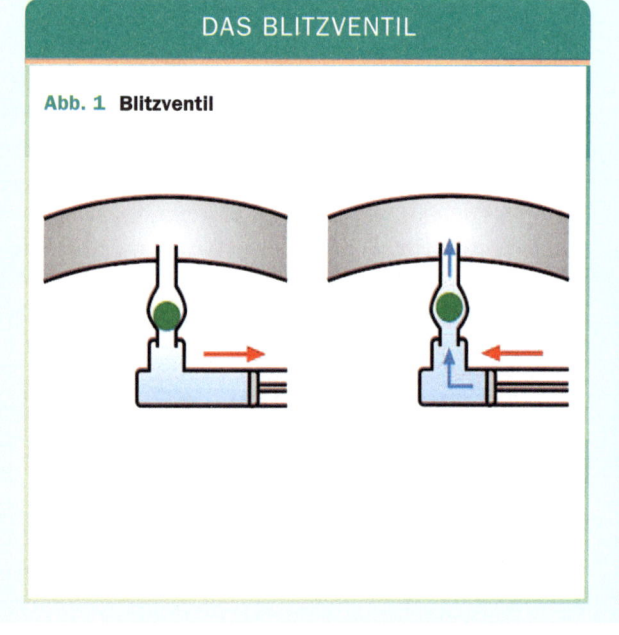

Illustrationen: Schwanke und Raasch

sich durch den gegenüber dem Reifendruck höheren Druck in der Luftpumpe die Kugel an, geht dann, wenn die Luft im Schlauch und der Druck somit abgebaut ist, durch den jetzt höheren Druck auf der Schlauchseite wieder nach unten und dichtet ab (Prinzip: Rückschlagventil).

Wie kommt die Luft in die Luftpumpe?

Schauen wir uns den Aufbau einer Luftpumpe genauer an (siehe Abb. 2). Beim Pumpenhub schieben wir den Kolben, der dicht am Rohr anliegt, nach vorn (im Bild nach links), verringern damit den linken Luftraum (a) und erhöhen hier den Druck. Infolgedessen öffnet sich das Ventil. Wird der Kolben ganz nach links geschoben, füllt sich der Reifen mit der Luft, die vorher im Zylinder war. Der Kolben muss nun wieder zurückgezogen werden, um den nächsten Pumpenstoß zu ermöglichen.

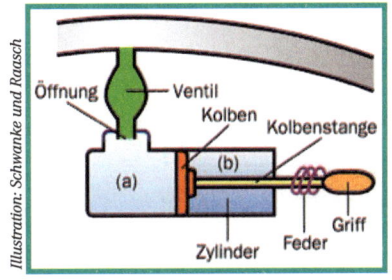

Illustration: Schwanke und Raasch

Abb. 2 Aufbau einer Luftpumpe

Aber wie kommt neue Luft in den linken Pumpenraum (a), der sich beim Zurückziehen des Kolbens entsprechend vergrößert? Der Weg über das Ventil und die dortige Öffnung kann es nicht sein, denn das würde bedeuten, dass entweder Luft aus dem Reifen abgepumpt wird oder aber die Kontaktstelle Ventil-Pumpenanschluss nicht dicht ist. Beides wären keine effektiven Lösungen.

Die Luft muss vielmehr aus dem Raum (b) am Kolben vorbei in den sich vergrößernden Hubraum (a) einfließen. Aber wie kommt die Luft an dem Kolben vorbei, der ja bei der Kompression völlig dicht an der Wand anliegen muss? Erkundet man den Kolben genauer, erkennt man, dass der vordere Teil des Kol-

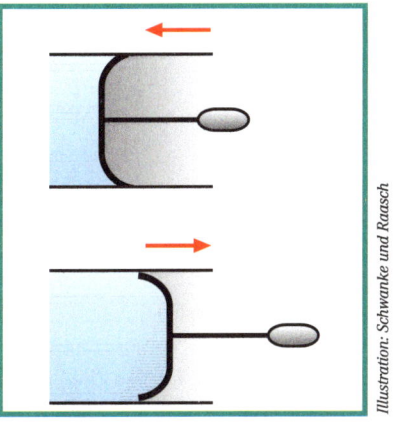

Illustration: Schwanke und Raasch

Abb. 3 Funktionsweise des Kolbens

bens nicht aus starrem, sondern flexiblem Material (früher eine Leder-, heute eine Kunststoffscheibe) besteht.

Bei der Vorwärtsbewegung legt sich dieser flexible Teil fest an die Wand und dichtet den vorderen Luftraum (a) ab. Beim Zurückziehen liegt die Scheibe nicht mehr dicht an der Zylinderwand an, und Luft aus dem Luftraum (b) kann durch den sich bildenden Ringspalt strömen (siehe Abb. 3).

Es bleibt noch zu klären, wie die Luft in die Kammer (b) einströmt. Das geschieht beim Kompressionshub, indem durch die Kolbenführung oder durch eine eigens dafür vorgesehene kleine Öffnung im Deckel des Zylinders die Luft einströmt. Das Geheimnis der Luftpumpe ist gelöst.

Die Luftpumpe im Sachunterricht

Bei dem hier vorgestellten Unterrichtsvorschlag soll an erster Stelle das kreative und problemlösende technische Entwickeln und Nacherfinden stehen, wobei es nicht unbedingt auf die „richtige" Lösung, sondern auf einen in sich stimmigen Entwurf ankommt. Alle von den Kindern zur Funktion des Ventils und der Luftpumpe gemachten Vorschläge werden zeichnerisch erfasst und im Hinblick auf ihre Eignung diskutiert. Erst danach wird die wirkliche Funktionsweise von Ventil und Luftpumpe geklärt, anhand von Modellen verdeutlicht und in Bezug zu den Vorschlägen der Kinder gesetzt.

Das Problem

Als Einstieg dient eine kurze Geschichte von Max und Lena, die sich fragen, warum man beim Aufpumpen die Luft nicht wieder aus dem Reifen zieht. Die Schülerinnen und Schüler sollen ihre Ideen und Lösungsvorschläge auf ein Arbeitsblatt (siehe S. 48) zeichnen.

Für Kinder, für die die Abbildung zu abstrakt ist oder die noch keine Erfahrungen mit Luftpumpen gemacht haben, steht ein Rad mit Pumpe zur Veranschaulichung und zum Ausprobieren zur Verfügung (siehe Abb. 4). Sie können dank des realen Objekts das Problem besser einordnen und die vorgegebene Zeichnung auf dem Arbeitsblatt (siehe S. 48) besser lesen. Jedes Kind sollte entscheiden können, wann es die Problemstellung für sich nach-

Foto: Monika Zolg

Abb. 4 Realobjekt zur Veranschaulichung

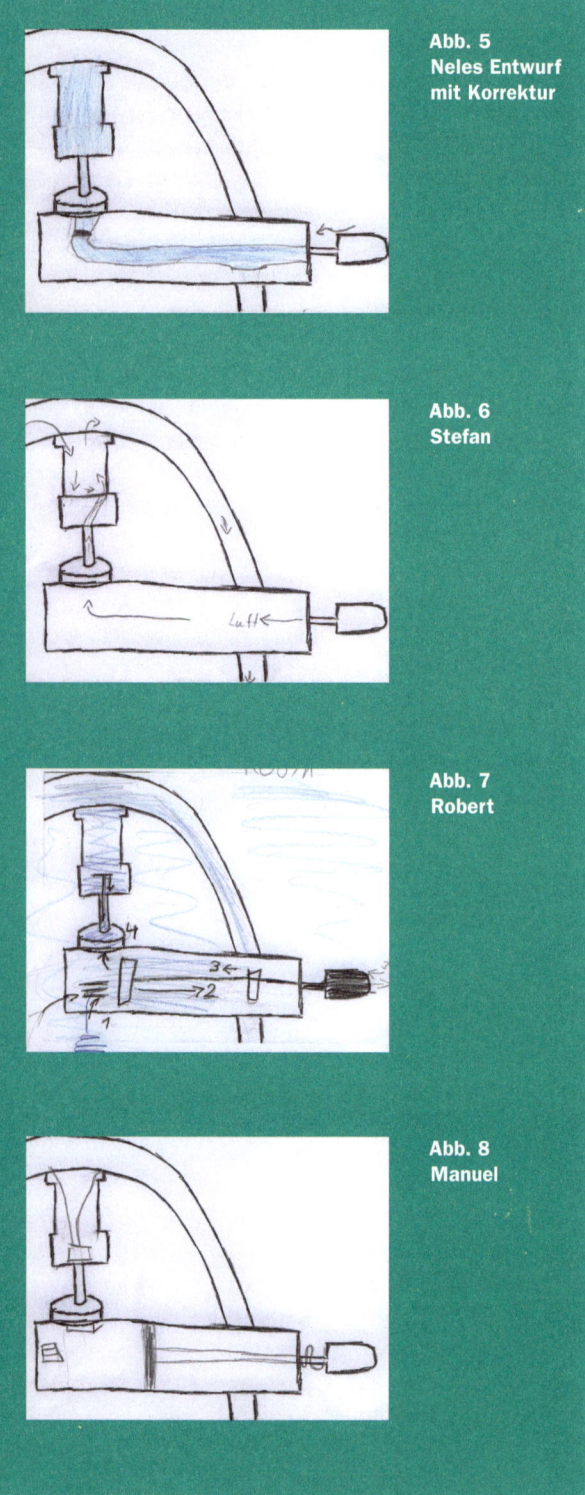

Abb. 5
Neles Entwurf
mit Korrektur

Abb. 6
Stefan

Abb. 7
Robert

Abb. 8
Manuel

gang mit dem realen Objekt, um die gestellte Frage nachvollziehen zu können.

Im ersten Entwurf von *Nele* z.B. geht die „blaue" Luft irgendwie durch Pumpe und Ventil in den Schlauch. Sie schreibt: „Ich denke, wenn man den kleinen Griff zieht, dass Luft reingeht, und wenn man zurückzieht, bleibt die Luft drin." In der ersten Gesprächsrunde erkennt sie durch den Vergleich mit den Entwürfen der anderen ihre Vorstellungsmängel und ergänzt den schwarzen Balken im Luftstrom. Dies soll eine Barriere sein, damit die Luft nicht mehr raus kann (siehe Abb. 5).

Die zweite Gruppe erkennt, dass Luft zwar in den Schlauch hinein-, aber nicht mehr herauskommen soll. Ihre Vorstellungen von der Pumpe und dem Ventil sowie deren Zusammenwirken sind aber recht vage. *Alina* hat allerdings schon einen Ventilmechanismus in Form einer Klappe eingeplant: „Ich glaube, dass in der Pumpe eine Klappe ist, die, wenn man die Pumpe aufzieht, zugeht und wenn man reinpumpt, aufgeht."

Stefan hat von der Pumpe in den Reifen eine kleine Röhre gezeichnet, durch die die Luft hineinkommt, aber sich zunächst keine Gedanken darüber gemacht, was sie daran hindern soll, den Reifen wieder zu verlassen (siehe Abb. 6). Auch er erkennt in der Gesprächsrunde den Fehler und erklärt, dass in der Röhre noch etwas ist, was das verhindert. Er beschriftet seinen Entwurf: „Die Luft wird durch das Drücken von der Kolbenstange in die Röhre geleitet, von der Röhre in das Rad." Als er seinen Text schreibt, besteht er darauf, den korrekten Namen – Kolbenstange – zu erfahren und zu benutzen. Die interessierte Auseinandersetzung mit der Sache weckt den Wunsch nach einer korrekten Benennung.

Die dritte Gruppe schließlich ist in der Lage, Ventil und Pumpe in einen kausalen Zusammenhang zu bringen, man erkennt anhand der Zeichnungen, dass Kenntnisse über den Aufbau der Pumpe vorhanden sind.

Robert hat den Ablauf nummeriert und beschreibt nur den dritten Schritt: „Die Luft reinziehen, drücken in Reifen." Betrachtet man die Zeichnung (siehe Abb. 7), ergibt sich ein sehr viel differenzierteres und stimmiges Bild. Die Pumpe hat eine Klappe, die sich öffnet, wenn man den Kolben zurückzieht. So strömt Luft in die Pumpe. Schiebt man den Kolben nach vorn, schließt sich die Klappe durch den Druck und es öffnet sich das Ventil. *Robert* argumentiert dabei mit einem Wechsel von weniger und mehr Druck.

Generell fällt auf, dass sich Kinder oft viel besser in ihren Zeichnungen ausdrücken können als mit Schrift und Sprache. In der Kombination der Präsentationsformen liegt eine Stärke, insbesondere für Kinder mit Schreibschwächen. Einer der besten und funktional stimmigsten Entwürfe stammt von einem Kind mit Lese- und Rechtschreib-Schwäche, das bei einer rein sprachlichen Darstellung sein Wissen nicht in diesem Umfang hätte zeigen können.

Manuels Zeichnung (siehe Abb. 8) zeigt, dass er bereits Kenntnisse und eine genaue Beobachtungsgabe hat, denn er zeichnet die Grifffeder aus dem Gedächtnis ein. Er hat einen 2-Klappen-Mechanismus konstruiert. Beim Zurückziehen des Kolbens öffnet sich die Klappe, Luft kann hineinströmen, beim Schub nach vorne schließt sie sich, dafür geht die Ventilklappe auf, und die Luft wird in den Reifen gedrückt.

Präsentation und Korrektur

Die Kinder stellen sich gegenseitig ihre Zeichnungen in Vierer-Gruppen vor. Während dieser Phase kann jedes Kind noch Änderungen vornehmen. Bei der Präsentation der Zeichnungen werden durch das Gespräch und die Ideen der anderen Kinder viele Defizite der Entwürfe erkannt und korrigiert. Die Gruppe soll auch entscheiden und begründen, welcher Entwurf als Gruppenarbeit präsentiert werden soll. Dieses Vorgehen ermöglicht, dass jedes Kind seinen Entwurf vorstellen kann, aber nur ca. sechs

vollziehen und mit dem Zeichnen beginnen kann.

Die Zeichnungen

Betrachtet man die Zeichnungen der vierten Klasse, in der diese Unterrichtseinheit durchgeführt wurde, kann man drei Gruppen unterscheiden. Die erste Gruppe kann sich das Problem nicht recht zu Eigen machen, sie benötigt weiteren Um-

Zeichnungen der Gesamtgruppe präsentiert und diskutiert werden. So werden Konzentrationsfähigkeit und Motivation nicht überstrapaziert. Außerdem fördert es den Austausch, das Mitdenken und Beurteilen in der Kleingruppe. Die Zeichnungen für die abschließende Vorstellung werden auf DIN-A3 vergrößert.

Nach einer letzten Korrekturrunde werden alle Zeichnungen in der Klasse aufgehängt und in die weitere Diskussion und Aufarbeitung einbezogen. Einige der in der vierten Klasse gemachten Entwürfe könnten gut funktionieren. Dass man das Problem beim Blitzventil mithilfe einer Kugel gelöst hat, mindert den Wert dieser Ideen nicht. Bei der näheren Beschäftigung mit dem Ventil sollten deshalb immer wieder Parallelen zu den Entwürfen der Kinder gezogen werden.

Ob man Ventil und Pumpe in einer Aufgabenstellung gemeinsam problematisiert oder nacheinander, hängt von der Lerngruppe ab. Man könnte entsprechend unterschiedliche Problemstellungen auch zur Differenzierung nutzen und die Kinder selbst den Schwierigkeitsgrad wählen lassen. Die Kinder der dritten Gruppe hatten keine Probleme, Pumpen- und Ventilfunktion im Zusammenhang zu bedenken, für andere Kinder wäre es sicher entlastend, sich zunächst auf einen Bereich konzentrieren zu können.

Das Modell eines Ventils

Zur endgültigen Klärung wird ein Blitzventil gezeigt, zunächst im Schlauch, dann aufgeschraubt und – wenn möglich – aufgeschnitten. Da dies alles aber sehr klein und in der Funktionsweise nicht zu beobachten ist, hilft ein einfaches Modell (siehe S. 49). Eine Plastiktrinkflasche wird im oberen Teil aufgeschnitten, ein Tischtennisball hineingetan. Der Drehverschluss wird aufgebohrt und ein passender Plastikschlauch eingefügt. Dabei sollte der Bohrer etwas kleiner als der Durchmesser des Schlauches sein, damit dieser gut hält. Das vordere Teil einer Kugelschreiber-

hülle dient als Verbindungsstück zwischen Schlauch und Fahrradpumpe.

Wenn man pumpt – das Modell muss dabei fest auf dem Untergrund aufliegen – hebt sich mit jedem Hub der Ball leicht und verschließt anschließend wieder den Flaschenhals. Auf die Rückfrage, ob der Ball sich nicht höher heben müsse, meinten die Kinder, dass dann die Gefahr bestünde, dass die Luft aus dem Reifen strömt. Als Zusatzaufgabe und Transfer können von den Schülern weitere Objekte gesucht werden, die nach einem ähnlichen Prinzip funktionieren (z. B. Taucherschnorchel).

Versuche zur Funktion einer Luftpumpe

Um die Funktionsweise einer Luftpumpe zu klären, kann eine große Spritze zu Hilfe genommen werden Man kann damit demonstrieren, dass blau — in Analogie zur nach Meinung der Kinder blauen Luft — gefärbtes Wasser immer nur hin- und hergepumpt wird. Ein Funktionsvergleich zeigt schnell, dass die Luftpumpe kein Vakuum erzeugt. Man kann zwar den Druck beim Hub spüren, aber im Gegensatz zur Spritze keinen Sog beim Zurückziehen des Kolbens.

Die Kinder sollen nun Fahrradpumpen demontieren. Einige Kinder stellen dabei fest, dass der vordere Teil des Kolbens flexibel ist und das sicher einen Grund hat. In der Erprobungsgruppe war die Lösung schnell gefunden, nämlich „dass das da so irgendwie ran und dann wieder weg geht".

Da auch hier das Wirkprinzip nicht einsehbar ist, dient ein weiteres einfaches Modell aus einer durchsichtigen Plastik- oder Plexiglasröhre und einer flexiblen Saugscheibe (Bestandteil handelsüblicher Handtuchhalter für Kacheln oder andere glatte Flächen) zur Verdeutlichung (siehe Abb. 9). Wenn das Rohr im Durchmesser etwas kleiner ist als die Saugscheibe, kann man beim Hineinschieben der Scheibe sehen, dass sich diese dicht an die Wand anlegt. Beim He-

Foto: Monika Zolg

Abb. 9 Beim Herausziehen löst sich die Saugscheibe von der Wand

rausziehen löst sie sich aber stellenweise von der Wand.

Beide Modelle und die Luftpumpen sollen die Kinder zum Abschluss ausgiebig erproben, dabei das Erlernte festigen und neue Fragen zum Thema finden, die in einer Abschlussrunde gesammelt werden. Deshalb sollte ein Versuchs- und Experimentiertisch zum Thema noch einige Zeit in der Klasse stehen, damit die Kinder weiterarbeiten können.   ■

LITERATUR

Biester, Wolfgang: Denken über Natur und Technik. In: *Biester, Wolfgang (Hrsg.):* Denken über Natur und Technik. Bad Heilbrunn 1991, S. 24–63
Gesellschaft für Didaktik des Sachunterrichts: Perspektivrahmen Sachunterricht. Bad Heilbrunn 2002
Rauck, Max J. B./Volke, Gerd V./Paturi, Felix. R.: Mit dem Rad durch zwei Jahrhunderte. Aarau 1979, S. 103–113
Ullrich, Heinz: Mein Fahrrad – Zur Entwicklung des Technischen Denkens beim Kind. In: Grundschule, Heft 9/1994, S. 16–19
Zolg, Monika: Vorstellungen zur Alltagstechnik. In: Grundschulunterricht, Heft 2/2001, S. 19–24

DIE AUTORIN

Monika Zolg leitete das Fachgebiet „Technische Elementarbildung" an der Universität Kassel.

Wie kommt die Luft in den Reifen
– wie bleibt sie drin?

Zeichne und schreibe.

_____

_____

_____

_____

_____

_____

_____

_____

Wie funktioniert ein Ventil?

Die Funktionsweise eines Ventils
kannst du gut an einem Modell erkennen.

Dazu brauchst du:

- einen Tischtennisball
- eine Plastikflasche
- eine Luftpumpe
- den vorderen Teil
  einer Kugelschreiberhülle
- ein Stück Schlauch
- durchsichtiges Klebeband

Schneide die Flasche
am unteren Ende durch
und lege den Ball in die Flasche.
Stecke die beiden Enden der Flasche
wieder zusammen.
Sie können dabei etwas überlappen.
Wenn es nicht hält,
fixiere die Teile mit Klebeband.

Bohre ein Loch in den Deckel,
durch den der Schlauch passt.
Lass dir von einem Erwachsenen helfen.
Schiebe den Schlauch in die Flasche.
Stecke nun das breitere Ende
der Kugelschreiberhülle in den Schlauch.
Das schmalere Ende kommt
in die Luftpumpe.
Du musst die Verbindungen eventuell
wieder mit Klebeband umwickeln.

Lege die Luftpumpe fest auf den Tisch
und beginne, langsam zu pumpen.
Achte darauf, was passiert,
wenn du pumpst,
und was passiert, wenn du neue Luft
in die Pumpe ziehst.

Dasselbe geschieht in einem Ventil.

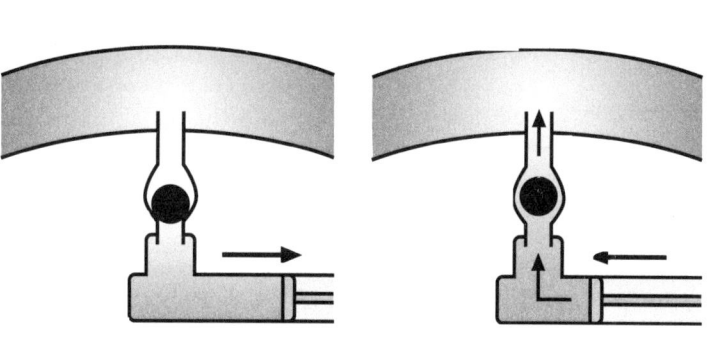

ILLUSTRATIONEN: SCHWANKE UND RAASCH

Warum läuft der Spülkasten
eigentlich nicht über?

Die Toiletten-
spülung beruht
auf einfachen
mechanischen
Prinzipien

Wir bedienen sie
täglich mehrfach und
verbrauchen dabei
jedes Mal bis zu zehn
Liter Wasser: die
Toilettenspülung.
Doch was passiert
eigentlich genau im
Spülkasten, wenn wir
den Hebel drücken?

Foto: stock.adobe.com / Zdenek Sasek

Ingelore Mammes

IM PRINZIP IST die Funktionsweise einer Toilettenspülung ganz einfach:
► Mit der Betätigung des Signalgebers (Taste oder Hebel) öffnet sich ein Ablaufventil, und das im Spülkasten enthaltene Wasser fließt in die Toilettenschüssel
und spült diese. Der Wasserkasten leert sich.
► Ein Schwimmer, der auf der Wasseroberfläche im
Spülkasten liegt, sinkt mit dem ausfließenden Wasser und öffnet gleichzeitig ein Zulaufventil, das den
Wasserzufluss in den Spülkasten bewirkt. Zur selben
Zeit schließt das Ablaufventil den Wasserablauf wieder. Der Wasserkasten füllt sich.
► Der Wasserstand im Spülkasten steigt, der Schwimmer hebt sich und bewegt über ein Gestänge das Zulaufventil. Bei ausreichendem Wasserstand verschließt das Zulaufventil den Wasserzufluss. Der
Wasserkasten ist für den nächsten Spülgang gefüllt
(siehe Abb. 1; vgl. *Rübel/Holzwarth-Raether* 2003).

Allerdings ist es nicht ganz so einfach, dieses Prinzip an
modernen Spülkästen zu erkennen. Denn diese sind
mit unterschiedlichen Tasten- oder Hebelvarianten und
Ventilen ausgestattet. Im Unterricht ist daher der Einsatz von Modellen hilfreich.

Wasser auf Knopfdruck?

Als Unterrichtseinstieg dient die Geschichte einer nicht
mehr funktionstüchtigen WC-Spülung, die die Lehrkraft vorliest:

Wer kann helfen?

Ich habe im Gäste-WC einen Spülkasten, bei dem nach
dem „Abziehen" das Wasser „nachläuft". Dadurch füllt
sich der Kasten nicht mehr richtig, sodass das nächste
„Geschäft" nicht mehr richtig beseitigt werden kann.
Ich habe einen Handwerker angerufen – der kann aber
erst nächste Woche! Jetzt will ich mir selbst helfen.
Dazu muss ich erst einmal wissen, wie das Ding funktioniert. Weiß jemand etwas darüber?

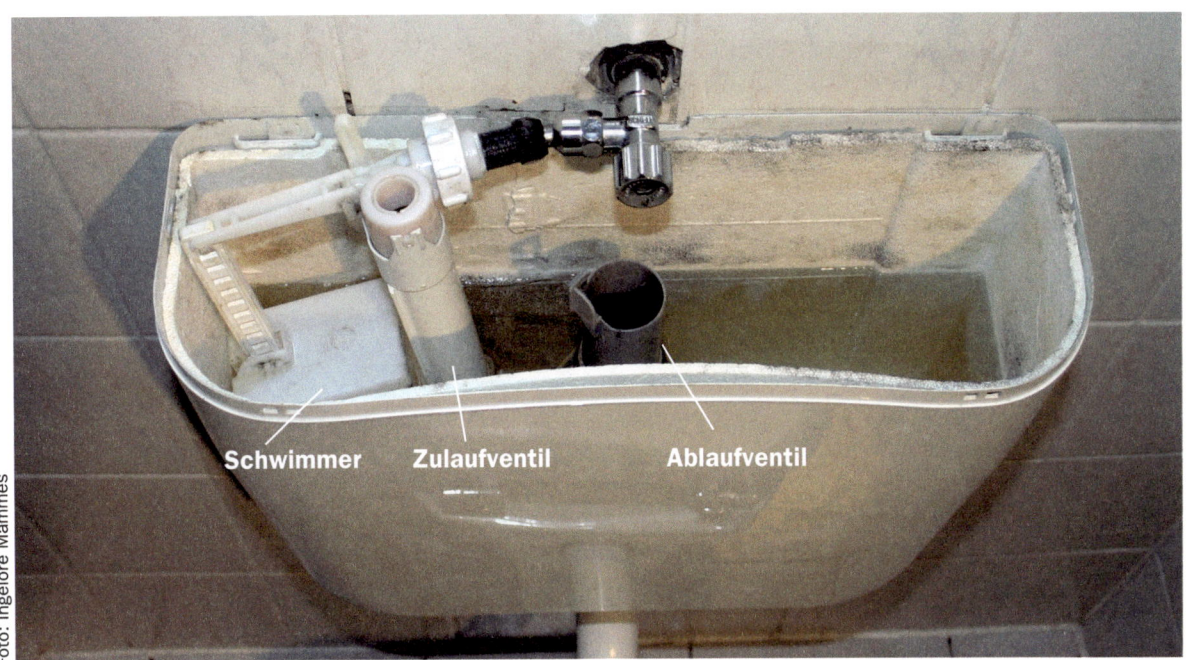

Foto: Ingelore Mammes

Schwimmer   Zulaufventil   Ablaufventil

Abb. 1: Offener
Spülkasten

Auf diesem Weg werden die Kinder aufgefordert, ihre Kenntnisse zum Thema WC-Spülung zu nennen:

Timo: „Wieso, ist doch ganz einfach! Man drückt nen Knopf und Wasser rauscht durch's Klo ..."
Luc: „... und dann läuft wieder was nach und man kann wieder auf's Klo."

Erst im weiteren Gespräch stoßen die Kinder auf die zwei wesentlichen Elemente einer funktionierenden Toilettenspülung:
▶ der Ablauf einer dosierten Menge an Wasser,
▶ der kontrollierte Zulauf einer dosierten Menge an Wasser.

Gulia: „Bei uns lief das Wasser auch schon mal nach, das hörte aber gar nicht mehr auf, da hat mein Vater nen Handwerker gerufen."
Stefan: „... aber warum läuft das gar nicht über? Ich meine, da ist ja kein Hahn dran, den man abstellen kann."

Zeichnerische Spekulationen

Nun werden die Kinder aufgefordert, in Einzelarbeit die Funktionsweise einer WC-Spülung zu zeichnen und dabei die angesprochenen Aspekte zu berücksichtigen. Die Zeichnung unterstützt die Kinder dabei, sich auszudrücken und Begriffe zu finden. Im Anschluss werden alle Kinderzeichnungen an die Pinnwand geheftet und von der Lehrkraft nach Gemeinsamkeiten geordnet.

Einige Kinder zeigen Assoziationen zu anderen Sanitäreinrichtungen. So wird z. B. der Badewannenstöpsel häufig als Ablaufventil gezeichnet und der Wasserzulauf durch einen Hahn dargestellt. Dabei lösen die Kinder das technische Problem des Wasserkastenauffüllens durch einen „automatischen" Wasserstopp – der Zulauf verschließt sich selbsttätig, wenn der Kasten voll ist (siehe Abb. 2).

Ab- und Zulauf im Modell

In einem nächsten Schritt sollen die Kinder zu neuen Überlegungen angeregt werden, die ihre Vorstellungen bestätigen oder ergänzen.

Zwei Modelle zum Zu- und Ablauf verdeutlichen die Technik, die sich im Spülkasten verbirgt. Sie können von der Lehrkraft selbst hergestellt werden (siehe Kästen S. 52 und S. 53). Um den Vorbereitungsaufwand gering zu halten, wird jedes Modell nur einmal zur Verfügung gestellt.

Ein Hebelmodell (siehe Abb. 3 und Kasten S. 52 mit einem Korken symbolisiert die Taste und das Ablaufventil. Wird der Hebel bedient, hebt sich der Korken und gibt eine Öffnung frei. Wird der Hebel losgelassen, verschließt sich die Öffnung wieder.

Das zweite Modell verdeutlicht den Zulauf im Spülkasten. In einer PET-Flasche befindet sich eine Styroporkugel (siehe Kasten S. 53). Sie ist an einem Stab mit einem Korken verbunden. Wird Wasser durch den Flaschenhals in die Flasche gegossen, hebt sich die Kugel. Dabei hebt sich der Korken ebenfalls und verschließt den Flaschenhals, sodass kein Wasser mehr in die Flasche gelangt.

Experimente bringen Klarheit

Einige Schülerinnen und Schüler demonstrieren die Versuche. Alle gemeinsam beobachten, diskutieren und beziehen dabei die Lösungsvorschläge ihrer Zeichnungen ein.

Abb. 2: Wasserhahn und Badewannenstöpsel dienen in der Vorstellung dieses Kindes als Zulauf und als Ablaufventil

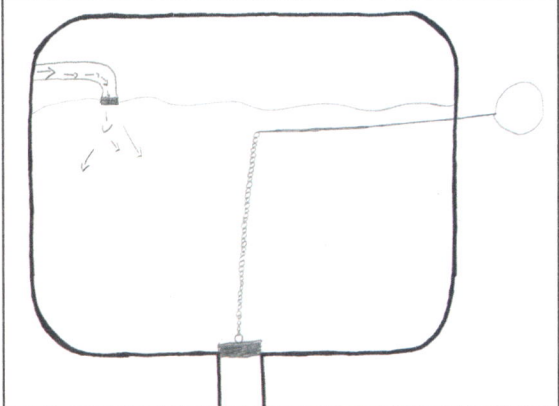

BAUANLEITUNG ZUM MODELL „ABLAUF"

Benötigte Materialien:

▶ 2 Leisten (Länge · Breite · Tiefe: 30 cm · 1,5 cm · 1 cm)
▶ 2 Leisten (2 cm · 1,5 cm · 1 cm)
▶ 1 Leiste (20 cm · 1,5 cm · 1 cm)
▶ 1 Leiste (11 cm · 1,5 cm · 1 cm)
▶ 1 Korken
▶ 1 Rundholz mit ca. 1 cm
  Durchmesser, ca. 20 cm lang
▶ 3 Ösen (2 kleinere und eine mit mindestens
  1 cm Durchmesser, damit das Rundholz durchpasst)
▶ 1 Holzbrett (ca. 30 · 20 cm)
▶ Holzleim
▶ 1 Nagel, ca. 4 cm lang
▶ Draht

1. Leimen Sie an den Enden einer 30 cm langen Leiste je eine 2 cm lange Leiste auf.

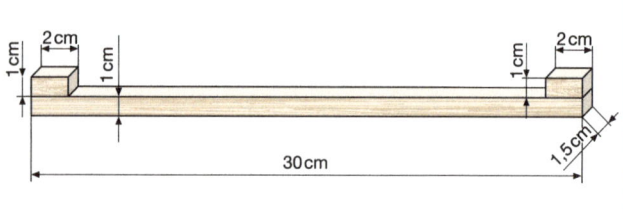

2. Schrauben Sie die große Öse vorne auf die 11 cm-Leiste.

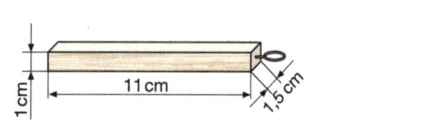

Leimen Sie diese Leiste etwa 7 cm über dem unteren Ende der 30 cm-Leiste fest.

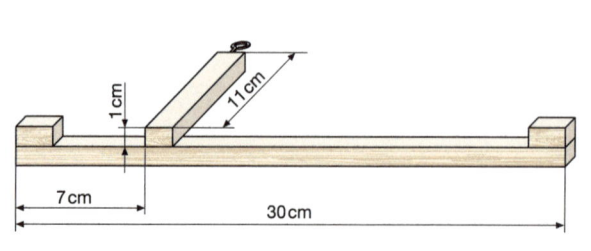

3. Leimen Sie die zweite 30 cm lange Leiste auf die beiden 2 cm und die 11 cm langen Leisten, sodass die beiden langen Leisten parallel mit einem 1 cm-Abstand verbunden sind. Lassen Sie den Leim gut durchtrocknen.

4. Befestigen Sie eine kleine Öse am Ende der Unterseite der 20 cm langen Leiste.

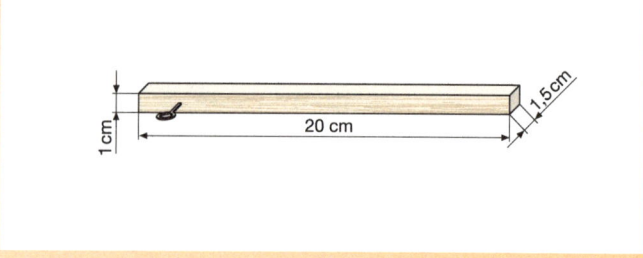

5. Befestigen Sie die andere kleine Öse an einem Ende des Rundholzes. Schieben Sie das Rundholz durch die große Öse; die Öse des Rundholzes zeigt dabei nach oben.

6. Schieben Sie die 20 cm lange Leiste (mit der Öse nach unten) zwischen die verleimten Teile (etwa 4 cm oberhalb des Endes). Diese Leiste dient als Hebel. Verbinden Sie die beiden Ösen vom Rundholz und vom Hebel mit einem kleinen Stück Draht. Justieren Sie den Hebel so, dass das Rundholz senkrecht durch die untere Öse geführt wird. Bohren Sie ein Loch durch die verleimten Leisten und den Hebel. Das Bohrloch sollte im Durchmesser etwas größer sein als der Nagel.

7. Schieben Sie den Nagel durch das Bohrloch von Hebel und Leisten und biegen Sie ihn am Ende um. Der Nagel dient als Welle.

8. Bohren Sie ein Loch in den Korken und befestigen Sie den Korken am Rundholz. Bohren Sie ein Loch in der Größe des Korkens in die Bodenplatte. Leimen Sie Ihr Modell auf der Bodenplatte fest, sodass der Korken das Loch in der Platte verschließt.

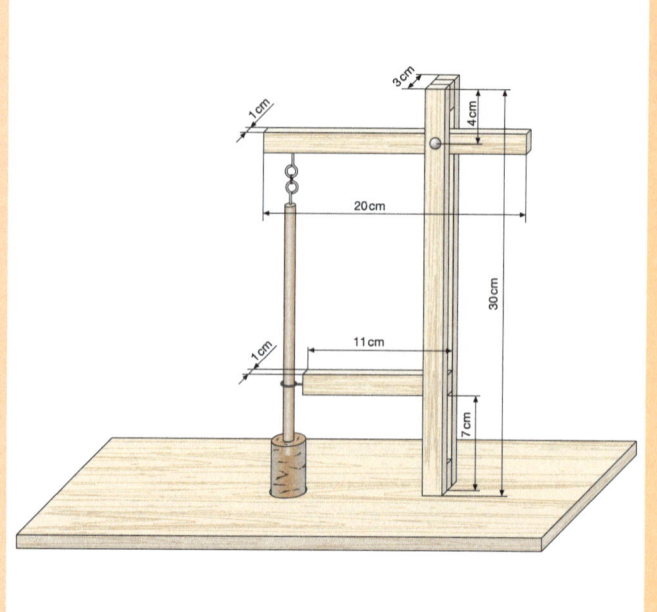

Foto: Ingelore Mammes

Abb. 3: Modell eines Ablaufventils

Foto: Ingelore Mammes

Dabei fallen schon Begriffe wie „Ablauf", „Zulauf" und „Ventil", und auch die Funktionsweise des Schwimmers wird klar.

Charlie: „Wenn ich diese Taste hier drücke, dann wird der Korken aus dem Loch gezogen und das Wasser aus der Kiste läuft ab in's Klo. Wenn das Wasser raus ist, dann fällt der Korken zurück."

Ilka: „Und dann läuft Wasser in den Kasten, und der Ball fängt an zu schwimmen und hebt den Korken. Der Korken macht den Wasserhahn dann zu. Dass kein Wasser mehr läuft."

Um den Spülvorgang mit den Lösungen der Kinder zu vergleichen, wird mit einer Abbildungsreihe der Ablauf simuliert (siehe S. 54). Die Begriffe „Ablaufventil" und „Zulaufventil" werden eingeführt, und es wird deutlich gemacht, dass beide technischen Elemente, Ablauf und Zulauf, sich gegenseitig auslösen.

Das Innenleben eines Spülkastens

Das erarbeitete Wissen wird bei einer Ortsbegehung auf den realen Gegenstand übertragen. Dabei ist die Überraschung der Kinder zunächst groß. Als wir den Deckel des Wasserkastens gemeinsam mit dem Hausmeister öffnen, finden die Kinder weder einen Schwimmer, noch können sie Zulauf- oder Abflussventil sofort erkennen. Da der Hausmeister gelernter Klempner ist, er-

klärt er den Kindern, dass das Ventil, was sie sehen, sowohl Ablauf- als auch Zulaufventil und auch eine Art Schwimmer beinhaltet und dass es noch immer ungefähr so funktioniert, wie die Kinder es beschrieben haben. Die Einladung eines Klempners kann also eine spannende und informative Abwechslung sein.

In der folgenden Stunde erarbeiten die Kinder gemeinsam anhand der Abbildungen eine Funktionsbeschreibung, die die Klassenlehrerin ins Internet stellen will, um all den „Ahnungslosen" zu helfen (siehe S. 54). Dabei vertiefen die Kinder ihre Kenntnisse sprachlich. Die Publikation im Internet greift die Einstiegsgeschichte wieder auf, sodass ein praktischer Nutzen des Unterrichts für die Kinder deutlich wird.

In den höheren Klassen bietet sich besonders beim Thema „Wasserver- und -entsorgung" eine Auseinandersetzung mit dem hohen Wasserverbrauch an (vgl. *Plöderl* 1997). Hier können Angaben zum Wasserverbrauch (ca. 160 l pro Tag pro Person), besonders für die Klospülung (ca. 60 l pro Tag pro Person) und zum Spülkasten (6–12 l; Spartasten spülen zwischen 3–4 l) zum Nachdenken anregen. ∎

LITERATUR

Berger, Ulrike: Wie spült die Klospülung? Verblüffende Antworten über Technik. Freiburg 2004

Plöderl. Christine: Wasser – ein kostbares Gut. In: Praxis Grundschule, Heft 3/1997, S. 54–59

Rübel, Doris/Holwarth-Raether, Ulrike: Technik bei uns zu Hause. Ravensburg 2003

🔨 BAUANLEITUNG ZUM MODELL „ZULAUF"

Benötigte Materialien:
- ▶ 1 kleine PET-Flasche
- ▶ 1 Rundholz (40 cm lang, ca. 1 cm Durchmesser)
- ▶ 1 Styroporkugel
- ▶ 1 Korken
- ▶ Paketband oder Isolierband
- ▶ Teppichmesser

Schneiden Sie eine PET-Flasche quer auf. Stecken Sie das Rundholz in die Styroporkugel. Bohren Sie ein Loch durch den Korken, und stecken Sie ihn auf das Rundholz (etwa 15 cm oberhalb der Styroporkugel). Platzieren Sie Ihre Konstruktion in der Flasche. Der Stab ragt aus dem Flaschenhals heraus. Stecken Sie die Flaschenteile wieder zusammen und umwickeln Sie die Naht mit Isolierband.

Foto: Ingelore Mammes

Wie funktioniert die Toilettenspülung?

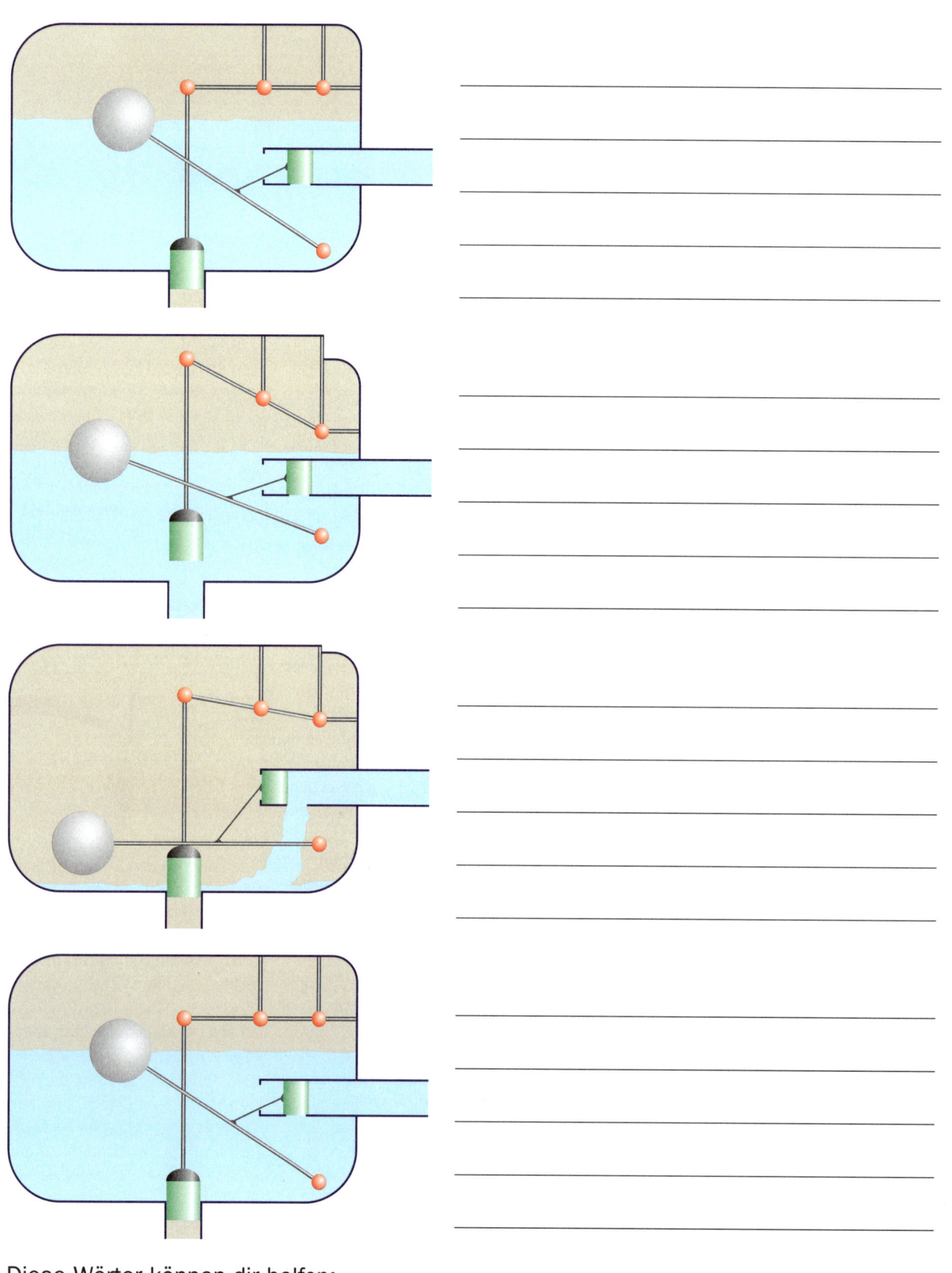

Diese Wörter können dir helfen:
Taste, Schwimmer, Zulaufventil, Ablaufventil

Rettet Ted!

Wir bauen ein Boot für den Klassenbären

VON INGELORE MAMMES

Kinder bauen gemeinsam aus vorgegebenen Materialien ein Boot, mit dem ein Teddybär transportiert werden kann.

Technik ist zweckorientiert und final. Sie dient immer der Erfüllung gesellschaftlicher oder individueller Bedürfnisse. Ihrer Entwicklung liegt daher eine Zielorientierung zugrunde, in der ein Problem zu lösen ist. So hat beispielsweise die Überwindung weiter Distanzen zur Entwicklung verschiedener Verkehrsmittel geführt und das Bedürfnis nach Arbeitserleichterung zahlreiche Hilfsmittel hervorgebracht. Mit solchen Problemlösungen sind kreative Prozesse verbunden, in denen der Entwicklungsprozess stattfindet, an den sich Erprobung und Optimierung anschließen. Diese Form des ingenieurtechnischen Handelns (Engineering) zeichnet technische Entwicklungen besonders aus. Technische Bildung muss diese Komponente technischen Handelns aufnehmen und ist daher entsprechend kontextuiertes sowie problemlösendes Lernen und kann schon früh Interesse für Technik initiieren und entwickeln. Daher sind solche Lernszenarien besonders für die frühe technische Bildung bedeutsam. In einer Problemsituation selbstständig Lösungen zu finden, verleiht den Kindern dabei nicht nur Autonomie, sondern weckt ihre Kreativität und lässt sie auch aus Fehlern lernen.

Ein solches Lernszenario ist für ein erstes Schuljahr einer Karlsruher Grundschule geschaffen worden. Unter Berücksichtigung der zunehmenden Bedeutung der frühen technischen Elementarbildung, aber vor allem auch der Diskussion um Bildungshäuser wurden auch zukünftige Schulkinder aus dem angrenzenden Kindergarten zum Mitmachen eingeladen. So entstand eine Klasse mit 24 Grundschülern und 8 Zukünftigen, die gemeinsam einen Vormittag in der Grundschule lernten. Entwickelt wurde ein Szenario, in dem die Kinder mit einer Problemlage vertraut gemacht wurden. Von dem Problem war ein ihnen bekanntes Stofftier betroffen: Ted, der Klassenbär, der schon einige Abenteuer mit den Grundschulkindern überstanden hat.

DAS PROBLEM: TED IST IN NOT

Ted ist leidenschaftlicher Fallschirmspringer. Wann immer es ihm Schule und Hausaufgaben erlauben, wagt er einen Sprung aus einem Flugzeug. So auch am vergangenen Wochenende. Zwei Bilder (siehe M1, S. 57) erzählen von Teds Fallschirmflug.
1. Ted springt mit einem Lächeln ab.
2. Ted wird vom Wind fortgeweht; in der Ferne sieht man das Festland.

Die nachfolgende Szene wird im Klassenraum inszeniert. Eine blaue Mülltüte stellt das offene Wasser dar. Ein Sandhaufen bildet eine Insel. Am Rand der Insel befindet sich Angespültes. Dabei dient diese Inszenierung einer didaktischen Reduktion. Das um die Insel gelegte Material soll später von den Kindern zur Problemlösung verwendet werden.

Die Geschichte des Bären kann nun von den Kindern im mündlichen Gespräch rekonstruiert werden. Dabei dienen die Bilder und das inszenierte Szenario einer Konkretisierung und leiten den kreativen Prozess ein. Die Verbalisierung der Geschichte führt sie letztlich dann zum Problem: Ted sitzt auf der Insel fest. Er hat Hunger und Durst. Daher müssen die Kinder Ted helfen, sich aus dieser misslichen Situation zu befreien. Es muss ein Boot gebaut werden, um Ted von der Insel zurück ans Festland zu befördern. Allen Kindern ist klar, dass nur die Gegenstände, die auf der Insel sind, benutzt werden können.

DER PROBLEMLÖSEPROZESS: WIR HELFEN TED

Die Kinder beginnen nun, sich mit Materialien zu versorgen. Sie finden am Inselstrand z. B. Styropor, Holz, Knetgummi, Pappe, Korken, Bänder, Isolierband, Stäbe und vieles mehr. Auch der von Ted mit auf die Insel gebrachte Fallschirmstoff kann verwendet werden. Dabei ist im Lernprozess und von der Klassensituation abhängig zu entscheiden, ob dasselbe Material häufig oder limitiert zur Verfügung steht. Eine Limitierung kann einerseits die Kreativität der Kinder stärker beflügeln, jedoch muss auch auf die Frustrationstoleranz der Kinder Rücksicht genommen werden. Dabei ist zu beobachten, dass einige Schüler und Schülerinnen zunächst einmal ein Auge auf die anfängliche Entwicklung ihrer Mitschüler werfen und sich ggf. auch mal für eine Nachahmung entscheiden. Dieses Double wird aber nicht selten im Optimierungsprozess auf eigenen Wegen bearbeitet, sodass es am Ende eine Lösungsvielfalt gibt.

Hilfestellungen sind nicht nur erlaubt, sondern sollen auch zur Nachgestaltung anregen. So können Lösungsansätze oder auch komplette Lösungen zur kreativen Nachahmung motivieren und garantieren Erfolgserlebnisse. Solche Lösungsvorschläge können in Schuhkartons oder anderen Kisten im hinteren Teil der Klasse bereitgestellt werden. Hier können Abbildungen hineingelegt werden, die eine Verwendung eines bestimmten Materials nahelegen (siehe M2). Werkzeuge wie Sägen und Schraubzwingen können auffordern, ein Boot aus Holzplatten anzufertigen. Oder halb gefertigte Teile, wie z. B. ein Segel, befinden sich bereits in einer der Kisten. Dabei wird mit den Kindern vereinbart, dass diese Kisten von ihnen nur genutzt werden, wenn vorher auch im Erfinderkreis keine Idee entwickelt wurde. Dabei ist der Erfinderkreis eine Ecke im Klassenraum mit 4–6 Stühlen oder Sitzmatten. Das Material von der Insel liegt in der Mitte und gemeinsam können in der Gruppe Ideen entwickelt werden. Der Erfinderkreis wurde während der hier beschriebenen Unterrichtseinheit jedoch nicht genutzt.

Zur Überprüfung der Lösungsansätze sollte im Klassenraum eine Wanne, gefüllt mit Wasser, zur Verfügung stehen. Unter den Materialien auf der Insel sollten auch solche sein, die nicht schwimmen. Die Tauglichkeit der Materialien kann so überprüft werden. In einem Fall hat eine Schülerin ihre Lösung, ein Boot aus Pappe und Papier zu bauen, im Praxistest verwerfen müssen.

DIE ÜBERPRÜFUNG: KANN DAS BOOT TED TRAGEN?

Nachdem alle Kinder ihre Boote gefertigt haben, wird deren Anwendbarkeit getestet. Hierfür kann ein kleines Kinderplanschbecken, ein nahegelegener See oder Fluss hilfreich sein. Die Boote werden nun mit einer Leine von mindestens dem Durchmesser des Planschbeckens versehen. Ted wird auf jedes Boot gesetzt. Hier entscheidet schon der sofortige Untergang oder Tragfähigkeit über einen erfolgversprechenden Lösungsansatz. Da die Situation den Kindern allgemein Freude bereitet, fallen Misserfolgserlebnisse hier jedoch kaum ins Gewicht.

Eine Wasserbewegung und damit einhergehender Wellengang sowie eine Strömung können durch Handbewegungen erzeugt werden. Dadurch wird Ted schließlich von einem Beckenrand zum anderen gespült. Hierbei kommt es gelegentlich zu Bootsunfällen, die aber für Ted meist nur mit einem kurzen Wasserbad enden. Soll Ted dieser Prozedur nicht ausgesetzt werden, kann eine kleine Plastikdose oder Ähnliches mit Teds Gewicht den Bären simulieren.

DIE OPTIMIERUNG: WIE TED AM SICHERSTEN ANS UFER KOMMT

In einer Erweiterung der Einheit kann im Anschluss an die Erprobung der Boote gemeinsam überlegt werden, welches der Rettung Teds am dienlichsten wäre. Dabei können Aspekte wie z. B. die Transportsicherheit (Kippsicherheit, Materialfestigkeit, Flächengröße etc.) erörtert werden. Im Gespräch mit den Kindern werden zumeist schon erste Anmer-

kungen zum Auftrieb und zur Stabilität (Ruder) genannt. Eine Vertiefung der Thematik kann dann in Rahmen des Spiralcurriculums zu einem späteren Zeitpunkt stattfinden.

ANKNÜPFEN AN ANDERE FÄCHER

Fächerübergreifend kann die Thematik mit dem Schriftspracherwerb verknüpft werden. Dabei kann Teds Bildergeschichte als Schreib- oder Erzählanlass dienen. Eine weitere Verbindung kann zum Fach Kunst hergestellt werden. Hier kann die Geschichte mit Bildern fortgesetzt werden, in denen die Kindern die Rettung Ted's mit einem Boot zeichnen oder nachzeichnen können.   I

DIE AUTORIN

Dr. Ingelore Mammes
ist Professorin an der Fakultät für Bildungswissenschaften an der Universität Duisburg-Essen.

LITERATUR

GDSU (Hrsg.): Perspektivrahmen Sachunterricht. Bad Heilbrunn 2002
Mammes, Ingelore: Kleine Ingenieure. In: Grundschulmagazin, Heft 1/2008, S. 8–11

AUF EINEN BLICK	
Klasse:	Klasse 1 und 2
Zeit:	mind. 2 Zeitstunden
Kompetenzen:	Planen, Bauen, Konstruieren & Nacherfinden, Vergleichen & Bewerten
Inhalte:	Konstruktion und Bau eines Rettungsgerätes, das einen Plüschbären mit definierter Masse über eine Wasseroberfläche tragen soll.
Voraussetzungen:	Umgang mit einfachen Werkzeugen wie Schere, Messer und, in Anhängigkeit vom verwendeten Material, evtl. Handsäge u. a.
Zusätzliches Material:	Fallschirmstoff, blaue Mülltüte, Sand, Holz, Strandgut, z. B. Styropor, Holz, Knetgummi, Pappe, Korken, Bänder, Isolierband, Stäbe

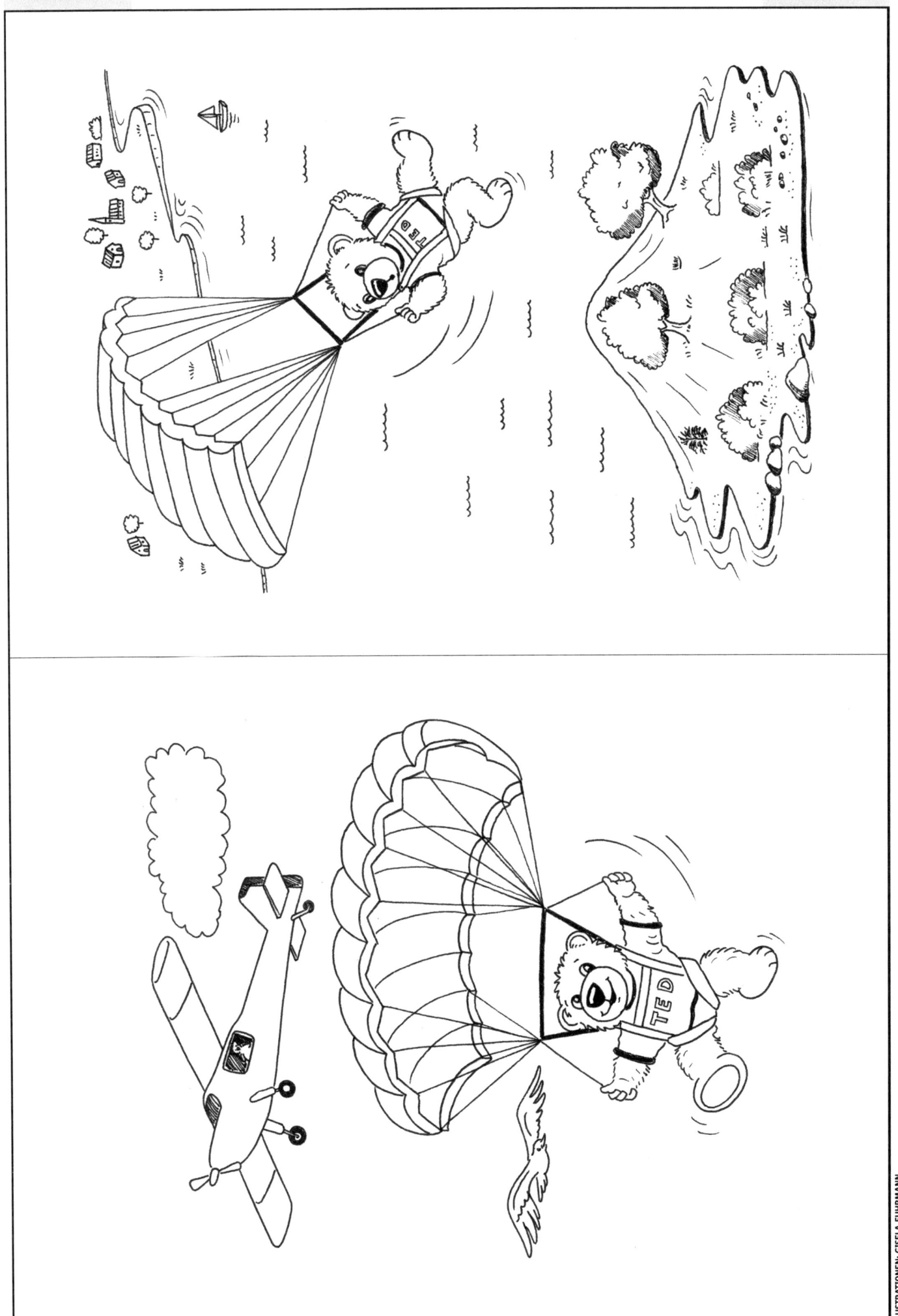

ILLUSTRATIONEN: GISELA FUHRMANN

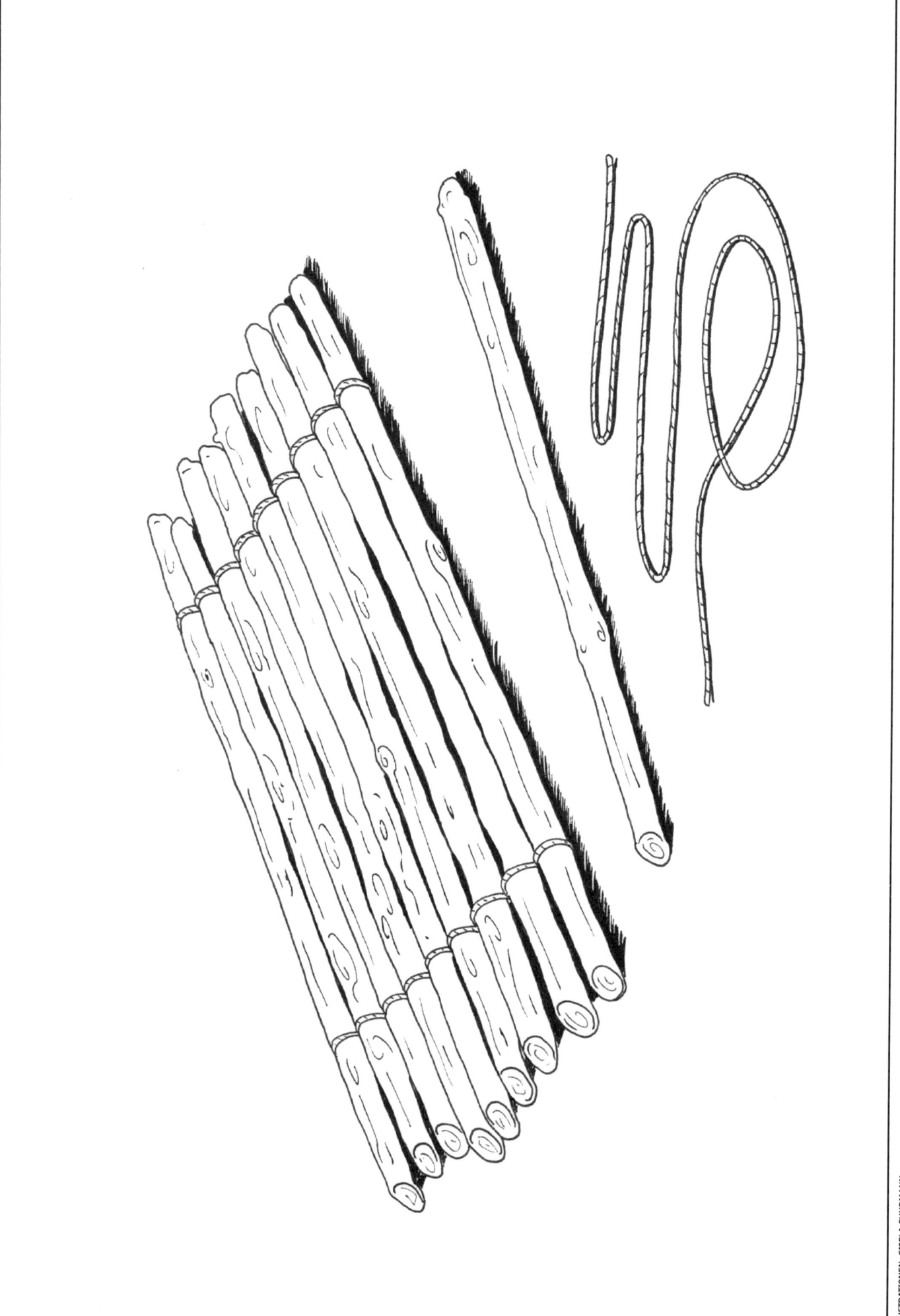

ILLUSTRATIONEN: GISELA FUHRMANN

Stein auf Stein

Es war der tägliche Blick aus dem Fenster, der eine Idee reifen ließ. Auf dem Schulgrundstück, keine 50 Meter vom Fenster des Klassenzimmers entfernt, entstand ein Anbau, ein neuer Flügel mit weiteren Klassenzimmern. Das machte neugierig auf das Mauerhandwerk …

Fotos: Dieter Schödel

Dieter Schödel

DIE MAUERN DES neuen Schulflügels wuchsen beständig, der Kran schwenkte hin und her, brachte Paletten mit Steinen, Holzbalken und -bretter und kübelweise graue dickflüssige Massen. Handwerker hatten Werkzeuge in der Hand, deren Sinn sich kaum erschließen ließ.

Ein Unterrichtsprojekt drängt sich auf

Diese Beobachtungen waren für einige eine willkommene Abwechslung. Die Lehrerin spürte die Chance, ein lebendiges Sachunterrichtsprojekt anzuschieben.

Baustellenbesichtigung

Ein erstes Unterrichtsvorhaben war die Besichtigung der Baustelle von außen. Alle Kinder trugen dabei ihre Fahrradhelme und wurden vom Baustellenleiter über die Notwendigkeit des üblichen Verbots informiert, Baustellen zu betreten.

Da im Gebäude noch keine Treppen erstellt waren, gab es keine Möglichkeit, das Innere unter die Lupe zu nehmen. Interessant genug waren aber auch die Baustoffe, die vor der Baustelle lagerten und auch regelmäßig angeliefert wurden. Da gab es große Paletten mit großformatigen Steinen und Kübel mit Fertigmörtel, die der Kran auf das zweite Geschoss beförderte. Dort

zog eine Gruppe von Maurern die Außenmauern hoch. An einer anderen Stelle lagerten Bretter, und zwei Arbeiter nagelten Schalungsteile für Betonwerkteile zusammen. Ein kurzer Blick in den Bauwagen mit Sitzecke für das Frühstück und den Aufbewahrungsort für die Werkpläne schloss die Besichtigung ab.

Bauen am Modell

Angeregt durch die sichtbaren Steine und Fensterstürze des Rohbaus wurden im Klassenzimmer in Gruppenarbeit Bauwerke mit Bausteinen erstellt. Die Kinder gewannen dabei wesentliche Erkenntnisse über die Stabilität der Modellbauten:

▸ Steine dürfen nicht genau übereinander stehen, sondern müssen immer überlappen.
▸ Mauern in einer Ebene sind einsturzgefährdet; besser ist es, ein Gegenlager zu haben, das heißt Ecken zu mauern und gegenüberliegende Wände zu konstruieren.
▸ Genau senkrecht stehende Wände sind weniger einsturzgefährdet als schief stehende Wände, die durch ungenaues Übereinandersetzen von Bausteinen entstehen.
▸ Größere Maueröffnungen wie Eingänge und Fenster können nicht mit den üblichen sieben Zentimeter langen Bauklötzen überspannt werden. Dazu hol-

ten sich die Kinder längere Bausteine, auf denen die Mauer weiter hochgezogen wurden.

Das Arbeitsblatt „Welche Mauer ist stabiler?" (siehe S. 61) diente dazu, die Erkenntnisse festzuhalten und Klärung durch die geforderten Begründungen herbeizuführen.

Ohne Werkzeuge geht nichts

Es gab auf der Baustelle Maschinen wie den Kran, die Mischmaschine, den Betontransporter. Dennoch erschien der Gebrauch einzelner Werkzeuge geheimnisvoller als der Gebrauch der großen Maschinen: Der Zweck eines Baukrans ist schnell durchschaut. Warum aber unterbricht der Maurer ab und zu seine Arbeit, um ein Holzscheit mit kleinen Glasröhrchen immer wieder an die wachsende Wand zu halten? Gerade diese handgeführten Werkzeuge können den Kindern Aufschluss darüber geben, dass auch die Arbeit am Bau planendes Handeln einschließt.

Kleingruppen untersuchten im Unterricht Rechteckkelle, Wasserwaage, Zollstock, Bandmaß, Senklot, Mörtelfass, Maurerhammer, Schnurecken und Maurerschnur und stellten in kleinen Vorträgen ihre Mutmaßungen über deren Verwendung vor. Die Gruppen bekamen dann kleine Arbeitsaufträge (Arbeitsblatt „Maurerwerkzeuge gebrauchen", siehe S. 62), mit deren Hilfe sie im Klassenzimmer und auf dem Schulgelände experimentieren konnten. Ziel war es dabei, im Versuch den Zweck des Geräts in tätiger Auseinandersetzung herauszufinden. Eine wichtige Erfahrung vor dem eigentlichen Bauen war das Kennenlernen der Baustoffe. Ziegel und Mörtel wurden in den Umgang mit den Werkzeugen damit bereits einbezogen und kennen gelernt. Selbstverständlich wurden die Gruppen in die sachgerechte Handhabung der Werkzeuge eingewiesen. Mit einem zusammenfassenden Arbeitsblatt (siehe S. 63) konnten die Kinder die von den Gruppen vorgestellten Sachverhalte sammeln und vertiefen.

An die Arbeit!

Von der Schulleitung wurde der Klasse für ihr Vorhaben ein etwa 50 m² großer „Bauplatz" auf dem Schulgelände zugewiesen. Die Bauleitung stellte der Klasse zwei Paletten Ziegelsteine zur Verfügung. Die Menge (ca. 750 Steine) erschien riesig, es stellte sich aber bald heraus, dass bei drei Gruppenbauwerken frühzeitig die Steine ausgingen.

Vor Beginn der Arbeit wurden die Kinder gebeten, die Einteilung in die drei Arbeitsschwerpunkte Herbeischaffen von Steinen, Mischen des Mörtels und Versetzen der Steine selbst vorzunehmen und während der Arbeit auch zu wechseln. Diese Selbstorganisation der etwa acht Kinder starken Gruppen funktionierte auch weitgehend, obwohl sichtbar wurde, dass das eigentliche Mauern die begehrteste und das Mörtelmischen mit Hand und Mörtelspaten dagegen die schwerste Arbeit war und damit eher abgelehnt wurde. Da aber immer wieder der Mörtel ausging und nicht weitergearbeitet werden konnte, fügten sich die Kinder ihrem Schicksal und mischten auch abwechselnd Mörtel.

Der Mörtel bestand aus einer Mischung von fünf Eimern Sand, einem halben Eimer Baukalk und etwa einem halben Eimer Wasser, wobei zuerst der Kalk mit dem Wasser zu einem Brei angerührt werden sollte. Der Kalkanteil war so bemessen, dass einerseits die Verarbeitbarkeit (Geschmeidigkeit und Wasserrückhaltevermögen) des Mörtels verbessert wurde, aber andererseits die Bindefähigkeit so herabgesetzt wurde, dass die Steine auch nach einiger Zeit wieder zurückgebaut und vom Mörtel befreit werden konnten. Eine dauerhafte Verbindung wäre erst bei einem Verhältnis von drei Teilen Sand und einem Teil Kalk entstanden.

Bereits beim Anlegen der ersten Steinschicht wurde deutlich, dass die im Klassenzimmer entworfenen Modelle auch jetzt die Form der Ziegelhäuser bestimmten: Es wurden zwei Rundbauten und nur ein Rechteckbau angelegt. Mit Kelle

und Wasserwaage wurde Schicht für Schicht gemauert. Je länger die Arbeit dauerte, umso reibungsloser klappte die Zusammenarbeit. Insgesamt wurde acht Stunden, verteilt auf zwei Vormittage, gemauert. Die Bauwerke wuchsen etwa auf Kopfhöhe der Kinder an.

Folgende Erkenntnisse sammelten die Kinder:

▶ Die Bauten ähnelten den Modellen aus Uhl-Bausteinen.
▶ Mit geschlagenen halben Steinen konnte man statt abgetreppter oder gezähnter Mauerabschlüsse bei Fenster und Türen glatte senkrechte Kanten mauern.
▶ Die beiden Rundbauten waren vollfugig vermauert, während der Rechteckbau aufgrund seiner Größe in materialsparender Bauweise mit Lücken gemauert wurde.
▶ Die Wasserwaage half dabei, senkrechte Wände und waagerechte Steinschichten entstehen zu lassen.
▶ Alle vermauerten Bauteile standen sehr stabil, während kurzzeitig angelegte, nur übereinander gestapelte Ziegelsteine leicht umstürzten.
▶ Ein Haus ist kein Haus, wenn es kein Dach hat.

An den letzten Punkt hatte niemand gedacht. Die Kinder waren findig und schleppten eine große Tafel Schalungssperrholz herbei, die ein Bauwerk abdeckte. Die beiden anderen konnten mit den leeren Holzpaletten der Steinpackungen und mehreren Schaltafeln überdeckt werden.

Die drei Häuser und die dazugehörige Fotodokumentation entwickelten sich am Tag der offenen Tür am folgenden Wochenende zu einer Attraktion. ◾▪

DER AUTOR

Dieter Schödel unterrichtet an der Mittelpunktschule Braunsberg in Breuna.

Welche Mauer ist stabiler?

Kreuze an und begründe.

_____

_____

_____

_____

FOTOS: DIETER SCHÖDEL

Maurerwerkzeuge gebrauchen

Maurerkelle und Mörtelfass 	Verrühre mit der Kelle 0,5 l Wasser mit 1 l Mauerbinder (Zement und Kalksteinmehl) im Mörtelfass. Gib dann 3 l Sand dazu und mische alles gut. Damit kannst du mit der Kelle sechs Steine wie bei einer Zahlenmauer zusammenbauen. Die Mörtelfugen sollen etwa einen Zentimeter betragen.
Maurerhammer und Mörtelfass 	Versuche, einen Ziegelstein mit dem Maurerhammer zu halbieren (über einem Mörtelfass). Am besten schlägst du einmal auf die glatte Seite, dann auf die glatte Rückseite. Gut wäre es, wenn du den Stein in der anderen Hand halten könntest.
Senklot 	Bringe eine Lampe genau über der Mitte eines Tisches an. Verwende die Leiter und ein Senklot.
Wasserwaage 	Suche im Klassenzimmer waagerechte Kanten und senkrechte Kanten. Notiere die Orte. Verwende dabei die Wasserwaage und achte auf die Luftblase in der Libelle (Glasröhrchen).
Zollstock 	Miss die Länge, die Breite und die Höhe des Klassenzimmers. Stelle auch die Abmessungen von Fenstern und der Tür fest. Notiere die Ergebnisse.
Bandmaß 	Miss auf dem Schulhof die Längen und Breiten der Gebäude und den Schulhof selbst. Notiere die Ergebnisse.
Schnurecken / Maurerschnur	Lege zehn Ziegelsteine genau in eine Reihe. Richte sie erst mit Hand und Auge aus und verwende dann die Schnurecken mit der Mauerschnur.

Stelle im Anschluss deine Ergebnisse vor.
Erkläre dabei den Vorteil des Werkzeugs möglichst genau.

FOTOS: DIETER SCHÖDEL

Wozu braucht man diese Werkzeuge?

	Mit einer Kelle _____ _____ _____
	Mit einem Maurerhammer _____ _____ _____
	In einem Mörtelfass _____ _____ _____
	Mit einer Wasserwaage _____ _____ _____
	Mit einem Senklot _____ _____ _____
	Mit einem Zollstock _____ _____ _____
	Mit einem Bandmaß _____ _____ _____
	Mit Schnurecken _____ _____ _____

FOTOS: DIETER SCHÖDEL

Das Geheimnis des Pyramiden- baus

Die Frage, wie die Pyramiden gebaut wurden, ist bis heute ungelöst.
Es existieren verschiedene Theorien darüber, wie die tonnenschweren
Steine bewegt und zu einer Pyramide geschichtet wurden – ein Rätsel,
das die Neugier und den Wissensdrang der Kinder weckt!

Elke Lier-Ertmer

DER FOKUS DES Unterrichtsprojektes liegt auf dem technischen Aspekt des Pyramidenbaus und dem Entwickeln einfacher Maschinen: der geneigten Ebene, dem Transport auf Rollen, dem Seil und dem Hebel (siehe Kasten S. 65 unten). Die Thematik motiviert die Kinder zum eigenständigen Denken. Sie entwickeln Problemlösungsstrategien, die sie auch auf andere Bereiche übertragen können. In einem Lernjournal halten die Schülerinnen und Schüler die Informationen und ihre Erkenntnisse fest. Hier findet der Austausch über Fragen, Probleme, Ideen, Erfahrungen und Lösungsvorschläge statt – innerhalb der Lerngruppe und zwischen Kindern und Lehrkraft. Durch dieses Feedback vollzieht sich dialogisches Lernen, und die Schülerinnen und Schüler reflektieren ihren Lernprozess und ihr Tun. Lernen wird hier als individueller Prozess von Wissenskonstruktionen auf der Basis der Erfahrungen verstanden.

Pyramiden sind riesig, die unteren Steine sind ungefähr so hoch wie ein Erwachsener. Um den Kindern die gigantische Größe beispielsweise der Cheops-Pyramide (siehe Kasten S. 65 oben) begreifbar zu machen, laufen und stecken sie die Außenmaße in einem verabredeten Verkleinerungsfaktor auf dem Schulhof oder Sportplatz ab. Das Gewicht der riesigen Steinblöcke wird mit dem Gewicht von Kleinwagen verglichen. Dieser Schritt ist wichtig, um die besondere Leistung der Menschen im Alten Ägypten zu veranschaulichen. Die Frage, wie die Pyramiden gebaut wurden, wird dabei zu einem – zu ihrem – Rätsel.

Im Anschluss sollen die Kinder Pyramiden zeichnen: „Ihr seid die Baumeister eines mächtigen Pharaos und bekommt den Auftrag, eine gewaltige Totenstätte zu errichten. Entwerft eine Skizze, wie die Pyramide aussehen könnte. Denkt dabei an Geheimgänge, Irrwege, Notausgänge, Fallen für Grabräuber und natürlich eine Grabkammer!" Diese Sachzeichnungen bieten den Kindern Raum, um ihre Vorstellungen zu ordnen und sich mit der Frage auseinanderzusetzen, wie die Pyramiden wohl gebaut worden sind. Dass die Menschen damals keine großen Stahlkräne, Gabelstapler oder moderne Maschinen hatten, ist den Schülern und Schülerinnen klar.

- Baudauer: ca. 23 Jahre
- Fertigstellung: ca. 2.580 v. Chr.
- Höhe: ursprünglich 146 m, heute etwa 138 m
- Seitenlänge: ca. 230 m
- Durchschnittliche Maße der sichtbaren Steinblöcke: ca. 1 m in Breite, Höhe und Tiefe
- Durchschnittliche Masse eines Steinblocks: 2,5 Tonnen
- Anzahl aller Steinblöcke: ca. 2,3 Millionen
- Geschätztes Gesamtgewicht der Pyramide: ca. 6,25 Millionen Tonnen

Versuche zum Pyramidenbau

Wie wurden die Pyramiden errichtet? Wie wurden die tonnenschweren Steine bewegt, wie gelangten sie übereinander, und wie kam der Schlussstein auf die Pyramide? Ziegel- oder Pflastersteine stellen das Modell für die Pyramidensteine dar. Vielfältiges Material — angefangen von langen und kurzen Holzbrettern, Holzwinkeln, Rollen, unterschiedlich langen Holzstäben bis hin zu dünnem Faden und reißfestem Band — fordert die Kinder heraus, selbstständig nach Lösungen zu suchen. Die unterschiedlichen und zum Teil irritierenden Materialien regen zu individuellen Lösungsansätzen an. Die Schülerinnen und Schüler sollen bereits in der Bauphase über die Umsetzbarkeit ihrer Vorstellungen in der Realität nachdenken. Nicht nutzbare Materialien (z. B. dünner Faden, Pappe und Papier etc.) provozieren diese Überlegung. Kreativität und Ideenvielfalt werden angeregt; das problemlösende Denken steht im Vordergrund.

Mit den „Übungssteinen" überprüfen die Kinder ihre Ideen und konstruieren einfache Maschinen. Die unterschiedlichen Längen der Holzbretter provozieren ungleiche Ergebnisse und regen zur Diskussion an, welche der Rampen nun die geeignetste wäre. Mit einem Gummiband oder einer Federwaage kann die Kraftersparnis beim Transport auf den Rampen gemessen werden. „Das ist ja wie beim Fahrradfahren an einem Berg", meint *Nicole*. „Wenn ich einen steilen Berg fahre, brauche ich viel Kraft. Bei einer flacheren Steigung ist es nicht so anstrengend, aber dafür ist der Weg viel länger." Transferleistungen entstehen bereits an dieser Stelle.

Die einzelnen Lösungen werden auf ihre Wirkungs- und Funktionszusammenhänge hin untersucht. Die technischen Prinzipien lassen sich auf die einfachen Maschinen zurückführen (siehe Kasten unten), die nun gemeinsam besprochen werden. Mit dem Transfer der Erkenntnisse über den Lastentransport in die Lebenswelt der Kinder findet das Thema Pyramidenbau seinen Abschluss: Die Kinder überlegen, wie alltägliche Gegenstände und Maschinen (z. B. Nussknacker, Kran, Schubkarre, Wippe, Schaukel, Kurbel, Schaufel, Rutsche) funktionieren, welche der einfachen Maschinen hier zur Anwendung kommen und recherchieren, seit wann es diese Maschinen gibt. Der Besuch eines Spielplatzes oder einer Baustelle bietet sich in diesem Zusammenhang an. ◼◾

LITERATUR

Schreier, Helmut: Wo die Dinge herkommen. In: Weltwissen Sachunterricht, Heft 4/2006, S. 42–49
Zolg, Monika/Bodenbender, Tanja: Das Geheimnis der Pyramide – problemlösendes Denken im technischen Sachunterricht unter diagnostischem Blick. In: Diagnose und Förderung von Lernprozessen durch Lernumgebung. Kassel 2006

DIE AUTORIN

Elke Lier-Ertmer ist Grundschullehrerin und Konrektorin.

ℹ **EINFACHE MASCHINEN**

Einfache Maschinen vermindern nicht die Arbeit, aber die dazu benötigte Kraft kann verringert werden. Dabei muss aber in gleichem Maß der Weg verlängert werden. Einfachen Maschinen sind z. B. die geneigte Ebene, Rollen, Hebel, Flaschenzug und das Seil (vgl. *Schreier* 2006). Sie dienen der Arbeitserleichterung.

Geneigte Ebene: Zwei Orte unterschiedlicher Höhe werden mit Hilfe einer geneigten Ebene miteinander verbunden. Statt eine Last direkt anzuheben, wird sie über eine schiefe Ebene bewegt. Rampen, Keile und Schrauben funktionieren nach diesem Prinzip. Je steiler die Ebene ausgerichtet ist, desto größer wird der Kraftaufwand.

Rollen und Seil: Eine feste Rolle, über die ein Seil geführt wird, verändert nur die Kraftrichtung und verringert nicht die aufzubringende Kraft. Die Kraft lässt sich so bequemer ausüben.

Transport auf Rollen: Wird ein Gegenstand bewegt, der direkt auf einer Fläche liegt, entsteht Reibung. Werden Rollen unter den Gegenstand gelegt, verringert sich die Reibung. Der Gegenstand lässt sich leichter bewegen.

Hebel: Ein Hebel ist eine Vorrichtung, mit deren Hilfe schwere Lasten leichter angehoben werden können. Die Wirkung der angreifenden Kraft ist von der Länge des Hebelarms abhängig. Einseitige Hebel sind z. B. Brecheisen, Schubkarre, Nussknacker, Schaufel und Flaschenöffner.

Wie wurden die Pyramiden gebaut?

Für den Bau einer Pyramide mussten
tonnenschwere Steinblöcke transportiert
und aufeinandergeschichtet werden.
Wie war das im Alten Ägypten möglich?
Wissenschaftler haben verschiedene Theorien dazu aufgestellt.

Theorie I:
Rampenbau

Die Steine wurden über Rampen
nach oben gezogen.

Die Rampen mussten
mit der Pyramide „mitwachsen".

Sie durften nicht zu steil sein,
da die Arbeiter sonst
zu viel Kraft hätten aufwenden müssen,
um die Steine zu ziehen.

Die Rampen waren daher sehr lang
und benötigten viel Platz.

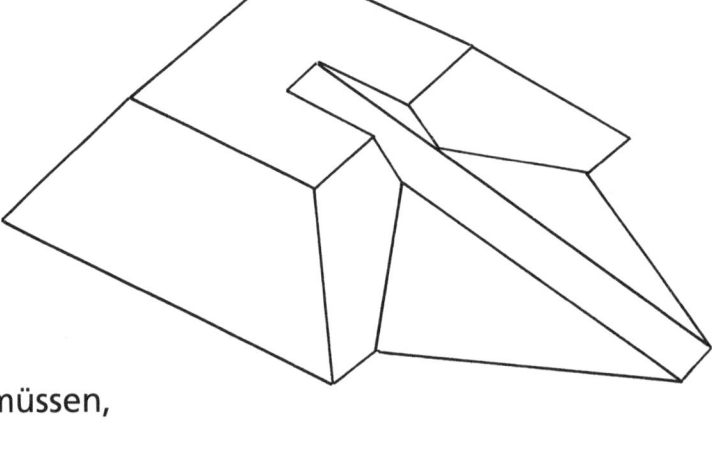

Es gab auch Rampen,
die spiralförmig um die Pyramide liefen.

Die an Seilen befestigten Steine
wurden auf hölzernen Rollen
nach oben transportiert.

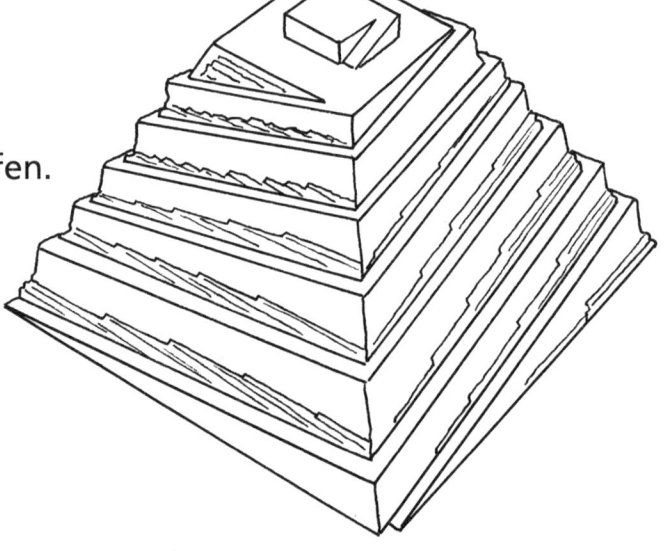

ILLUSTRATIONEN: SCHWANKE UND RAASCH

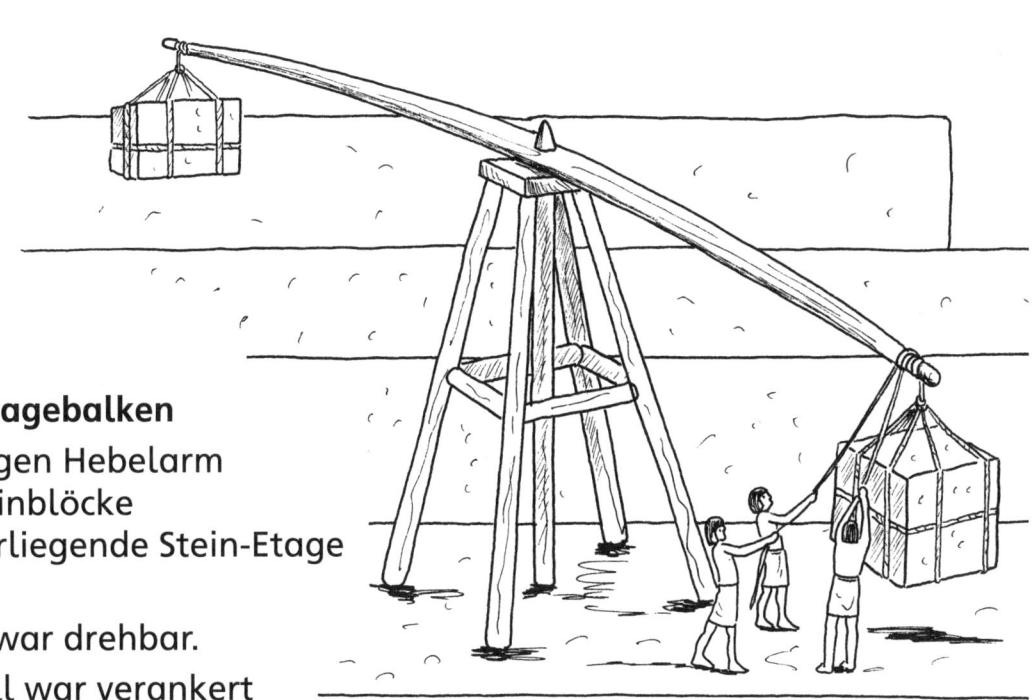

**Theorie II:
Hebel bzw. Waagebalken**

Mit einem riesigen Hebelarm
wurden die Steinblöcke
auf die darüberliegende Stein-Etage
gehoben.

Der Hebelarm war drehbar.

Das Stützgestell war verankert
oder beschwert, damit es
nicht anfing zu schwingen,
wenn ein Stein angehoben wurde.

Die schwere Maschine konnte zerlegt
und auf der nächsten Etage der Pyramide
wieder montiert werden.

**Theorie III:
Flaschenzug**

Die Steine wurden über eine Rampe
mit einer Seilrolle nach oben gezogen.

War eine Ebene fertig,
wurde die Rampe verlängert
und die Seilwinde eine Etage
nach oben transportiert.

Lest die Theorien der Wissenschaftler zum Pyramidenbau.
Welche Theorie erscheint euch am glaubhaftesten?

Sucht in Sachbüchern nach Bildern zum Pyramidenbau.
**Welche wissenschaftliche Theorie
wird am häufigsten dargestellt?**
Gibt es Bilder, die andere Methoden zeigen?

ILLUSTRATIONEN: SCHWANKE UND RAASCH

Die Brückenbauer

Problemorientiertes Lernen zum Thema „Bewegliche Brücken"

Brücken mit modernster Technik und Mechanik
weichen riesigen Schiffen und geben ihnen
so den Weg frei. Beim Bau beweglicher Brücken
entwickeln die Schülerinnen und Schüler individuelle Lösungen.

Elke Lier-Ertmer / Katrin Kaiser

RIESIGE SCHIFFE ÜBERQUEREN die Weltmeere. Beim Ein- und Auslaufen in einen Hafen kommt es immer häufiger zu Problemen. Wegen der größer werdenden Kreuzfahrtschiffe der Meyer Werft in Papenburg mussten z. B. im Juni 2007 zwei Strommasten erhöht werden. Auch Brücken versperren den großen Schiffen oft den Weg in den Hafen. Wie müssen „moderne" Brücken gebaut werden, durch die immer größer werdende Schiffe fahren können?

An dieser authentischen Begebenheit findet die Unterrichtseinheit „Bewegliche Brücken" ihren Ausgangspunkt (siehe S. 71). Um das Problem für die Schülerinnen und Schüler klar und einsichtig zu gestalten, müssen die äußeren Umstände geklärt und ein klarer Einblick in die Problemstellung ermöglicht werden. Im Internet können die Kinder auf der Homepage der Meyer Werft stöbern. Hier entdecken sie die Werften und Docks, in denen die Schiffe gebaut werden und dann das Dock verlassen.

Von der Zeichnung ...

Für die weitere Arbeit ist eine klare Definition der Problem- und Aufgabenstellung notwendig: „Ihr seid Ingenieure, die den Auftrag bekommen haben, neue Brücken zu entwerfen. Plant das Modell einer Brücke, durch die jederzeit unterschiedlich große Schiffe hindurchfahren können."

Bevor sich die Schüler handelnd mit dem Problem auseinandersetzen, ist eine Sachzeichnung ein wichtiges Medium für das Denken. Sie bietet den Raum, Vorstellungen zu strukturieren und das Problem in abstrakter Form darzustellen (siehe Abb. 1). Beim Zeichnen entwickeln die Schüler technisches Denken und Vorstellungsvermögen. Ihren Vorstellungen stehen sie dabei mit einer gewissen Distanz gegenüber. Die Zeichnung ermöglicht den Mitschülern ein Mitdenken und Nachvollziehen der Gedanken des Zeichners. Das Augenmerk wird auf die wesentlichen Bestandteile gelenkt. Mängel bzw. Lücken der Darstellungen sind ersichtlich und können diskutiert werden.

Allen Schülerinnen und Schülern ist schnell klar, dass die Brückenteile — speziell die Fahrbahn — beweglich konstruiert werden müssen, damit auch große Schiffe hindurchfahren können. *Emilie* erklärt: „Der Kapitän im Schiff drückt einen Knopf, und die Brücke wird hochgezogen." Bei *Anna-Lena* läuft das alles automatisch: „Ein Sensor empfängt, dass ein Schiff kommt, und automatisch wird die Fahrbahn nach oben geklappt."

Bezogen auf die bauliche Umsetzung sind die Zeichnungen der Kinder sehr oberflächlich. Es wird jedoch deutlich, dass die gedankliche Planung für den Bau der Brücke noch nicht ausreicht. Diese Probleme müssen im Folgenden analysiert und durchdacht werden. Die Zeichnungen und Beschreibungen der Kinder in einem Lerntagebuch tragen dazu bei.

... zum Bau

Problemorientiertes, offenes Arbeiten ist auf eine gemeinsame Organisation und Planung des Projektes angewiesen. Die Schülerinnen und Schüler müssen die einzelnen Arbeitsschritte durchdenken und alle Bedingungen planen. Sie benötigen einen Leitfaden, um sich im Anschluss eigenverantwortlich mit der Sache auseinandersetzen zu können. Folgende Fragen sollen daher vorab geklärt werden:

▶ Wer arbeitet zusammen?
▶ Welche Materialien und Werkzeuge werden benötigt?
▶ Wer besorgt das Material?
▶ Wie viel Zeit steht zur Verfügung?
▶ Wo kann bei Problemen Hilfe geholt werden?
▶ Welche Rolle spielt das Lerntagebuch?

Die Bauphase

Die Brücken der Schüler entstehen aus leicht zu bearbeitenden Werkstoffen wie Pappe, Papier, Styropor, Holz etc. Um die Kreativität und Ideenvielfalt der Schülerinnen und Schüler nicht einzuschränken, werden keine Vorgaben zur Bearbeitung gegeben. Dies unterstützt das problemlösende Denken und Handeln. Ganz bewusst werden verschiedene Lösungsansätze zugelassen. Probieren, Verändern und Korrigieren ist möglich. Die individuelle Zugangsweise und das selbstständige Lösen des technischen Problems ermöglichen das Entstehen vernetzter und nachhaltiger Wissensstrukturen.

Die Zwischenreflexionen fungieren als Steuerinstrument, um sicherzustellen, dass alle Schüler zu einer Lösung der Aufgabenstellung gelangen. Durch die offene Problemstellung sind die Fragen der Kinder vielschichtig. Sie stellen ihren Baustand vor und beziehen die Mitschüler bei der Problemlösung ein. Die reflektierende Auseinandersetzung mit dem technischen Problem der Einzelnen ermöglicht, dass die Schüler Schwierigkeiten aus ihrer Tätigkeit wiedererkennen und in den weiteren Bauphasen selbstständig lösen.

Brücken zum Drehen und Klappen

Marvin und *Simon* haben die Idee, ihre Brücke durch das Drehen der zwei Fahrbahnteile zu öffnen. (siehe Abb. 2). Sie sind beim Bau auf folgendes Problem gestoßen: „Das Problem war, dass wir die Auffahrt nicht an der Brücke festmachen

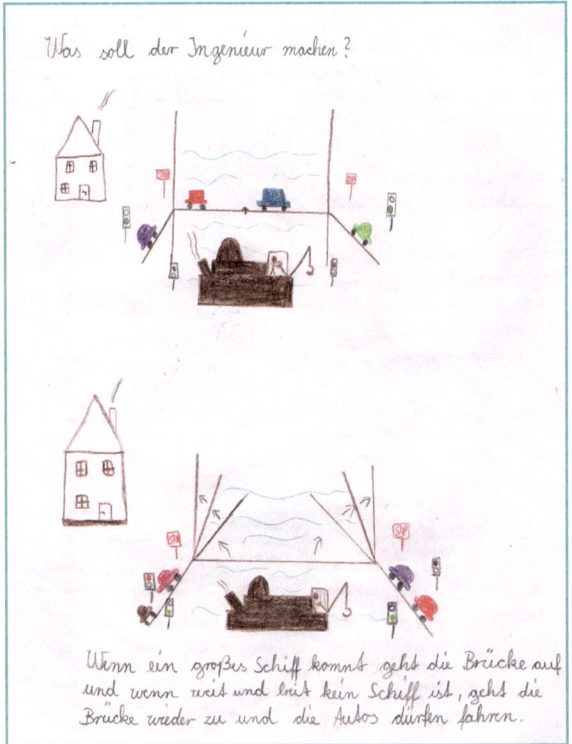

Abb. 1: **Hannah-Leonie hat in ihrem Lerntagebuch eine Klappbrücke gezeichnet. So kann jedes Schiff die Brücke passieren.**

Foto: Eike Lier-Ertmer, Katrin Kaiser

Abb. 2: **Eine Brücke mit Drehmechanismus: Beim Drehen der Brückenpfeiler muss zuerst die Fahrbahn mit der runden Seite bewegt werden.**

Fotos: Elke Lier-Ertmer, Katrin Kaiser

Abb. 3: Das überstehende Papier dient als Verbindungsstück zwischen feststehender Auffahrt und drehbarer Fahrbahn.

Abb. 4: Eine bewegliche Brücke mit Scharnier. Das Seil läuft über eine Seilwinde und wird mit einer Kurbel auf- und abgerollt.

PROBLEMORIENTIERTES LERNEN

Alle problemorientierten Ansätze gehen davon aus, dass Kinder nicht vorgeformte Begriffe brauchen, sondern selbst denkend das Problem ergründen wollen. Sie müssen erst die Probleme verstehen, um die daraus erwachsenen Theorien verstehen zu können.

Die Schülerinnen und Schüler wollen keine kursartigen und merksatzorientierten Lehrgänge, sondern zuerst die Möglichkeit zum Denken in Problemsituationen (vgl. *Kaiser* 2003).

konnten, weil sie sonst mitgezogen wäre."

In *Simons* Lerntagebuch steht die Lösung: „Wir haben das Problem behandelt, indem wir auf ein Styroporstück (die Auffahrt) ein Papier festgemacht haben, aber es an einer Seite überstehen lassen. Dieses Stück haben wir geknickt, dass es auf der Fahrbahn liegt aber nicht fest ist." (siehe Abb. 3).

Neben der Drehbrücke entwickeln die Schülerinnen und Schüler Klapp- und Zugbrücken. Dabei treten unterschiedliche Probleme

auf, die in den Reflexionsphasen diskutiert und gemeinsam gelöst werden (siehe Kasten links unten). An den Arbeitsergebnissen der Schüler und ihren Lerntagebüchern kann der Lernerfolg des Projektes abgelesen werden. Die Aufzeichnungen präsentieren, wie die Schüler das Problem durchdacht und gelöst haben. ∎

LITERATUR

Das Hessische Kultusministerium (Hrsg.): Rahmenplan Grundschule. Wiesbaden 1995
Kaiser, Astrid: Einführung in die Didaktik des Sachunterrichts. Hohengehren 2003
Ruf, Urs/Gallin, Peter: Dialogisches Lernen in Sprache und Mathematik. Austausch unter Ungleichen. Seelze-Velber 1999
Ruf, Urs/Gallin, Peter: Dialogisches Lernen in Sprache und Mathematik. Spuren legen, Spuren lesen. Seelze-Velber [3]2005

WWW-TIPP

www.meyerwerft.com

PROBLEME BEIM BRÜCKENBAU UND IHRE LÖSUNG

Problem	Lösung
Wie können Standfestigkeit und Stabilität der Brückenpfeiler erhöht werden?	Die Pfeiler brauchen ein Fundament.
Wie kann das Seil, das die Fahrbahn nach oben zieht, befestigt werden?	Das Seil läuft über eine Seilwinde und wird mit einer Kurbel auf- und abgerollt (siehe Abb. 4).
Wie muss die Brücke konstruiert werden, damit die Fahrbahn wieder zurückklappt?	Durch Beschweren mit einem Gewicht bleibt die Fahrbahn nach dem Hochziehen nicht oben stehen, sondern gelangt durch das Abrollen des Seils in die Ausgangsstellung zurück.

DIE AUTORINNEN

Elke Lier-Ertmer ist Lehrerin und Konrektorin an der Grundschule Witzenhausen.

Katrin Kaiser ist Ausbilderin am Studienseminar Eschwege.

Die Brücken der Zukunft

Die Meyer Werft in Papenburg produziert riesige Luxusschiffe,
die Passagiere über die Weltmeere befördern.
Im Juni 2007 konnte man folgende Meldung im Internet lesen:

Wegen der größer werdenden Kreuzfahrtschiffe der Meyer Werft
im emsländischen Papenburg mussten zwei Strommasten erhöht werden.

Die Schiffe konnten nicht mehr unter der
niedrig verlaufenden Stromleitung durchfahren.

Ähnliche Vorfälle gibt es auch bei Brücken, die passiert werden müssen,
damit Kreuzfahrtschiffe ins Meer auslaufen können.

Informiert euch im Internet über die Meyer Werft und
über die Schiffe, die dort gebaut werden.

**Stellt euch vor, ihr seid Ingenieure.
Entwerft eine Brücke, durch die jederzeit
unterschiedlich große Schiffe hindurchfahren können.
Fertigt dazu Zeichnungen an.**

Zum Schluss: Baut ein Modell eurer Brücke.

PETRA M. SPIES

Eine Brücke aus Papier

Illustrationen: Petra M. Spies

Abb. 1: Noch hält die Brücke (Overheadfolie)

Die Kinder einer vierten Klasse haben Brücken aus Papier konstruiert und auf ihre Stabilität geprüft. Neben Einsichten in Stabilität und Gleichgewicht lernen die Kinder, problemorientiert zu arbeiten.

Brücken prägen unser Landschaftsbild und üben mit ihren Konstruktionen eine gewisse Faszination aus. So ist es immer wieder interessant, in welchen Höhen und mit welchen Längen Täler, Flüsse und städtebauliche Besonderheiten überwunden bzw. überbrückt werden, ohne an der Stabilität dieses Bauwerks zweifeln zu müssen. Bereits bei kleinen Kindern bewirkt eine Brücke ebendiese Begeisterung und mit Freude bauen sie jene aus Klötzen, Lego oder Ähnlichem nach. Grund genug, diese Bautechnik als technischen Sachverhalt genauer zu untersuchen und durch Handlungs- und Problemorientierung in den Sachunterricht einfließen zu lassen. Durch spielerisches Gestalten können Grundeinsichten zu Stabilität und Gleichgewicht gewonnen werden. Das Kind hat die Möglichkeit, sich individuell mit den Phänomenen seiner Umwelt zu beschäftigen und handelnd Erfahrungen zu gewinnen. Neben dem technischen Inhalt ermöglicht das problemorientierte Lernen auch die Erweiterung der Sozialkompetenz.

In der dargestellten Unterrichtsstunde sollen die Schülerinnen und Schüler erkennen, dass die Tragfähigkeit und Belastbarkeit einer Brücke entscheidend von der Art und Weise der Verstrebungen und der Pfeilerform abhängt. Brücken aus Papier eignen sich besonders, statische Besonderheiten zu problematisieren. So stellt sich dem Kind zwangsläufig die Frage, wie man ein dünnes, unstabiles Blatt so verändern kann, dass es tragfähig wird. Sie erkennen, dass es nicht genügt, ein Blatt auf zwei „Pfeiler" zu legen, denn es würde sofort nach unten absinken. Außerdem ist Papier ohne Aufwand und Mühe zu bearbeiten, d. h. vielfältig zu falten. Doch bevor es zu dieser Erprobung kommen kann, muss zunächst ein Problembewusstsein geschaffen werden. Dazu dient in dieser Stunde eine bewegliche Overheadfolie (siehe *Abb. 1*). Dargestellt ist eine Schlucht, über die eine Brücke führt. Dieser Papierstreifen ist nur an der Seite der Folie befestigt und daher beweglich.

Schiebt man nun ein Papierkind über den Steg, passiert nichts, schiebt man aber mehrere „Personen" oder gar einen Wagen darüber, beginnt die Brücke zu wackeln, indem man sie gleichmäßig verschiebt. Die Schüler erkennen, dass eine Brücke stabil sein muss und nicht jede dieses Kriterium erfüllt bzw. die Tragfähigkeit bei höherer Belastung nachlassen kann.

In der sich anschließenden Gruppenarbeit erhalten die Kinder Papier und Klötze, die als Brückenpfeiler dienen sollen. Durch Versuch und Irrtum kommen die Schülerinnen und Schüler darauf, das Papier zu falten, um es tragfähig zu machen. Das O-Profil wird von den Schülern dabei meist als Erstes erkannt, da es hierzu konkrete Parallelen in der Natur gibt: Stängel, Baumstamm, Knochen etc. Weitere Profile können gebildet werden (siehe *Abb. 2*).

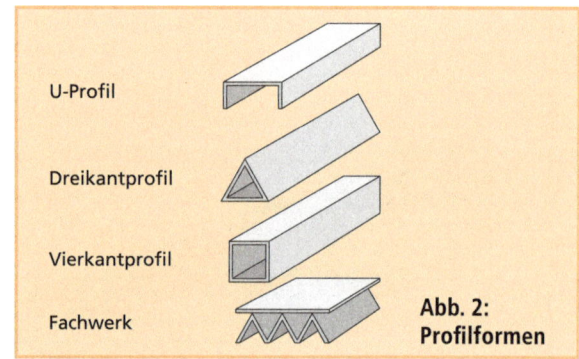

U-Profil

Dreikantprofil

Vierkantprofil

Fachwerk

Abb. 2: Profilformen

Die erprobten Brückenkonstruktionen werden zur Ergebnissicherung von jeder Gruppe auf einem Arbeitsblatt eingetragen. Dazu wird die entsprechende Bauweise aufgezeichnet und der eventuelle Schwachpunkt benannt. In der Phase der Auswertung überlegen die Schülerinnen und Schüler, warum wohl welche Bauweise geeignet bzw. ungeeignet ist.

Eine zweite Stunde zu diesem Thema beschäftigt sich mit der Realität, d. h. damit, welche Brücken und welche Verstrebungsprofile wir bei unseren Verkehrssystemen vorfinden und wie Ihnen Stabilität verliehen wird. Dazu untersuchen und unterscheiden die Schüler unterschiedliche Brückentypen nach ihrem Verwendungszweck (Eisenbahnbrücke, Fußgängerbrücke, Straßenbrücke, Autobahnbrücke), nach ihrer Bauweise (Hängebrücke, Bogenbrücke, Balkenbrücke, Fachwerkbrücke) und nach ihrem Baumaterial (Holzbrücke, Steinbrücke, Stahlbrücke und Betonbrücke). Fächerübergreifend können im Kunstunterricht Brücken aus verschiedenen Materialien nachgebaut werden. ●

▶ Literatur

Laux, Hermann/Wiemer, Bernhard: Brücken – ein Thema im Sachunterricht der Grundschule. In: Sachunterricht und Mathematik in der Primarstufe, Heft 1/1992, S. 6ff.
Pommering, Rolf/Ritter, Jutta (Hrsg.): Pusteblume. Das Sachbuch 4. Schuljahr. Hannover 1994
Meyer, Werner E. (Hrsg.): Schlag nach im Sachunterricht 1/2. Ausgabe D. München, Düsseldorf, Stuttgart 2004

Eine Brücke aus Papier

1. Baut aus dem Material verschiedene Brücken.

2. Überprüft mit Gegenständen aus euren Mäppchen,
welche Brücke das größte Gewicht halten kann.

3. Tragt die Ergebnisse in die Tabelle ein.

4. Stellt die stabilste Brücke der Klasse vor.

Brückenform (gemalt)	Gewichte	Schwachpunkte

Viel Spaß beim Ausprobieren.

Vom Faustkeil zum Smartphone

Erfindungen verändern die Welt und den Menschen

Kerstin Michalik

Erfindungen gibt es seit der Steinzeit. Der Faustkeil war vielleicht die erste Erfindung des Menschen und auch das, was ihn von den anderen Lebewesen unterschied. Zwar ist der Gebrauch von Werkzeugen auch aus dem Tierreich bekannt, nicht jedoch ihre permanente Entwicklung und ihre das Leben so nachhaltig verändernde Wirkung – und so wurde im weiteren Verlauf der Abstand zwischen Mensch und Tier immer größer.

Abb. 1: Der Gebrauch von bearbeiteten Steinwerkzeugen ist ein Merkmal zur Abgrenzung der Gattung Homo von verwandten Gattungen.

RAD, GLÜHBIRNE, COMPUTER — die Erfindungen des Menschen haben die Welt unwiderruflich verändert und werden sie auch weiterhin verändern. Es wird Dinge geben, die heute noch nicht vorstellbar sind (siehe Abb. 11), ebenso wie für die Steinzeitmenschen das Auto, Flugzeug oder Telefon jenseits ihrer Vorstellungskraft war. Interessant ist an der Entwicklung menschlicher Erfindungen ihre zunehmende Verdichtung und Beschleunigung im zeitlichen Verlauf. Wenn man sich die Zeitleiste zu wichtigen Erfindungen in der Menschheitsgeschichte ansieht, so scheint es so zu sein, dass mit dem Alter der Menschheit auch ihre innewohnende Erfindungsgabe wächst.

Was sind Erfindungen? Was sind Entdeckungen?

Die Begriffe „Erfindung" und „Entdeckung" werden oft synonym verwendet. Sie bezeichnen jedoch zwei unterschiedliche Vorgänge, auch wenn diese nicht immer ganz einfach abzugrenzen sind bzw. ursprünglich durchaus ineinandergreifen.

Eine Entdeckung bezieht sich auf etwas, das bereits vorhanden, aber bis dahin unbekannt war und dessen Nutzen unbestimmt ist. Es handelt sich hier vor allem um Naturgesetze oder Naturphänomene wie das Feuer, die Schwerkraft, die Elektrizität oder bestimmte chemische Stoffe.

Erfindungen hingegen stellen eine schöpferische Leistung dar, eine neue Erkenntnis oder Anwendungsweise, die eine neue Form der Problemlösung ermöglicht. Erfindungen basieren auf Entdeckungen von bestimmten Naturgesetzen oder Naturerscheinungen, sie machen sich diese zunutze. Der Ackerbau war eine Erfindung, ebenso wie der Faustkeil, das Feuer wurde hingegen entdeckt und dann durch verschiedene Erfindungen für das Leben der Menschen nutzbar gemacht. Erfindungen werden zumeist auf technische Verfahren oder Gegenstände bezogen, es gibt jedoch auch nichtmaterielle Erfindungen wie z.B. die Menschenrechte, die man als „Instrumente" zur Gewährleistung eines respektvollen und friedlichen Zusammenlebens der Menschen bezeichnen könnte.

Wenn sie bestimmte Kriterien erfüllen, können technische Erfindungen nach dem Europäischen Patentübereinkommen (EPÜ) patentiert werden (siehe Infokasten auf S. 79). Entdeckungen sind nicht patentfähig.

Abb. 2:
Das Feuer wurde entdeckt, der Kessel erfunden.

ARCHIMEDES erster erfinder scharpffsinniger vergleichung/
Wag vnd Gewicht/durch außfluß des Waffers.

Foto: alamy images/
World History Archive

Abb. 3: Heureka! Der Legende nach soll ein Geistesblitz in der Badewanne zur Entdeckung des Archimedischen Prinzips geführt haben, wie dieser handkolorierte Holzschnitt von 1547 zeigt.

Wie entstehen Erfindungen?

Der griechische Mathematiker und Erfinder Archimedes (ca. 287–212 v. Chr.) fand in der Badewanne die Lösung für ein schwieriges Problem. Er sollte herausfinden, ob eine goldene Krone echt oder mit Silber gestreckt worden war. Zerstören durfte er sie dabei natürlich nicht. Nachdem er einen ganzen Tag lang vergeblich darüber nachgedacht hatte, nahm er ein Entspannungsbad. Als er sich in die volle Wanne sinken ließ und Wasser über den Rand des Gefäßes tropfte, hatte er die Lösung entdeckt. Mit dem Ruf „Heureka!" („Ich habe [es] gefunden!") rannte er durch

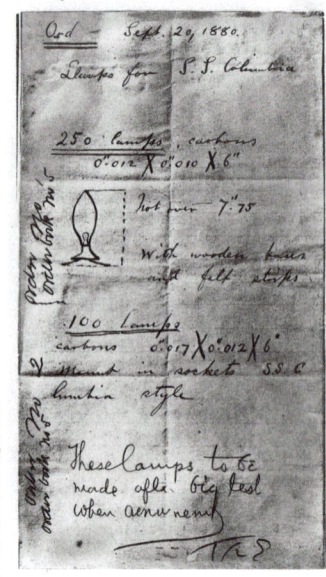

Foto: bpk-Bildagentur

Abb. 4: Skizzen von Thomas Alva Edison zur Glühlampe. Von ihm ist der Satz überliefert: „Ich habe nicht versagt. Ich habe mit Erfolg zehntausend Wege entdeckt, die zu keinem Ergebnis führen."

die Straßen und verkündete seinem Auftraggeber, dem König Hieron von Syrakus, die Lösung: Die Krone und ein Goldbarren, der genauso viel wog, mussten gleich viel Wasser verdrängen. Da die Krone aber mehr Wasser zum Überlaufen brachte, musste sie gefälscht sein. Ob die Geschichte des Archimedes in dieser Form tatsächlich stattgefunden hat, ist fraglich. Sie ist aber ein schönes Beispiel für einen plötzlichen Geistesblitz als Ursprung einer wichtigen Entdeckung oder Erfindung (siehe Abb. 3).

Allerdings ist damit nur ein Teil der Prozesse, die zu technischen Innovationen führen, geklärt. Von Thomas Alva Edison (1847–1931) stammt der Ausspruch: „Genie ist zu einem Prozent Inspiration und zu 99 Prozent Transpiration." Nach Edison reicht eine geniale Idee allein nicht aus, erst Fleiß und Beharrlichkeit führen zum Erfolg. Edison führte Tausende Versuche durch, bis er die elektrische Glühlampe erfunden bzw. das für diese Technik optimale Material herausgefunden hatte (siehe Abb. 4).

Viele Erfindungen waren jedoch weder das Ergebnis unermüdlicher Arbeit und Ausdauer, noch eines plötzlichen Geistesblitzes, sondern sie waren ganz einfach dem Zufall zu verdanken. Ebenso wie die Erfindung des Ackerbaus wahrscheinlich auf eine zufällige Entdeckung zurückzuführen ist — man geht davon aus, dass die Steinzeitmenschen irgendwann entdeckten, dass Überreste pflanzlicher Nahrung neue Pflanzen hervorbringen können — waren viele der Erfindungen, die heute unser tägliches Leben prägen, ein Produkt des reinen Zufalls oder eines glücklichen Momentes. Ein schönes Beispiel ist die „Erfindung" des Teflons, das sich als Bratpfannenbeschichtung in jedem Haushalt findet. Der Forscher Roy Plunkett (1910–1994) hatte 1938 versucht, ein Gas zu erzeugen, erhielt stattdessen jedoch ein bis dahin unbekanntes weißes Pulver. Zum Glück war Roy Plunkett ein besonders neugieriger Forscher, denn anstatt das missglückte Produkt einfach zu entsorgen, untersuchte er die seltsame Substanz sehr sorgfältig. Er fand heraus, dass das Material aufgrund seiner Eigenschaften einen idealen Überzug für Oberflächen, die Reibung und Korrosion ausgesetzt sind, bildete. (Teflon ist also kein Produkt der Raumfahrt, wie oft behauptet wird.)

Wenn man nach dem Ursprung neuer Erfindungen und bahnbrechender Entdeckungen fragt, dann stößt man wahrscheinlich auf ein Sowohl-als-auch, denn wissenschaftlicher Fortschritt entsteht offenbar aus einer Mischung der verschiedenen Komponenten: langsame, stetige Entwicklungen und plötzliche sensationelle Wendungen und Durchbrüche, die teils auf besondere Geistesblitze, teils auf überraschende, nicht vorhersehbare und ungeplante Ereignisse und Ergebnisse zurückzuführen sind. Für die Rolle des Zufalls bei Erfindungen und den vorhergehenden Entdeckungen hat der englische Literat Horace Walpole (1717–1797) bereits 1754 den Begriff „Serendipity" geprägt, der auf der Geschichte der Prinzen der Insel

Abb. 5: Der Lotuseffekt.

Abb. 6: Dieser Mauergecko findet auf einer Glasscheibe Halt. Die Haftverbindung kann er aber auch wieder sehr schnell lösen.

Serendip basiert, welche durch Zufall und Scharfsinn Dinge entdeckten, nach denen sie zuvor nicht gesucht hatten.

Der Natur abgeschaut

Eine Reihe von Erfindungen verdankt ihr Dasein einem ganz besonderen Ursprung, nämlich der Natur — bzw. der Gabe, technische Innovationen auf der Basis natürlicher Vorbilder zu entwickeln. Eines der berühmtesten Beispiele ist der Klettverschluss. Er geht zurück auf den Schweizer Ingenieur und Hobbyjäger George de Mestral (1907 — 1990), dessen Hund nach den gemeinsamen Jagdausflügen stets mit einem Fell voller Kletten zurückkam. Der findige Ingenieur untersuchte die Kletten und hatte die Idee zu einem neuartigen Verschluss, den er nach zehnjähriger Entwicklungszeit 1951 patentieren ließ.

Inzwischen hat diese Form der Erfindergabe einen eigenen Namen erhalten: Bionik. Der Begriff setzt sich zusammen aus Biologie und Technik. Er bezeichnet eine Wissenschaftsdisziplin, in der Biologen und Ingenieure zusammenarbeiten, um Naturphänomene zu entschlüsseln und auf Technik zu übertragen bzw. für technische Probleme zu nutzen. Dabei gibt es zwei Wege der Erkenntnis: Bioniker suchen in der Natur gezielt nach einer Lösung für ein bestimmtes Problem. Ein Beispiel sind die Tragflächen von Flugzeugen. An ihren Spitzen entstehen Luftwirbel, die einen erhöhten Treibstoffverbrauch zur Folge haben. Bei der Beobachtung des Vogelflugs stieß man auf die gebogenen Handschwingen mancher Vogelarten und erkannte, dass diese die Bildung der Wirbel verringern. Die technische Umsetzung erfolgte dann in Form von Winglets, so heißen die gebogenen Flügelspitzen bei Flugzeugen. Der zweite Weg ist die Zufallserfindung, indem zufällige Entdeckungen in der Natur auf die Technik übertragen werden (siehe Abb. 6). Der Klettverschluss ist hierfür ein Beispiel, und auch der Lotuseffekt gehört in diese Kategorie: die Beobachtung, dass die Oberflächen mancher Pflanzenblätter quasi selbstreinigend sind und Wasser und Schmutz

einfach abperlen lassen (siehe Abb. 5). Inzwischen gibt es in jedem Baumarkt Farben und Beschichtungsstoffe, die sich diesen Effekt zunutze machen.

Die Natur bietet ein wahres Schatzhaus für Erfindungen, es kommt nur darauf an, genau hinzuschauen und die richtigen Fragen zu stellen. Als erster Bioniker kann der italienische Maler, Bildhauer, Architekt und Ingenieur Leonardo da Vinci (1452 — 1519) gelten. Seine teils wundersamen Apparaturen zum Fliegen waren durch genaue Beobachtungen und Studien von Vögeln, Insekten und vor allem Fledermäusen inspiriert.

Es reicht nicht, nur eine geniale Idee zu haben …

Vielen Erfindungen war erst ein später Erfolg beschert, zu kühn schienen die Ideen den Zeitgenossen, nicht selten gab es auch heftige Widerstände von Fachkollegen, die sich um die Wahrung von Konventionen oder den Verlust der eigenen Autorität sorgten. In anderen Fällen fehlte der Weitblick von Politikern oder Geldgebern oder aber die technischen Voraussetzungen waren noch nicht gegeben.

Zu den berühmtesten Erfindern, deren geniale Ideen erst lange Zeit später Umsetzung fanden, gehört

Abb. 7: Ein Nachbau des Fahrrades von Leonardo da Vinci.

Foto: akg-images GmbH/NASA

Abb. 8: Der erste erfolgreiche Motorflug der Gebrüder Wright am 17.12.1903. Ihr Flugzeug legte dabei eine Strecke von fast 7 m zurück.

Foto: Bridgeman Images

Abb. 9: Versuche mit motorgetriebenen Einrädern gab es häufiger, durchsetzen konnte sich die Technik jedoch nicht (1931).

der bereits erwähnte Leonardo da Vinci. Seine vielfältigen Entwürfe und zahlreichen Erfindungen — Fluggeräte, Waffen, Maschinen, Zahnräder, Tauchglocken, Flaschenzüge, Brückenkonstruktionen und sogar bereits das Fahrrad (siehe Abb. 7) — waren so kühn und innovativ, dass sie den technischen Möglichkeiten weit voraus waren und erst Jahrhunderte später realisiert wurden. Leonardo war kein Einzelfall: Die Geschichte der Erfindungen und Entdeckungen ist keineswegs eine gradlinige Fortschrittsgeschichte, sondern auch eine Geschichte des Scheiterns, der Sackgassen, der Rückschläge und des Vergessens (siehe Abb. 9).

Mancher genialer Kopf erntete zu Lebzeiten nur Hohn und Spott. So etwa der Polarforscher Alfred Wegener (1880 – 1930), der 1912 die Theorie der Kontinentalverschiebung veröffentlichte. Sie fand erst drei Jahrzehnte nach seinem Tod allgemeine Anerkennung und gehört heute zum Grundwissen, das in keinem Schulbuch fehlt. Manche Ideen, manche Entdeckungen brauchten sogar Jahrtausende, um anerkannt zu werden. Das wohl berühmteste Beispiel ist die Behauptung des Aristarch von Samos (um 310 v. Chr. – um 230 v. Chr.) im Jahre 260 v. Chr., dass die Sonne und nicht die Erde im Zentrum unseres Universums stehe.

Selbst so praktische Erfindungen wie das Wasserklosett fanden nicht sofort Verbreitung. Es wurde in der heute üblichen Form mit Kloschüssel und Wasserspülung erst gegen Ende des 18. Jahrhunderts in England eingeführt, nachdem eine Choleraepedemie in den Dreißigerjahren die Bevölkerung Londons beträchtlich dezimiert hatte, obwohl John Harington (1561 – 1612) am englischen Hof bereits 1596 ein Wasserklosett für Königin Elisabeth von England konstruiert hatte. Es geriet jedoch in Vergessenheit, als Harington bei der Königin in Ungnade fiel. Eine weiterentwickelte und verbesserte Version der Wassertoilette wurde 1775 beim Patentamt angemeldet, doch es sollten noch mehr als hundert weitere Jahre vergehen, bis die moderne Toilette den Nachttopf und den Abort im Freien ersetzte und in den USA und Europa zur Standardeinrichtung eines jedes Hauses geworden war. Die Wassertoilette war noch nicht einmal eine Erfindung der Neuzeit, denn sie war bereits 2.000 Jahre v. Chr. Bestandteil der Badezimmer der königlichen minoischen Familien im Palast von Knossos auf Kreta.

Blick zurück und nach vorn

Über die wichtigsten Erfindungen in der Geschichte der Menschheit gibt es keine Einigkeit. Unter den ersten zehn rangieren aber in der Regel so wichtige Meilensteine wie Faustkeil, Feuer, Buchdruck und Computer. Wahrscheinlich gibt es keine andere Erfindung, die so schnell Verbreitung fand und das mensch-

---

AUSGEWÄHLTE ERFINDUNGEN AUS DEM 20. JAHRHUNDERT

Antibabypille	Kopierer
Antibiotika	Kugelschreiber
Atombombe	Kühlschrank
Atomkraft	Laser
Automobil	Legosteine
Backofen	Mikroprozessor
Barbiepuppe	Mikrowellenherd
Chemotherapie	Mobiltelefon
Compact Disc	Nylonstrümpfe
Computer	Radar
Düsentriebwerk	Radio
Fließband	Rasierer
Fernseher	Reißverschluss
Flugzeug	Roboter
Geschirrspüler	Rolltreppe
Haarföhn	Skateboard
Handmixer	Space Shuttle
Herzschrittmacher	Staubsauger
Hubschrauber	Taschenrechner
Insulin	Telefon
Internet	Toaster
Kassettenrekorder	Waschmaschine

Foto: alamy images/Chris Willson

Abb. 10: „Auf der Suche nach Mr. Spock" nutzt Captain Kirk von der Enterprise einen „Kommunikator". Der Film wurde 1984 gezeigt; in dieser Zeit wogen tragbare Telefongeräte zwischen 5 und 10 kg. Vielleicht ist eines Tages sogar auch das „Beamen" möglich?

liche Leben so veränderte wie der Computer. Noch 1985 war er in den USA und in Deutschland in nicht einmal fünf Prozent der Haushalte zu finden. 2008 kamen in Deutschland auf 100 Einwohner bereits 76 Computer, und inzwischen gibt es kaum noch computerfreie Haushalte. Zukunftsweisende Bereiche für neue Erfindungen sind die Gentechnik, die Erforschung des Weltraumes (siehe Abb. 10) und die Verbesserung des menschlichen Körpers. Manche Wissenschaftlerinnen und Wissenschaftler glauben, dass es in nicht allzu ferner Zukunft neben den Menschen alten Stils Hybridwesen geben wird, die aus menschlichen und technischen Anteilen bestehen werden. Es gibt sogar Wissenschaftler, die an den alten Traum der Menschen glauben, dass es eines Tages möglich sein wird, eine Zeitmaschine zu konstruieren, mit der man in die Vergangenheit oder Zukunft reisen kann. Nichts scheint unmöglich, denn der Mensch ist das Wesen, das sich und die Welt immer wieder neu erfindet. ◾

PATENT UND PATENTAMT

Patente schützen Erfindungen und Innovationen vor der Nutzung und Vermarktung durch andere Personen. Sie gewähren der Patentinhaberin bzw. dem -inhaber das Recht, eine Erfindung für eine bestimmte Zeitspanne (20 Jahre) allein zu nutzen. Erst nach Ablauf dieser Frist darf die Erfindung auch von anderen vermarktet werden.

Schutzrechte (Patente) für Erfindungen und Innovationen haben eine lange Geschichte. Das erste Patentgesetz stammt aus Italien, es wurde 1474 in Venedig erlassen. In Deutschland gibt es erst seit 1877 das Deutsche Patent- und Markenamt.

Eine Erfindung muss drei Voraussetzungen erfüllen, damit ein Patent erteilt werden kann: Sie muss neu sein und dabei über den Stand der Technik hinausreichen, sie muss auf einer erfinderischen Tätigkeit beruhen und darf nicht naheliegend sein, und schließlich muss sie gewerblich anwendbar sein: Was sich nicht realisieren lässt, kann auch nicht patentiert werden (siehe Deutsches Patent- und Markenamt 2010, S. 10). Überhaupt sind nur technische Erfindungen patentfähig. Dadurch sind u. a. ausgeschlossen: „bloße Entdeckungen, wissenschaftliche Theorien und mathematische Methoden, ästhetische Formschöpfun-

gen, Pläne, Regeln und Verfahren für gedankliche Tätigkeiten, Spiele oder für geschäftliche Tätigkeiten, Computerprogramme (...)", aber auch Pflanzensorten, Tierrassen, der menschliche Körper und Verfahren zum Klonen von Menschen (siehe Deutsches Patent- und Markenamt 2010, S. 7). Welche Erfindungen als solche zu klassifizieren sind, entscheidet das Patentamt. Große Firmen haben eigene Patentbeauftragte oder arbeiten mit Patentanwälten zusammen.

Auf der ganzen Welt sind rund 28 Millionen Patente angemeldet, jedes Jahr kommen Hunderttausende neue hinzu. Die meisten neuen Patente, die in Deutschland angemeldet werden, stammen aus der Automobilindustrie. Das Deutsche Patent- und Markenamt erteilt jedoch nicht nur Patente für technische Innovationen, sondern gewährt Schutzrechte auch für Markennamen, Gebrauchsmuster (dem Patent sehr ähnlich, aber einfacheres Verfahren) und Geschmacksmuster (Design, Farbe, Form).

Mit dem Fortschritt von Wissenschaft und Technik wird der Kreis der patentfähigen Dinge immer stärker ausgeweitet und zum Teil auch kontrovers diskutiert, wie die Patentanträge für gentechnisch manipulierte Lebewesen gezeigt haben.

LITERATUR

Albrecht, Peter: Geniale Erfindungen. Vom Dosenöffner zum Internet. Edition XXL. Fränkisch Crumbach 2008

Braun, Hans-Joachim: Die 101 wichtigsten Erfindungen der Weltgeschichte. C. H. Beck. München ²2007

Bührke, Thomas: Genial gescheitert. Schicksale großer Entdecker und Erfinder. dtv. München 2012

Deutsches Patent- und Markenamt (Hrsg.): Patente. Eine Informationsbroschüre zum Patent. München 2010

Gaughan, Richard: Genie aus Versehen. Große Erfindungen und die verblüffenden Geschichten dahinter. Edel Germany. Hamburg 2011

Meidenbauer Jörg: Sternstunden der Wissenschaft. Chronik der Erfindungen und Entdeckungen. Dumont. Köln 2002

DIE AUTORIN

Dr. Kerstin Michalik ist Professorin an der Universität Hamburg.

Kinder als Erfinder

VON MONIKA ZOLG

Ausgehend von Geschichten beschäftigen sich die Kinder mit technischen Problemen. Ihre kreativen Ideen setzen sie in Zeichnungen um. Die Ergebnisse der Kinder sind zum Teil erstaunlich!

Technische Objekte und Verfahren sind einem ständigen Wandel mit dem Ziel der Optimierung unterworfen. Eine Generation gibt das vorhandene technische Wissen an die nachfolgende weiter, diese verbessert und erweitert es und vermittelt es weiter. Damit dieser wichtige Prozess stattfinden kann, ist es notwendig, Kinder – Jungen wie Mädchen – in der Zeit ihrer Interessens- und Selbstkonzeptbildung in einem positiven Bewusstsein ihres technischen Denkens und Könnens zu bestärken und sie zum aktiven tech-

nischen Handeln zu ermutigen. Technik im Sachunterricht ist einer dieser frühen Vermittlungswege, wobei eine methodische Vielfalt genutzt werden kann, um kindorientierte und individuelle Lernwege und Lernumgebungen zur Kompetenzvermittlung einzusetzen. Eine dieser Methoden ist die Sachzeichnung, mit deren Hilfe Kinder ihre technischen Ideen und Vorstellungen äußern können. Aus diesen Zeichnungen lässt sich das technisch-konstruktive und technisch-funktionale Denkkonzept (vgl. Ullrich 1994; Zolg 2001) des jeweiligen Kin-

des ablesen und eine Lernumgebung gestalten, die dieses Kind in seiner Denkentwicklung fördert.

Die Aufforderung zur Zeichnung ordnet dabei die Gedanken und Vorstellungen des Kindes, macht sie beständig und sichtbar für andere zum Mitdenken (vgl. Biester 1991; Kaiser 2004). Das Zeichnen sollte dabei immer begleitet werden vom darüber Sprechen oder Schreiben, wodurch die Aussagekraft der Sachzeichnung unterstützt wird. Zentral ist dabei nicht, ob die technischen Objekte, die die Kinder zeichnerisch

Propeller (Nr. 1), Flügel zum Fliegen (Nr. 2), Tankfüller (Nr. 7), füllt Tank selbstständig – Rad fährt mit Wasser, Schneeketten bei Glatteis (Nr. 6), einen „Hundeknochenreicharm" (Nr. 8), Knochenschüssel zur Aufbewahrung, Pommesmaschine mit Pommes-Frites-Greifarm (Nr. 10), Laptop mit integriertem Radio, Fernsehen und Navigationssystem (Nr. 15), Getränkeautomat (Nr. 16), Briefarm, der die Briefe in alle Häuser hinein reicht (Nr. 17). Brieftasche, in der Briefe aufbewahrt und geordnet werden (Nr. 18). Sitz kann zum Schlafen nach hinten verstellt werden.

Abb. 1: Das Fahrrad des Briefträgers – Zeichnung eines 9-jährigen Mädchens.

entwickeln, richtig sind, sondern ob sie stimmig sind auf der Ebene des kindlichen Denkens und seiner bislang gemachten Erfahrungen. Kinder nutzen hierzu ihr vorhandenes Wissen und wenden es mit Hilfe von Transferschlüssen und Analogien auf ein neues Problem an. Edward de Bono hat 1972 zahlreiche Beispiele des gezeichneten technischen Denkens und Problemlösens von Kindern zusammengetragen. So sollten die Kinder etwas erfinden, dass Hund und Katze daran hindert, miteinander zu streiten, eine Mondrakete ausrüsten, eine Elefantenwaage konstruieren, eine Schlaf- oder eine Spaßmaschine erfinden oder ein Gebäude schneller bauen können. Durch dieses Vorgehen inspiriert wurden eine Reihe technischer Erfindergeschichten genutzt, um Kinder zeichnen zu lassen.

Zwei Beispiele solcher Geschichten werden im Folgenden vorgestellt.

DAS FAHRRAD DES BRIEFTRÄGERS

Angeregt durch die Geschichte, dass die Post ihre Briefträger mit einem neuen Dienstfahrrad ausstatten möchte, aber das uns bekannte Fahrrad den Anforderungen nicht völlig entsprechen würde, wurden die Kinder aufgefordert, an einem Designwettbewerb „Das Fahrrad des Briefträgers" teilzunehmen (vgl. Hebeler 2006). Sie sollten einen gezeichneten Entwurf mit Erläuterungen abgeben. Zwei Beispiele zeigen, welche Verbesserungsvielfalt den Kindern, in diesem Fall zwei Mädchen von 9 und 10 Jahren, eingefallen ist. Gut erkennbar ist dabei, welche Motive die

Kinder geleitet haben. So wird das erste Fahrrad (siehe Abb. 1) angetrieben, aber mit Wasser, hat also keine schädlichen Emissionen. Es achtet weiterhin auf die leiblichen Bedürfnisse des Nutzers wie Essen, Unterhaltung und Ruhephasen.

Auch das zweite Modell (siehe Abb. 2) zeigt Überlegungen zu einer humanen Technik. So ist selbst eine Notfalltoilette eingeplant.

DER ARME JAMBO

Der arme Elefant Jambo hat Zahnschmerzen und soll deswegen zum Tierarzt. Für die Zahnbehandlung muss er betäubt werden. Dafür muss der Tierarzt sein Gewicht wissen, um die richtige Menge Betäubungsmittel auszuwählen. Dummerweise hat er keine Elefantenwaage und die Kinder sollen sich zeichnerisch überlegen, wie man das Gewicht des Elefanten messen könnte. Viele überlegen sich: Wie bringt man den Elefanten dazu, sich wiegen lassen? Andere nehmen eine Badezimmerwaage mit Kilogrammanzeige oder – dem Gewicht angemessener – eine mit Tonnenanzeige. Einige wählen eine digitale Badezimmerwaage für jeden Elefantenfuß, einige eine LKW-Waage und viele, viele Kinder erfinden eine Elefantenwaage.

Bei Florino (9 Jahre) wird der Elefant über eine Leiter auf eine Platt-

Heizspirale bei Schnee (2), ausfahrbare Treppe (28), Kasten, der die Briefe per Knopfdruck hinausschießt (3), ein Navigationssystem (4), Sonnenschirm (5), Getränkehalter (6), Blitzableiter (8), Mini-Kühlschrank (9), diverse Schnüre (11) zur Bedienung des Radios (16), des Martinshorn gegen Hunde (17), der Innenbeleuchtung (10), bequemer Sitz (12), elektronische Pedale (13), Hebel für die Briefsortiermaschine (29), kleine Toilette (im Notfall zu benutzen) (21), Mini-Motor (30) springt automatisch an, Feuerlöscher (15), Schneeketten (14), Radio (16), ein Fernseher (19), eine Waschmaschine (22), eine Heizung mit Lüftungsschlitzen (24), Auspuff (23), Flickzeug (20).

Abb. 2: Das Fahrrad des Briefträgers – Zeichnung eines 10-jährigen Mädchens.

form gelockt, leckeres Futter hilft dabei. Computergesteuert sinkt die Plattform entsprechend dem Gewicht des Tieres nach unten, automatisch erhält der Elefant die notwendige Menge Betäubungsmittelspritzen (siehe Abb. 3).

Teresa (12 Jahre) nutzt das umgekehrte Prinzip: „Die Plattform wird mit Gas hochgedrückt. Je mehr Gas man benötigt, desto mehr wiegt der Elefant" (siehe Abb. 4).

Einen ganz anderen Weg wählt Evelina (11 Jahre): Sie steckt den Elefanten bis über den Kopf ins Wasser, man weiß ja, dass Elefanten gerne im Wasser sind. Dann muss man rechnen: „Man muss in einem Becken Wasser füllen und das Volumen des Elefanten ausrechnen, indem man guckt, um wie viel Liter das Wasser gestie-

gen ist. Dann kann man Liter in Kilogramm umrechnen" (siehe Abb. 5).

Leon (7,5 Jahre) erfindet einen wassergefüllten Gewichtsgummi. Die vom Elefanten verdrängte Wassermenge, kann in einer Skala abgelesen werden. „Dann baue ich eine Wasserwaage. Mit Blubberblasen, also Luftblasen. Und das ist Wasser. Wenn man sich drauf stellt, dann braucht das Wasser Platz und geht in das Röhrchen. Das Wasser geht bis zu einer Zahl, dann wissen wir, wie viel er wiegt. Das Wasser ist in einem Gewichtsgummi. Wenn der Elefant sich drauf stellt, dann drückt das Gewicht auf das Gummi und dann braucht das Wasser Platz und es wird nach oben gedrückt. Ich hab der Gewichtsgummi durchsichtig gemalt, damit man es von innen sehen kann" (siehe Abb. 6).

Diese Beispiele zeigen, wie technisch kreativ Kinder die gestellten Probleme lösen. Sie nutzen ihre vorhandenen Erfahrungen und wenden sie auf das neue Problem an. Dieser Ideenreichtum ist ein großer Schatz, der nicht verschüttet werden sollte.

ANREGUNGEN FÜR IHREN UNTERRICHT

Auf M1, S. 83/84 finden Sie Erfinderfragen, die die Kinder dazu anregen, ihre Ideen zu konstruieren und aufzuzeichnen. Wichtig ist es, dass die Kinder ihre Aufzeichnungen auch schriftlich kommentieren. Kinder, die Schwierigkeiten mit dem Schreiben haben, können die Texte auch der Lehrkraft diktieren oder ihre Texte aufnehmen.   I

DIE AUTORIN

Dr. Monika Zolg
leitete das Fachgebiet Technische Elementarbildung an der Universität Kassel.

LITERATUR

Biester, Wolfgang: Denken über Natur und Technik. In: Biester, Wolfgang (Hrsg.): Denken über Natur und Technik. Bad Heilbrunn 1991, S. 43–57

De Bono, Edward: Children solve Problems, London 1972

Hebeler, Katrin: Das Fahrrad des Briefträgers – Untersuchung zum Zeichnen als Medium der technischen Kreativität von 9-11jährigen Kindern. Kassel 2006

Kaiser, Astrid: Zeichnen und Malen als produktive Zugänge zur Sache. In: Kaiser, Astrid/Pech, Detlef (Hrsg.): Basiswissen Sachunterricht. Bd. 5. Hohengehren 2004, S. 96–103

Ullrich, Heinz: Mein Fahrrad – zur Entwicklung des technischen Denkens beim Kind. In: Grundschule, Heft 9/1994, S. 16–19

Zolg, Monika: Vorstellungen zur Alltagstechnik. Haushalt als Erfahrungsfeld für Technik. Theorien und Gedanken von Kindern zum Aufbau und zur Funktionsweise des Staubsaugers. In: Grundschulunterricht, Heft 2/2001, S. 19–24

Abb. 3: Florinos Lösung zur Betäubung des Elefanten.

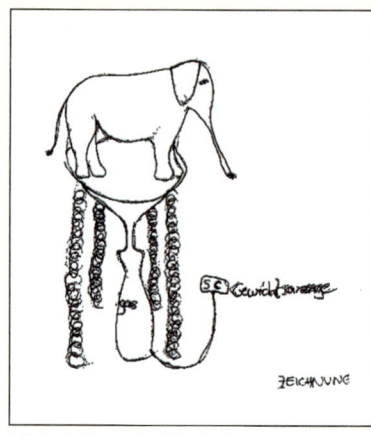

Abb. 4: Teresas Elefantenwaage arbeitet mit Gas.

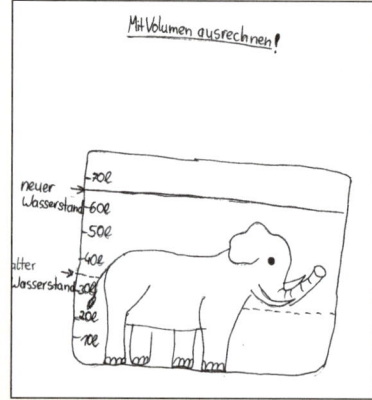

Abb. 5: Evelina nutzt die Verdrängung von Wasser, um das Gewicht des Elefanten zu bestimmen.

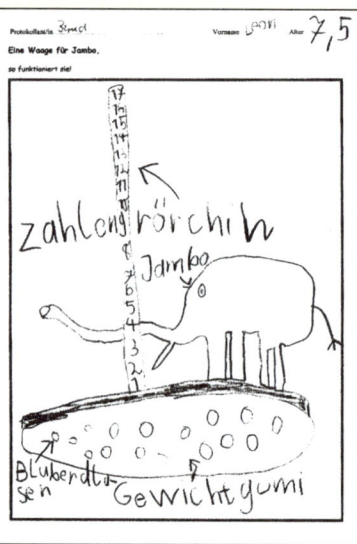

Abb. 6: Leons Elefantenwaage funktioniert auf der Basis eines wassergefüllten Gummis.

Erfinderfragen

Hast du schon mal überlegt,
wie unsere Verkehrsmittel der Zukunft aussehen könnten?
Wird es noch Autos, Busse, Züge und Flugzeuge geben?
Wenn ja, wie sehen sie aus? Was treibt sie an?

Wenn du eine Idee hast, dann zeichne sie
und schreibe deine Gedanken dazu.

Erfinderfragen

Wie werden wir in der Zukunft wohnen?
Wie werden die Häuser außen und innen aussehen?
Werden die Menschen noch selbst arbeiten müssen
oder tun dies vielleicht Maschinen und Roboter?

Wenn du eine Idee hast, dann zeichne sie
und schreibe deine Gedanken dazu.

ILLUSTRATIONEN: CLARA

Erfinderfragen

Im Alltag nutzen wir viele Maschinen,
aber bestimmt gibt es einige,
die noch gar nicht erfunden wurden,
vielleicht könnte dies eine davon sein?

- Brot-Schmier-Maschine
- Lügen-Entdeck-Maschine
- Kleine-Geschwister-Aufpassmaschine
- Putzmaschine
- oder …

Welche Maschine möchtest du erfinden?
Zeichne deine Idee auf
und schreibe deine Gedanken dazu.

Erfinderfragen

Hast du es morgens auch immer so eilig?
Aufstehen, waschen, Zähne putzen,
Kleider anziehen, frühstücken,
pünktlich zur Schule kommen.
Hier sollte mal jemand eine Maschine erfinde
die einem diese Arbeiten abnimmt.

Wenn du eine Idee hast, dann zeichne sie
und schreibe deine Gedanken dazu.

Kinder erfinden eine Gummibärchenwurfmaschine

Kreative Problemlösungen

VON MAJA JERETIN-KOPF UND WALTER KOSACK

Eine der Aufgaben der schulischen Bildung ist die Förderung der Kreativität. Der technischen Bildung kann man in dieser Hinsicht einen besonderen Stellenwert beimessen. Der methodisch-didaktische Rahmen des entdeckenden und forschenden Unterrichts bietet vielfältige Möglichkeiten für die Suche nach kreativen Lösungen für Probleme.

Kreativität kann sich in vielfacher Weise äußern. Als gestaltender und formender Einflussfaktor des menschlichen Denkens kann sie sich auf alle Bereiche des Schaffens auswirken. Die Entdeckung vielfältiger Möglichkeiten der Darstellung, Formung, Anwendung, Verarbeitung und Deutung sowohl der Prozesse als auch der Objekte und ihrer Eigenschaften beschert den Menschen eine geistige und kulturelle Umwelt, in der er einerseits eingebettet ist und die er selbst (mit-)gestaltet.

Es sind vielfach die technischen Aspekte des Lebens, die kreativer Lösungen bedürfen, weshalb sie sich gut als Ausgangspunkt für die Förderung und Entwicklung des problemlösenden Denkens eignen. In der fachdidaktischen Literatur findet man seit den 1970er Jahren einige Hinweise auf den Stellenwert der Kreativität (vgl. Kaul 1975; Hüttner 2005) innerhalb der technischen Bildung, wenn auch dieser Aspekt meist unter dem Stichwort des schöpferischen Denkens und Handelns (vgl. Schmayl 2004, S. 9) oder des Erfindens seine Bedeutung erlangt (vgl. Benjes 1975). Besonders intensiv mit der Kreativität im technischen Unterricht befasste sich Willi Kaul, der das selbstständige Entdecken von Problemen als einen Aspekt der Kreativität sieht. Er vertritt die Auffassung, dass das (kreative) Problemlösen folgender Fähigkeiten bedarf: Offenheit, bzw. Sensitivität für verschiedenartige Probleme, Flexibilität, die es erlaubt, Mittel für unterschiedliche Zwecke zu erschließen und

Foto: MAJA JERETIN-KOPF

Der Materialtisch regte die Kinder zum Bau der Wurfmaschinen an.

Aufgeschlossenheit bzw. Originalität, die es ermöglicht, neue Lösungen zu finden und Neues zu entdecken (vgl. Kaul 1975, S. 78, 79).

Das kreative, problemlösende Denken der Kinder beim Lösen technischer Probleme ist noch nicht hinreichend untersucht worden. Die Stiftung „Haus der Kleinen Forscher" hat in Kooperation mit der Pädagogischen Hochschule Karlsruhe ein Forschungsprojekt ins Leben gerufen, bei dem unter anderem die Kreativität der Kinder beim Lösen technischer Probleme untersucht werden soll.

Im Folgenden berichten wir über eine Unterrichtseinheit, die im Rahmen der Studie mit dritten und vierten Klassen durchgeführt wurde.

PROBLEM ALS AUSGANGSPUNKT

Durch eine kurze Geschichte (siehe M1–2) wurden die Kinder mit einem Problem konfrontiert: Zwei Kinder wollen sich Gummibärchen über eine hohe Mauer zuwerfen und dafür eine Gummibärchenwurfmaschine bauen. Die Schülerinnen und Schüler wurden am Ende der Geschichte aufgefordert, eine Maschine zu erfinden, die zur Problemlösung führen könnte. Die Kinder können die Geschichte mitlesen. Dabei gibt es zwei Versionen der Geschichte – eine ohne Illustrationen mit dem Platz für eine erste Skizze (siehe M2) und eine mit Illustrationen (siehe M1, S. 88). Die Illustrationen unterstützen leseschwächere Kinder beim Verständnis des Textes.

Im Rahmen der Studie galt die Aufmerksamkeit sowohl den von den Kindern erdachten Wirkmechanismen als auch den von ihnen erkannten Problemen und möglichen Problemlösungen.

MATERIAL ERKUNDEN

Bevor die Kinder mit der Planung beginnen konnten, war es wichtig, dass sie sich mit dem zur Verfügung stehenden Material vertraut machten. Dazu wurde in der Raummitte ein Materialtisch mit einer Auswahl an handelsüblichen Baumarktmaterialien vorbereitet. Dazu gehören Holz-, Metall- und Kunststoffleisten, Scharniere, Ketten, elastische und nicht-elastische Seile, Winkel, Kunststoffrohre, Metallfedern, Schrauben, Nägel, Verschlüsse, Nieten, Ösen und vieles mehr.

Die Gruppe bildete um den Materialtisch einen Kreis. Die Materialien wurden benannt und konnten angefasst werden. Über ihre Eigenschaften, wie Biegeverhalten, und Bearbeitungsmöglichkeiten, wie bspw. Sägen, wurde gesprochen. Das Kennenlernen von Materialien, das Anfassen und am Materialtisch verweilen dürfen, war ein wichtiger Schritt, dem gebührend Zeit zur Verfügung gestellt werden sollte.

ERSTE ENTWÜRFE ZEICHNEN

Während der Erkundung der Materialien sah man die Ideen der Kinder buchstäblich „aufblitzen". Ob sie schon wüssten, was sie bauen wollen, wurden sie gefragt. „Ja klar", meinte ein Junge, „ich habe schon das Bild im Kopf". Die Schülerinnen und Schüler wurden aufgefordert, die „Bilder, die sie im Kopf haben" zu zeichnen. Danach präsentierte jedes Kind kurz seinen Entwurf der Gruppe und erläuterte dabei den Funktionsmechanismus. Mitschüler konnten zu den Entwürfen Fragen stellen oder auch noch zusätzliche Ideen äußern. Die Entwürfe wurden weder von der Lehrkraft noch von den Schülern bewertet.

Bereits die Entwürfe der Kinder zeugen von einer kreativen Vielfalt an möglichen Wirkmechanismen (siehe Abb. 1). Die Bandbreite erstreckte sich von einfachen Schleudern bis zu Katapulten mit unterschiedlichen Wirkmechanismen. So entwarfen die Kinder beispielsweise Wurfmaschinen mit einer Gummiring-Spannvorrichtung oder ein Katapult mit einem Federschleuder-Mechanismus. Ein Mädchen konzipiert ein Pusterohr, ein Junge eine Kanone, deren Ladung durch eine Feder in Bewegung versetzt werden sollte.

Nach der Besprechung der möglichen Gummibärchenwurfmaschinen wurden die Kinder aufgefordert, selbst eine Gummibärchenwurfmaschine zu bauen. Dabei konnten sie bei ihrem Entwurf bleiben oder sich für einen anderen entscheiden.

PROBLEME BENENNEN – NACH LÖSUNGEN SUCHEN

Die erste Bauphase dauerte ca. 50 Minuten und wurde dann unterbrochen. Die Schüler sollten die Gelegenheit erhalten in Kleingruppen über die aufgetretenen Probleme zu sprechen und gemeinsam nach Lösungsmöglichkeiten zu suchen. Nach der zweiten Bauphase, die ebenfalls ca. 50 Minuten dauerte, fand erneut eine Gesprächsrunde statt, in der wieder über Probleme und Problemlösungen gesprochen werden konnte.

Die Frage, der im Rahmen des Forschungsprojektes nachgegangen wird, lautet: Welche Gegebenheiten nehmen die Schülerinnen und Schüler als technische Probleme wahr und welcher Problemlösestrategien bedienen sie sich, um die Probleme zu lösen.

In der ersten Bauphase bestanden aus der Sicht der Schülerinnen und Schüler Probleme beim Befestigen der Teile, Bearbeiten der Materialien und im Hinblick auf den Wirkmechanismus. Die Probleme konnten in der Regel durch alternative Materialien, alternative Befestigungen und durch Konstruktionsänderungen behoben werden. In der zweiten Bauphase wurden die meisten Probleme beim Befestigen der Bauteile geäußert. Aus der Sicht der Schüler ergaben sich keine Probleme hinsichtlich der Funktionalität und Stabilität der Objekte, auch bei der Arbeit mit Werkzeugen und Maschinen wurden keine Probleme genannt. Während in der ersten Bauphase die Hilfe der Betreuer beim Beheben der Probleme häufiger in Anspruch genommen wurde, reduzierte sich dieser Anteil in der zweiten Bauphase deutlich.

ABSCHLIESSENDE ANMERKUNGEN

Einundzwanzig Schülerinnen und Schüler konstruierten und fertigten Gummibärchenwurfmaschinen mit sieben verschiedenen Wirkmecha-

AUF EINEN BLICK

Klasse:	3 und 4
Zeit:	3-4 Unterrichtsstunden
Kompetenzen:	Eigenschaften der Materialien erkunden, die zur Lösung des Problems eingesetzt werden könnten, Ideen entwickeln und aufzeichnen, technische Modelle bauen, Funktionstüchtigkeit der Modelle prüfen, Probleme erkennen und nach ihrer Lösung suchen, kommunizieren
Inhalte:	Konstruktion und Bau eines funktionstüchtigen Modells einer Gummibärchenwurfmaschine
Voraussetzungen:	Umgang mit einfachen Werkzeugen wie Handsäge, Hammer und Schraubenschlüssel
Zusätzliches Material:	Holzleisten, Schrauben mit Muttern, Holzschrauben, Nägel, Gummiseile, Scharniere, Metallfedern, Kunststoffrohre, ...

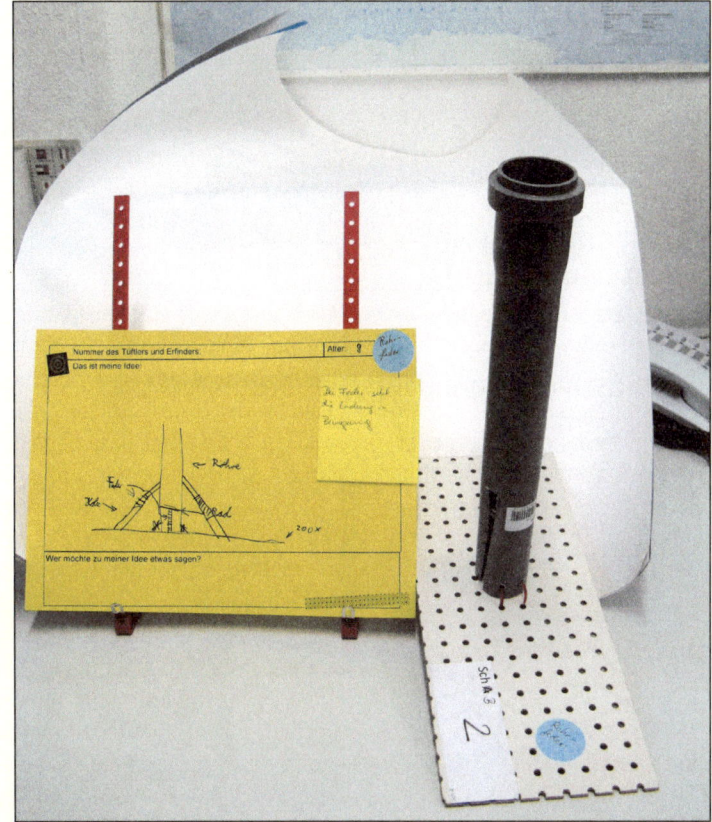

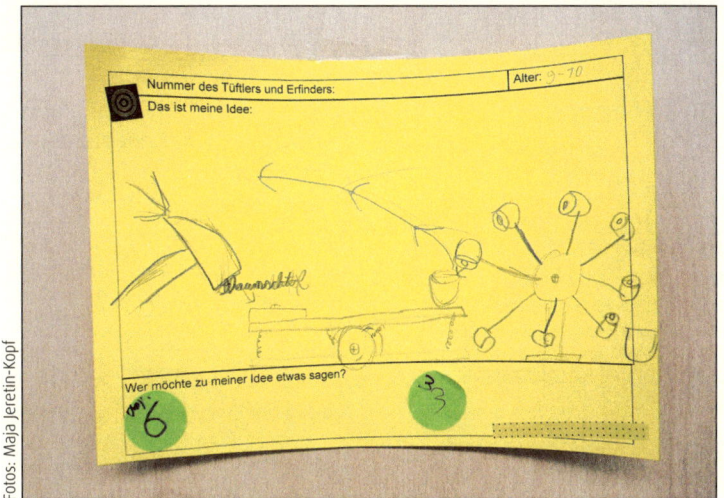

nismen. Diese Vielfalt zeugt von der technischen Kreativität der Kinder. Die zahlreichen Probleme, die während der Bauphase auftraten, wurden erfolgreich gelöst, oder eine erfolgversprechende Lösung wurde bereits angebahnt. Der Einsatz unterschiedlichster Materialien und deren Verwendung lässt darauf schließen, dass die Schülerinnen und Schüler im vierten Schuljahr über genügend Offenheit und Flexibilität verfügen, damit technische Problemstellungen kreativ gelöst werden können.   I

LITERATUR

Benjes, Helmut: Erfinden, Forschen, Konstruieren im Technikunterricht. Informationsverarbeitung in Unterrichtsbeispielen. Bad Heilbrunn 1975

Hüttner, Andreas: Beiträge zur Kreativitätsentwicklung im Technikunterricht. In: Zeitschrift für Technik im Unterricht, Heft 118/2005, S. 5–11

Kaul, Willi: Kreativität im Technischen Werkunterricht. Untersuchungen zum kreativ-konstruktiven Denken und Verhalten. Berlin 1975

Schmayl, Winfried: Vom Aufbau und von den Inhalten des Technikunterrichts. Teil II. In: Zeitschrift für Technik im Unterricht, Heft 111/2004, S. 7–15

Fotos: Maja Jeretin-Kopf

Abb. 1: Beispiele verschiedener Mechanismen, die die Kinder gefunden haben.

Annika erfindet eine Gummibärchenwurfmaschine

Annika und Felix sind Nachbarn.
Seit gestern.
Da ist nämlich Felix in das Haus nebenan eingezogen.
Mit seinen Eltern, einer kleinen Schwester, einem Hund
und zwei Meerschweinchen.
Annika ist neugierig.
Sie sitzt auf dem Klettergerüst in ihrem Garten
und während sie ein Gummibärchen nach dem anderen vernascht,
schaut sie über die Mauer auf das Nachbargrundstück.
Dort spielt Felix mit seinem Hund „Stöckchen werfen".
Unermüdlich.
„Hallo!", ruft Annika laut.
Felix und sein Hund bleiben stehen.
„Hallo!", ruft Felix und lacht. Sein Hund wedelt mit dem Schwanz.
So lernen sich Annika und Felix kennen.
„Magst du Gummibärchen?", fragt Annika
und winkt mit der Gummibärchentüte.
„Ja, schon", antwortet Felix, „aber die Mauer ist zu hoch.
Ich glaube nicht, dass wir da hochklettern können."
„Nein, Klettern geht nicht. Werfen klappt vielleicht", ruft Annika,
und schon steht sie unter der Mauer und versucht
ein Gummibärchen über die Mauer zu werfen.
„Es klappt nicht, aber warte! Ich habe eine Idee …
Ich baue eine Gummibärchenwurfmaschine. Dann klappt es bestimmt!",
ruft Annika und verschwindet hinter dem Haus.
Felix ist etwas ratlos. „Na ja," denkt er, „ob das klappt?"

ILLUSTRATIONEN: CLARA

Annika erfindet eine Gummibärchenwurfmaschine

Annika und Felix sind Nachbarn.
Seit gestern.
Da ist nämlich Felix in das Haus nebenan eingezogen.
Mit seinen Eltern, einer kleinen Schwester, einem Hund
und zwei Meerschweinchen.
Annika ist neugierig.
Sie sitzt auf dem Klettergerüst in ihrem Garten
und während sie ein Gummibärchen nach dem anderen vernascht,
schaut sie über die Mauer auf das Nachbargrundstück.
Dort spielt Felix mit seinem Hund „Stöckchen werfen".
Unermüdlich.
„Hallo!", ruft Annika laut.
Felix und sein Hund bleiben stehen.
„Hallo!", ruft Felix und lacht.
Sein Hund wedelt mit dem Schwanz.
So lernen sich Annika und Felix kennen.
„Magst du Gummibärchen?", fragt Annika
und winkt mit der Gummibärchentüte.
„Ja, schon", antwortet Felix, „aber die Mauer ist zu hoch.
Ich glaube nicht, dass wir da hochklettern können."
„Nein, Klettern geht nicht. Werfen klappt vielleicht", ruft Annika,
und schon steht sie unter der Mauer und versucht
ein Gummibärchen über die Mauer zu werfen.
„Es klappt nicht, aber warte! Ich habe eine Idee …
Ich baue eine Gummibärchenwurfmaschine. Dann klappt es bestimmt!",
ruft Annika und verschwindet hinter dem Haus.
Felix ist etwas ratlos. „Na ja," denkt er, „ob das klappt?"

Skizze:

Faszination Bionik

Natur als Erfinderin und Ideengeberin

Abb. 1:
Ein Kranich im Flug und ein Jet mit gebogenen Tragflächen (Winglets)

Fotos: 1 = iStockphoto. com/Anagramm
2 = Picture-Alliance GmbH/Mendorf, Wolfgang

Sigrid Belzer

Das Wort Bionik ist zusammengesetzt aus Biologie und Technik. Es beschreibt die Vorgehensweise, Tiere und Pflanzen als Ideengeber bei der Entwicklung von Erfindungen zu nutzen. So ist etwa der Klettverschluss nach dem Vorbild der Klette entstanden. Der interdisziplinäre Ansatz der Bionik fasziniert technikinteressierte und naturverbundene Schülerinnen und Schüler gleichermaßen. Das Thema ermöglicht eine bildhafte und handlungsorientierte Herangehensweise.

DAS ENTDECKEN BIONISCHER PRODUKTE im Alltag, wie schmutzabweisende Oberflächen, gewölbte Flugzeugflügel und wiederverwendbare Klebebänder, Experimente zu den physikalischen und chemischen Grundlagen sowie Naturbeobachtungen und Ideen für eigene Erfindungen bieten zahlreiche Möglichkeiten für eine abwechslungsreiche Unterrichtsgestaltung.

Ähnlichkeiten zwischen Natur und Technik

Natur und Technik scheinen auf den ersten Blick nicht viel gemeinsam zu haben. Jedoch unterliegen beide den gleichen physikalischen Gesetzen und es gibt daher häufig Ähnlichkeiten in Form und Funktion. Schwimmflosse und Entenfuß haben eine ähnliche Funktion; sie sind hervorragend dafür geeignet, eine große Menge Wasser zu verdrängen, um schneller schwimmen zu können. Beide haben zu diesem Zweck eine große Fläche, die sich nach außen hin verbreitert. Der Schnabel von Vögeln ähnelt, je nach Nahrungsart und Fressmethode, oft Zangen oder Pinzetten. Maulwurfshände sehen aus wie verkleinerte Baggerschaufeln und die Form eines Hubschraubers ähnelt einer Libelle.

Solche Ähnlichkeiten finden wir häufig. Oft werden entsprechende Abbildungen gegenübergestellt und als Bionik bezeichnet. Jedoch ist hier klar zu sagen, dass es sich in den meisten Fällen nur um sogenannte Analogien handelt: Der Bagger wurde durchaus nicht nur deshalb erfunden, weil es Maulwürfe gibt, und die Bügelschere verdankt ihre Entwicklung Fortschritten in der Metallerzeugung und -bearbeitung und ist nicht der Versuch, eine Krebsschere nachzuahmen. Im Unterricht sollten nur die Beispiele als Bionik bezeichnet werden, die nachweislich die Natur als Vorbild hatten.

Bionische Arbeitsweise

Die Analogiensuche ist jedoch einer der ersten Schritte bei der bionischen Arbeitsweise. Es gibt grundsätzlich zwei Herangehensweisen:

▶ Eine bestimmte Eigenschaft eines Tieres oder einer Pflanze inspiriert die Erfinderin oder den Erfinder zu einer neuartigen Entwicklung, z. B. das Haftvermögen von Kletten. Dabei muss eine gedankliche Assoziation zwischen der entdeckten Eigenschaft und einer möglichen technischen Anwendung stattgefunden haben.

▶ Ein technischer Gegenstand wird verbessert, indem die Entwicklerinnen und Entwickler gezielt in der Natur nach Vorbildern suchen, z. B. die Schwingen von Vögeln (siehe Abb. 1). Dafür wird die zu verbessernde Funktion des Gegenstandes exakt formuliert und die Tier- und Pflanzenwelt nach ähnlichen Funktionen durchforstet.

In beiden Fällen werden die Funktionen genau analysiert und die Übertragungsmöglichkeiten des Prinzips in die Technik geprüft. Dafür ist eine Zusammenarbeit zwischen Naturwissenschaftlern und Ingenieuren unabdingbar. Hier steckt eine der großen Herausforderungen der Bionik, die aber gleichzeitig auch eine Chance bietet, denn die Fachleute müssen bei der Zusammenarbeit ihr Wissen und ihre Ideen in einer Sprache ausdrücken, die alle Beteiligten verstehen. Ein reduziertes Fachvokabular und die oft bildhafte Darstellung machen es einfacher, ihre Denkansätze nachzuvollziehen.

Das Thema im Unterricht

Eine Möglichkeit, das Thema im Unterricht einzuführen, ist das spielerische Finden von Ähnlichkeiten zwischen Natur und Technik. Dies kann am einfachsten über Abbildungen erfolgen (siehe M1). Zuordnungsspiele sind ebenfalls möglich (siehe M3 – M4). Dazu sollten die Vorlagen auf stärkeres Papier gedruckt bzw. kopiert und anschließend laminiert werden. Gespielt wird nach den Memory-Regeln oder als Kreisspiel: Die Kinder stellen sich im Kreis auf, alle erhalten verdeckt eine Karte. Die Bilder darauf bilden Analogienpaare. Auf Kommando drehen alle Kinder ihre Karte um und versuchen, den passenden Partner zu finden. Die Paare, die sich gefunden haben, stellen sich nebeneinander zurück in den Kreis. Anschließend erklären die Kinder, welche Bilder sie haben und warum sie denken, dass ein Paar zusammengehört. Die Antworten können mithilfe der Textkarten geprüft werden.

Auch Gegenstände, wie mitgebrachte Plüschtiere, einfache Werkzeuge und Modelle aus der Schulsammlung können genutzt werden, um ähnliche Formen und Funktionen zu entdecken. Eine weitere Möglichkeit, in die Bionik einzuführen, besteht darin, bekannte Phänomene und Erfindungen aufzugreifen, wie z. B. den Klettverschluss.

AUF EINEN BLICK

Zeit	1 Doppelstunde für das Thema „Analogien" und das Zuordnungsspiel; mindestens 1 weitere Doppelstunde ist einzuplanen, wenn die Versuche zum Klettverschluss und zum Lotuseffekt durchgeführt werden sollen.
Kompetenzen	Ich kann … ▶ das Wort Bionik erklären. ▶ Ähnlichkeiten zwischen Natur und Technik erkennen und zuordnen. ▶ zwei Herangehensweisen der Bionik beschreiben. ▶ beschreiben, wie der Klettverschluss erfunden wurde. ▶ erklären, warum Kletten im Fell von Tieren haften und wie der Klettverschluss funktioniert. ▶ „Flugsamen" aus Papier bauen und deren Flugverhalten erforschen. ▶ das Verhalten von Wassertropfen auf verschiedenen Oberflächen vergleichen und die Besonderheit des Lotusblattes erkennen.
Inhalte	Erkennen von Analogien, Verfahrensweisen der Bionik, Funktionsweise des Klettverschlusses sowie Versuche zum Lotuseffekt
Voraussetzungen	keine
Material	**Versuche zum Klettverschluss** ▶ Klettverschlussbänder, Holzbrett, Tacker, Bindfaden und Gewichte **Zuordnungsspiel** ▶ evtl. Karton oder dickeres Papier sowie Laminiergerät und -folie **Versuche zum Lotuseffekt** ▶ Dinge mit verschiedenen Oberflächen (Kunststoffdeckel, Glasplatte, Holzbrett …) ▶ verschiedene Pflanzenblätter (z. B. Lotusblume, Wicke, Kohl, Tulpe, Weihnachtsstern, Kapuzinerkresse …, aber auch solche, die den Lotuseffekt nicht aufweisen) ▶ Schmutz (Buntstift- oder Kreidestaub) ▶ Wasserbecher ▶ Experimentierschale als Unterlage, Pipette, Lupe ▶ Küchenpapier

Wiederverwendbare Haftverbindungen

Der Klettverschluss ist vor allem bei jüngeren Kindern sehr beliebt und allgegenwärtig. Die Geschichte seiner Erfindung ist erfahrungsgemäß einigen Kindern der dritten und vierten Klasse bekannt und sehr anschaulich: Der Erfinder und Ingenieur George de Mestral lebte in der Schweiz und war ein begeisterter Hobby-

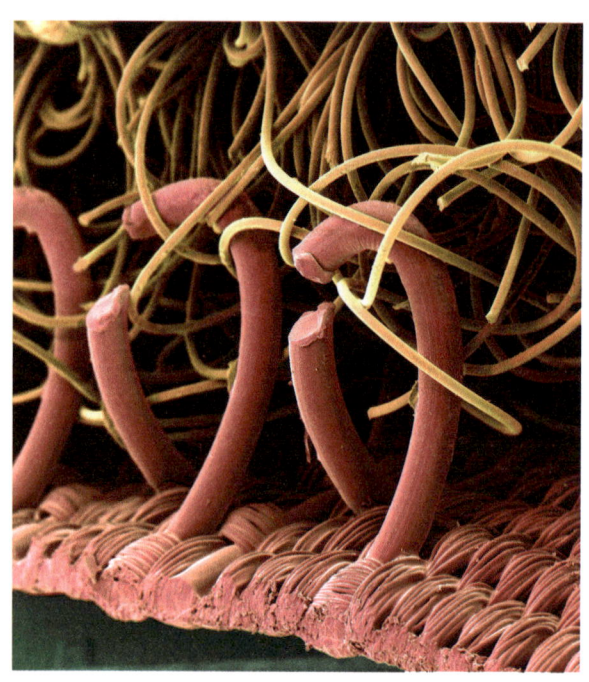

Foto: mauritius images GmbH / phototake

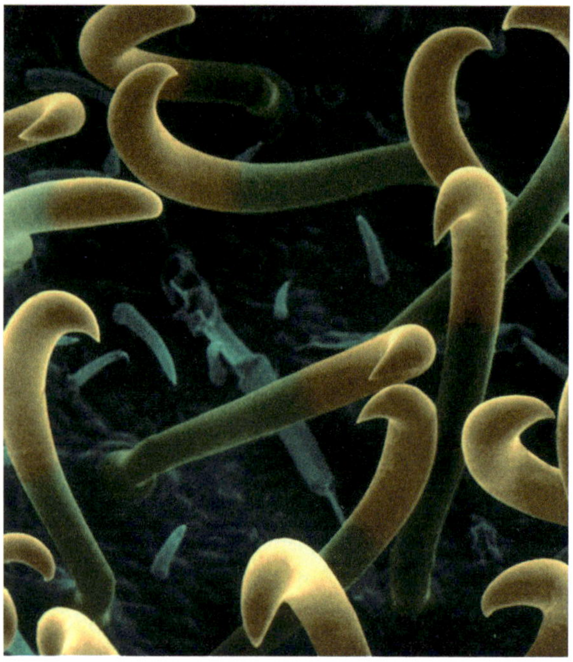

Foto: Focus Photo- u. Presseagentur GmbH/eye of science

Abb. 2: Die Haken einer Klette, Elektronenmikroskopaufnahme

Abb. 3: Makro-Aufnahme eines Klettverschlusses

jäger. Er streifte gern mit seinem Hund durch Wald und Felder, und häufig kam es vor, dass sich dabei Klettfrüchte im Hundefell verhakten. Diese konnten oft nur mit Mühe entfernt werden, und so kam der findige Schweizer auf die Idee, den Mechanismus der widerspenstigen Haftverbindung genauer zu untersuchen. Die Samen der Klette liegen in stacheligen Kugeln, an deren äußeren Enden sich biegsame Widerhaken befinden. Diese verhaken sich nicht nur im flauschigen Fell von Tieren, sondern auch auf vielen weichen Textilien und Fasern (siehe Abb. 2). Durch die Biegsamkeit der Widerhaken gehen diese beim Entfernen nicht kaputt, sondern können sich immer wieder mit den Fasern verbinden.

Diese Beobachtung war die Grundlage für die Erfindung des Klettverschlusses, denn George de Mestral übertrug das Prinzip auf technische Materialien (siehe Abb. 3). Heute nutzen wir täglich die Verbindung aus Haken (raue Seite des Klettverschlusses) und Flausch (weiche Seite). Das Patent erhielt 1941 die Firma Velcro (abgeleitet von Velours = Schlaufe und Crochet = Haken), auf deren Internetseite die Geschichte von George de Mestral ebenfalls nachzulesen ist.

Der Klettverschluss ist ein sehr gutes Beispiel für die Bionik, denn hier wird deutlich, dass Bioniker nicht das natürliche Vorbild selbst in ihre Erfindungen einbauen, sondern nur das Prinzip übertragen: Wir haben weder Klettfrüchte noch Hundefell an unseren Klettverschlüssen, wohl aber Haken und Schlaufen aus technischen Materialien, wie Nylon oder anderen Kunststoffen.

Inzwischen gibt es weitere bionische Haftverbindungen, wie den besonders starken Klettverschluss nach Vorbild eines Haftmechanismus im Genick von Libellen oder das Gecko-Klebeband, das ebenfalls ohne Klebstoff haftet und immer wieder verwendbar ist.

Der Klettverschluss eignet sich sehr gut als Thema für die Grundschule. Neben der einprägsamen Geschichte, die auch haptisch nachvollzogen werden kann (rau, flauschig), sind mit einfachen Mitteln Experimente zur Haltekraft der Haftverbindung möglich. Klettverschlussbänder gibt es in verschiedenen Ausführungen (z. B. mit Haken oder Pilzköpfen) für wenig Geld im Baumarkt. Für die Experimente kann eines der Bänder mit Tackernadeln gut an einem Holzbrett befestigt werden. Es ist wirklich erstaunlich, wie viel Gewicht ein zwei Quadratzentimeter großes Stück des gegenseitigen Bandes halten kann, bevor sich die Verbindung löst!

Ausgehend vom Klettverschluss bietet es sich an, zu den verschiedenen Mechanismen der Pflanzenausbreitung überzuleiten. Neben der Beschreibung und dem Vergleich der unterschiedlichen Strategien und Formen können die Kinder mit wenig Aufwand kleine Modelle bauen und mit Größe, Form und Wurftechnik experimentieren (siehe M2).

Selbstreinigende Oberflächen

Die asiatische Lotuspflanze wächst in schlammigen Gewässern und gilt trotzdem als Symbol der Reinheit. Die Oberfläche der grünen Pflanzenblätter hat die besondere Eigenschaft, nicht nass zu werden. Darauf befindlicher Schmutz wird zudem durch Wasser sehr leicht abgewaschen. Diese Eigenschaften beruhen auf der speziellen Struktur der Oberfläche. Sie weist eine feine Rauigkeit auf, die nur unter dem Rasterelektronenmikroskop sichtbar wird: Kleine Erhebungen verringern die Kontaktfläche für Wasser und Schmutz. Zusätzlich sind die Blätter mit winzigen Wachskristallen übersät, die eine Wasser abweisende Wirkung haben. Ein Wassertropfen zieht sich durch seine Oberflächenspannung zu einer Kugel zusammen und perlt ab (siehe Abb. 4 und 5). Dabei kommt er mit der Oberfläche des Blattes kaum in Berührung. Auch andere Pflanzen weisen solche selbstreinigenden Eigenschaften auf und eignen sich für anschauliche Experimente. Je nach Jahreszeit können Tulpe, Kapuzinerkresse oder Weihnachtsstern verwendet werden. Von der Jahreszeit unabhängig und leicht zu besorgen sind Kohlblätter.

Die Kinder vergleichen im Experiment die Tropfenform, das Ablaufverhalten von Wasser und das Verhalten von Wasser zu Schmutz auf verschiedenen technischen und natürlichen Oberflächen (siehe M5). Es empfiehlt sich, zunächst die technischen Oberflächen, wie Plastikfolie, Objektträger aus Glas oder den Schultisch zu untersuchen. Umso verblüffender ist der Effekt bei den besonderen Pflanzenblättern, von denen die Tropfen blitzschnell abperlen und nur mit etwas Geschick genauer zu beobachten sind. Es sollten auch solche Pflanzen einbezogen werden, die den Effekt nicht aufweisen, um den Eindruck zu vermeiden, alle Pflanzen verfügten über selbstreinigende Eigenschaften. Das Experiment ist sehr faszinierend und bleibt nachhaltig in Erinnerung.

Als technische Produkte können Proben der Lotusan-Fassadenfarbe von der Firma Sto getestet werden, diese sind auf Anfrage dort erhältlich. Markisenstoffe, deren Herstellungsverfahren ebenfalls von den Pflanzenoberflächen inspiriert sind, können bei Bionik-Sigma bestellt werden. Zu beachten ist dabei, dass die Oberflächen möglichst nicht direkt angefasst werden sollten, da die Strukturen empfindlich gegenüber Berührung sind.

Kreativität und Innovation

Eine beliebte Aufgabe ist, die Kinder eigene Erfindungen nach Vorbild der Natur entwickeln zu lassen. Hierzu können Plakate und Modelle entwickelt werden, die die Kinder präsentieren. Sie sind oft sehr kreativ darin, Teile von Tieren und Pflanzen in ihre Erfindungen zu integrieren. Dies entspricht nicht dem eigentlichen Wesen der Bionik, die immer eine Übertragung eines Funktionsprinzips zur Grundlage hat. Es fällt den Kindern in der Grundschule jedoch schwer, die Abstraktion und Übertragung der biologischen Vorbilder in technische Produkte nachzuvollziehen, da ihnen die naturwissenschaftlichen Grundlagen fehlen. Sie brauchen daher Unterstützung bei der Entwicklung der Ideen und viele Beispiele, an denen sie sich orientieren können.

Die Beschäftigung mit dem Thema „Bionik" öffnet den Kindern den Blick für die Möglichkeiten, die die Natur für Erfinderinnen und Erfinder bereithält, und schafft Begeisterung für Naturwissenschaft und innovative Technik. Die Zukunft liegt in der Entwicklung naturverträglicher Produkte und Verfahren und die Bionik zeigt uns auf, dass Natur und Technik kein Widerspruch sein müssen, sondern Gemeinsamkeiten haben, die wir sinnvoll nutzen können. ■

LITERATUR

Belzer, Sigrid: Die genialsten Erfindungen der Natur. Bionik für Kinder. Fischer Schatzinsel. Frankfurt a. M. ³2011

INTERNET

www.biokon.de Informations-, Aus- und Weiterbildungsplattform, die die Aktivitäten wichtiger Bionik-Arbeitsgruppen und Expertenwissen bündelt und vernetzt.
www.technologieland-hessen.de/bionik Das Netzwerk Bionik-Hessen bildet den Rahmen für Bionik-Projekte und verknüpft Unternehmen und Institutionen.
www.bionik-online.de Einführung in die Welt der Bionik, u. a. mit Vorschlägen für Experimente.
www.bionik-sigma.de Internet-Auftritt der Firma Bionik-Sigma, u. a. mit Bildungs- und Beratungsangeboten für Schulen, Bildungseinrichtungen und Unternehmen.
www.bionik-vitrine.de Von der Problemstellung über das Lösungsprinzip in der Natur und dem technischen Transfer bis hin zum Produkt: Die Bionik-Vitrine zeigt Beispiele angewandter bionischer Projekte.

DIE AUTORIN

Sigrid Belzer ist Bionikexpertin und -autorin. Sie bietet Lesungen, Workshops und Fortbildungen in Schulen an und entwickelt Bionikprojekte mit Unternehmen und Forschungseinrichtungen.

Foto: Simper, Manfred

Abb. 4: Das Blatt einer Kapuzinerkresse wird mit Wasser betropft, um den Lotuseffekt zu zeigen.

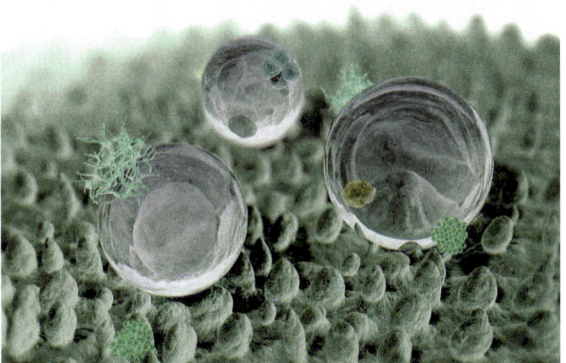

Foto: PantherMedia GmbH (panthermedia.net)/William Thielicke

Abb. 5: Diese Computergrafik zeigt die Oberfläche eines Lotusblatts mit Wassertropfen und Verschmutzungen.

Ähnlichkeiten zwischen Natur und Technik

Finde Ähnlichkeiten zwischen Natur und Technik
und verbinde die passenden Bilder.

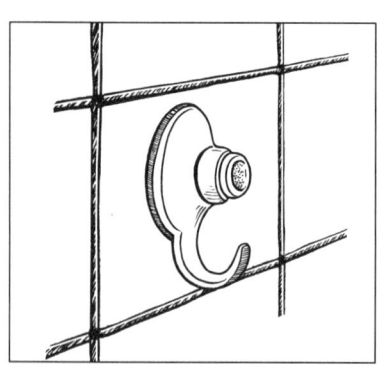

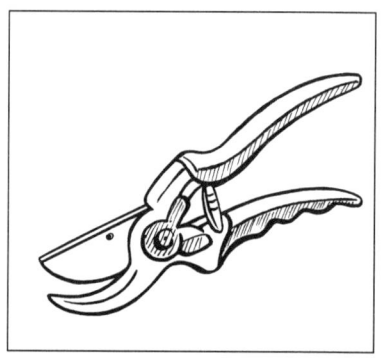

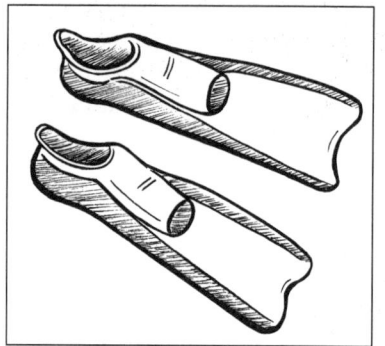

ILLUSTRATIONEN: REBECCA MEYER

Ein Fluggerät basteln

So bastelst du ein Fluggerät,
das wie eine Ahorn- oder Lindenfrucht fliegt:

▶   Schneide die Bastelvorlagen aus.

▶   Die durchgezogenen Linien werden
     eingeschnitten.

▶   Die gepunkteten Linien musst du falten:
     Teil A und B faltest du nach hinten,
     dann klappst du Teil C nach oben.

▶   Richte die beiden Flügel wie ein Y aus.

Mache einige Flugversuche.
Experimentiere mit verschiedenen Flügelstellungen:

▶   Was geschieht, wenn du die Propeller
     weiter nach oben oder nach unten biegst?

▶   Sinken große Modelle schneller zu Boden
     als kleine?

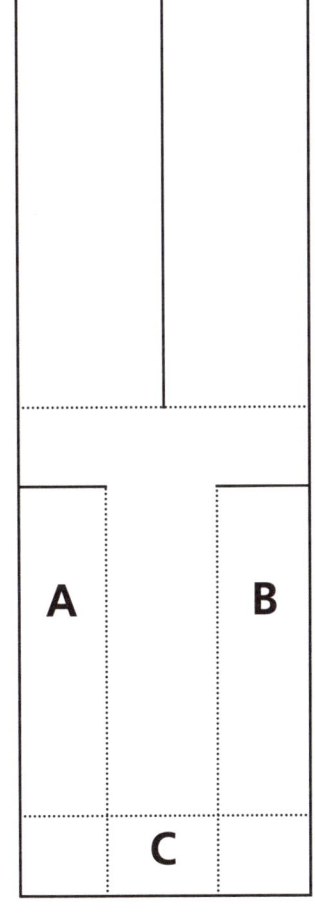

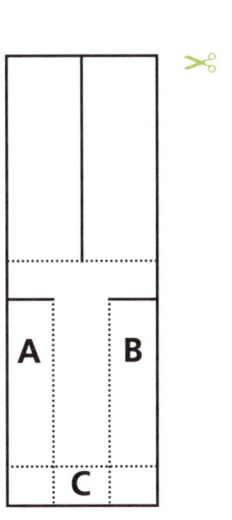

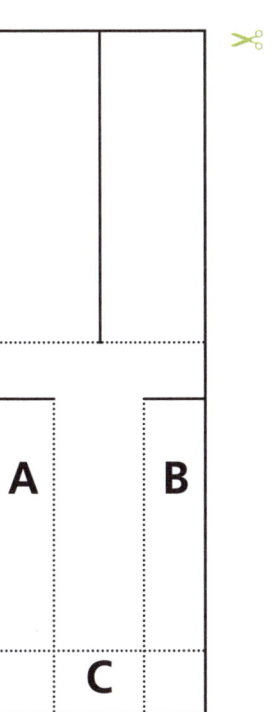

Was gehört zusammen?

Entenfüße

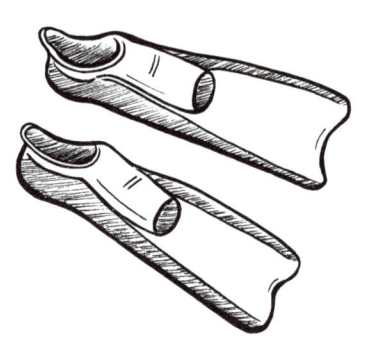

Schwimmflossen

Entenfüße und Schwimmflossen

Beide vergrößern die Fläche der Füße. Damit sorgen sie im Wasser für einen besseren Antrieb, und man kann mit ihnen schneller schwimmen.

Maulwurfhände

Baggerschaufel

Maulwurfhände und Baggerschaufel

Beide können graben und haben die Form einer Schaufel.
Um die Erde besser lockern zu können, haben sie kräftige Krallen bzw. Zähne.

Früchte vom Löwenzahn

Fallschirm

Früchte vom Löwenzahn und Fallschirm

Die Früchte haben einen haarigen Flugschirm.
Damit werden sie von der Luft getragen. Genauso wie der Fallschirm, der den Fall eines Springers bremsen soll.

Fledermaus

Radargerät

Fledermaus und Radargerät

Beide erzeugen mit Wellen ein Bild der Umgebung.
Die Fledermaus stößt Ultraschallwellen aus, um sich in der Umgebung zu orientieren.
Ein Radargerät kann mit Funkwellen Flugzeuge oder Schiffe orten.

Was gehört zusammen?

Libelle

Hubschrauber

Libelle und Hubschrauber
Die Formen ähneln sich.
Beide haben Flügel bzw.
Rotorblätter, mit denen sie
in der Luft stehen bleiben
können.

Delfin

Schiffsbug

Delfin und Schiffsbug
Bei beiden ist der Körper
vorne so geformt, dass er
im Wasser wenig Widerstand
bietet. So brauchen Schiffe
und Delfine nicht so viel
Energie, wenn sie durch
das Wasser gleiten.

Tintenfisch

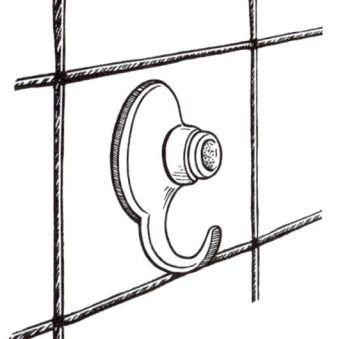

Saugnapf

Tintenfisch und Saugnapf
Saugnäpfe halten auch an
glatten Flächen.
Tintenfische können damit
auch Beute festhalten.

Krebsscheren

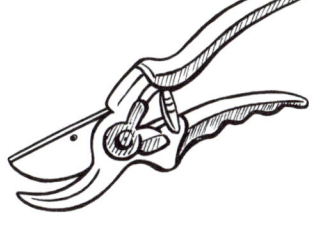

Schere

Krebsscheren und Schere
Mit Scheren kann man
nicht nur Papier schneiden.
Kräftige Gartenscheren
schneiden auch Äste,
und Krebse können damit
sogar Muscheln knacken.

ILLUSTRATIONEN: REBECCA MEYER

Wasser und Schmutz auf verschiedenen Oberflächen

Du brauchst:

- ▶ Dinge mit verschiedenen Oberflächen
  (Kunststoffdeckel, Glasplatte, Holzbrett …)
- ▶ verschiedene Pflanzenblätter (zum Beispiel
  Wicke, Kohl, Tulpe, Weihnachtsstern,
  Kapuzinerkresse …)
- ▶ Schmutz (Buntstift- oder Kreidestaub)
- ▶ Wasserbecher
- ▶ Experimentierschale als Unterlage, Pipette, Lupe
- ▶ Küchenpapier

Arbeitsauftrag:

Was geschieht, wenn du mit der Pipette
Wassertropfen auf die verschiedenen Oberflächen tropfst?

Welche Form haben die Tropfen?
Wie fließen sie ab?
Was geschieht, wenn die Oberflächen verschmutzt sind?

Lege eine Tabelle nach diesem Muster an:

Untersuchte Oberfläche	Welche Form hat der Tropfen auf der Oberfläche?	Wie gut fließt das Wasser ab?	Wie gut geht der Schmutz ab?
Glas			
Kunststoff			
Blatt von einem Weißkohl			
…			

- ▶ **Tropfenform**
  Tropfe mit der Pipette Wasser
  auf die Oberflächen und Pflanzenblätter.
  Wie sehen die Tropfen aus? Eher flach oder kugelig?

- ▶ **Abfließen**
  Halte die Oberfläche schräg und beobachte,
  wie der Wassertropfen herunterläuft.
  Bleibt die Oberfläche nass, oder perlen die Tropfen ganz ab?

- ▶ **Schmutz**
  Streue ein wenig Schmutz auf die Oberflächen.
  Versuche den Schmutz mit den Wassertropfen abzuwaschen.
  Wie gut klappt das bei den verschiedenen Oberflächen?

Vier Wochen rund ums Rad

Cordula Rößler

Im Rahmen von Projekten eignen sich Kinder selbstständig vernetztes und realitätsbezogenes Wissen an, das sie später auf andere Zusammenhänge übertragen können.

Durch fächerverbindenden Unterricht werden Komplexität und Vernetztheit von Situationen, Vorgängen, Begebenheiten deutlich. Er ist (neben dem systematischen curricularen Lehrgang) ein wesentlicher Teil des gesamten Unterrichtsgeschehens und weist folgende Vorteile auf:

- Unterrichtsinhalte der einzelnen Fächer werden reduziert
- Überschneidungen und Doppelungen werden vermieden.
- Vernetzungspunkte der einzelnen Fächer werden für das Kind erkennbar.
- Eingesparte Zeit kann zum Üben und Vertiefen verwendet werden.

Der Heimat- und Sachunterricht in der Grundschule bietet sich als Leitfach für fächerverbindendes Arbeiten an. Er spiegelt die kindliche Lebenswirklichkeit wider. Erst indem das sachkundliche Thema integrativ, d. h. fächerverbindend behandelt wird, entdeckt und erschließt das Kind Zusammenhänge. Die verschiedenen Lernbereiche der anderen Fächer werden zur Erhellung des Lerngegenstandes herangezogen und auf das Ziel ausgerichtet.

Um Kinder zum offenen Arbeiten hinzuführen, werden ihnen anfangs Angebote unterbreitet. Ein Teil der Aufgaben ist Pflicht für alle (Fundamentum). Nach deren Erledigung dürfen sich die Kinder aus einem Angebot im Rahmen des Tages-/Wochenplanes oder der Freiarbeit eine Aufgabe auswählen, die sie nach ihren Vorstellungen bearbeiten (Additivum). Kinder lernen dabei schnell, sich und ihre Fähigkeiten einzuschätzen. In wechselnden Beziehungen finden sie sich zusammen, da ihre Interessen zunehmend sach- und nicht mehr personenbezogen sind.

Ein Thema, das sie interessiert, findet die Klasse gemeinsam und begibt sich in einen Arbeitsprozess, dessen Ergebnis offen ist. Gerade im Projekt hat das Kind die Möglichkeit, fächerverbindend an Themen aus seiner Lebenswirklichkeit zu arbeiten.

Viele Arbeitsbereiche des Lehrplanes lassen sich projektartig bearbeiten: Das Gesamtthema wird den Schülern vorgestellt, sie bringen dazu ihre Vorkenntnisse und Interessen ein. Das Thema fächert sich auf, die Kinder spezialisieren sich und überlegen sich selbst ihre Vorgehens- und Arbeitsweise und die Art der Dokumentation.

Die Arbeitsmittel, die die Schülerinnen und Schüler selbst beschaffen, beeinflussen bereits in der Planung den Lernprozess. Es ist erstaunlich, mit welchem Einfallsreichtum und welcher Kreativität die Kinder zu Werke gehen. Sie arbeiten systematischer und zielgerichteter, wenn sie mit eigenem Material arbeiten. Um sich Informationen zu beschaffen, wird vielen Kindern der Gang zur Bibliothek selbstverständlich. Die Lehrkraft, die den Arbeits- und Lernprozess beobachtet und mitgestaltet, steht hilfreich zur Seite mit Tipps und ergänzenden Materialien. Das Projekt ist ein Konzept, das für einen Teil der Unterrichtszeit den üblichen Fachunterricht aufhebt (z. B. Projekttag, -woche).

Kinder bauen ein Fahrzeug

Auf die Frage „Wer hat das Rad erfunden?" stellten die Schülerinnen und Schüler in der ersten Woche des Projektes (zur Übersicht siehe S. 100) Vermutungen an und brachten ihr Vorwissen ein. Eine Geschichte (Die Dorfbewohner vor 6000 Jahren wollten sich vor wilden Tieren schützen und aus Steinen einen Wall errichten) versetzte die Kinder zeitlich zurück und stimmte sie auf die Problematik ein. Ein schwerer Tisch, der einen Stein darstellte, sollte von den Schülern bewegt werden. Sie drückten, schoben, zogen und wendeten große Kraft auf, um den Tisch lediglich ein Stück weit zu bewegen. Als sie sich im Zimmer nach Hilfsmitteln umschauten, entdeckten sie auf dem Schrank stabile Papprollen. Mit ihnen gelang es ihnen, den „Stein" zu bewegen und auch die Richtung, in die er rollen sollte, zu bestimmen.

Geschichten und Bilder aus Sachbüchern informierten die Kinder, wie der Mensch vermutlich das Rad entdeckte, dessen Vorteile nutzte und seine Entwicklung verbesserte (vom Scheiben- zum Speichenrad). In diesem Zusammenhang lernten die Schüler wichtige Fachbegriffe kennen, die für den weiteren Umgang mit dem Thema relevant wurden; z. B. Achskörper, Achse, Achsenrohr, Rad, Reifen, Felge, Speichen, Narbe.

Im Mittelpunkt des Projektes stand das Bauen und Erproben von Spielfahrzeugen (siehe S. 101). Dabei lernten die Kinder, sachgerecht mit Werkzeugen, Mess- und Zeichengeräten und dem Baumaterial umzugehen. Bauanleitungen, Werkzeichnungen und Beschreibungen hielten den Arbeitsprozess fest.

Für den geplanten Bau eines eigenen Fahrzeuges brachten die Kinder von zu Hause Material mit: Schachteln in allen Größen und Formen, Dosen, Küchenrollen, Filmdosen, Korken, Röhrchen, Spieße u. a. Diese „Körper" wurden auf ihre geometrischen Eigenschaften hin überprüft und als geometrische Körper benannt. Geschichten aus dem Lesebuch und aus Sachbüchern regten die Schüler zum Lesen und Verfassen eigener Texte an. Gedichte motivierten zum kreativen Umgang, und Plakate konnten nach eigenen Ideen gestaltet werden. Im Sportunterricht „erfuhren" die Kinder ihr motorisches Geschick mit Räderfahrzeugen und Rädern: Sie übten ihre Geschicklichkeit auf Pedalos und rollten Ringe, Reifen und Frisbeescheiben.

Für die Konstruktion und den Bau der Modelle in der zweiten Woche nahmen wir uns einen Schultag Zeit. Folgende Bedingungen sollten eingehalten werden:
- Sie sollten von den Schülern selbstständig und eigentätig hergestellt werden.
- Sie durften nichts kosten.
- Sie mussten über gute Fahreigenschaften verfügen.

Die „Karosserie" bestand aus rechteckigen und quadratischen Schachteln; die Räder wurden aus zwei Deckeln von Filmdosen zusammengesetzt. Durch das gebohrte Loch in der Radmitte wurde ein Schaschlikspieß als Achse gesteckt. Die Achse drehte sich frei in einem Trinkröhrchen, das als Achsenrohr diente. Die Kunstlehrerin half den Kindern beim Grundieren und Bemalen mit Wasserfarben und Wachsstiften. Durchsichtige Plastikteile setzten sie als Frontscheibe ein, Knöpfe dienten als Scheinwerfer. Ein Junge installierte in seinem Lastwagen sogar eine elektrische Beleuchtung, die durch eine Batterie angetrieben wurde. Der Fantasie und Gestaltungsfreude waren keine Grenzen gesetzt. Einzige Bedingung war, dass das Fahrzeug fahrtüchtig war.

In der dritten Woche sollten die Laufeigenschaften der gebauten Fahrzeuge geprüft und gemessen werden. Anfangs stand das Experimentieren und Beobachten im Vordergrund. Die technische Reife wurde ermittelt, indem die Kinder ihr Fahrzeug verschiedenen Tests unterzogen:

- Weitfahren durch Anschubsen
- Weitfahren von der Ablauframpe
- Fahrt mit und ohne Last
- Zielfahrten/Fahrt ins Tor
- Fahrt mit Anhänger

Die Ergebnisse wurden auf einem Beobachtungsbogen (siehe S. 102) festgehalten.

Nachdem Reparaturen, Veränderungen an den Achsen und Rädern vorgenommen worden waren, wollten wir die Fahreigenschaften genau bestimmen: „Wir messen Strecken". Zu den Fahreigenschaften der Fahrzeuge kam jetzt auch noch die Geschicklichkeit des „Fahrzeughalters". Bei gleichem Fahrzeug wurden unterschiedliche Weiten erzielt. Die Bodenbeschaffenheit und der zur Verfügung stehende Raum nahm ebenfalls Einfluss auf die zurückgelegte Strecke. Aus den zahlreichen Versuchen unter unterschiedlichen Bedingungen ergaben sich zwangsläufig Vergleiche. Es wurde gemessen, in verschiedene Maßeinheiten umgewandelt und die Unterschiede berechnet.

Um auch die Erlebnisseite zum Tragen kommen zu lassen, las ich den Kindern *Janoschs* Geschichte vom Regenauto vor. Anschließend schauten wir uns den Zeichentrickfilm dazu an. Diese Geschichte regte die Kinder an, fantasievolle Erlebnisse zu schildern, in denen das selbst gebaute Auto im Mittelpunkt der Erzählung stand. Zu Gedichten überlegten sich die Schüler verschiedene Darstellungsarten in Schrift und Bild und übten den Vortrag. Eine schriftliche Bauanleitung, die nochmals eine sprachliche Auseinandersetzung mit der Sache ermöglichte, dokumentierte die Planung vom Bau des Fahrzeuges und deren Umsetzung in die Praxis.

Die vierte Woche diente der Vertiefung des bisher erworbenen Wissens und der Vorbereitung einer Ausstellung. Fragen, Rätsel und Wörtertraining festigten die Erkenntnisse. Für die Ausstellung trugen die Kinder Sachbücher, Bilder, Plakate, Fotos, Texte und natürlich die selbst gebauten Fahrzeuge zusammen. ●

Literatur

Aust, Siegfried: Kommt ein Auto gefahren. Wien 1990

Browne, Gerald: Komm, steig ein! Wien 1993

Claussen, Claus: Kinder entdecken Technik – Kinder erfinden Technik. In: Grundschule, Heft 9/1994, S. 8

Faulstich, Peter: Kinder zeichnen Technik. In: Grundschule, Heft 4/1992, S. 47–49

Halle, Werner und *Klaus Schüttler-Janikulla:* Bilder und Gedichte für Kinder zu Hause, im Kindergarten und für den Schulanfang. Braunschweig 1971

Janosch: Das Regenauto. München 1969

Kirst, Werner: Das Rad. Stuttgart 1972

Kluge, Erika (Hrsg.): 4 mal 10 Wochenpläne. Heinsberg 1992

Mettler, René: Das Auto. Mannheim 1991

Mitgutsch, Ali: Rund um's Rad. Ravensburg 1985

Rademacher, Gerhard und *Hermann Wacker* (Hrsg.): Blätter in meinem Kalender. Gedichtsammlung. Hannover 1979

Scarry, Huck: So funktionieren Fahrzeuge. München 1990

Sigler-Held, Regine: Wir bauen Fahrzeuge. Berlin 1993

Sutton, Richard: Autos. Hildesheim 1991

Sutton, Richard: Die Geschichte der Automobile. Hildesheim 1991

Trier, Mike: Autos. Nürnberg 1989

Ullrich, Heinz: Mein Fahrrad. Zur Entwicklung des technischen Denkens beim Kind. In: Grundschule, Heft 9/1994, S. 16–19

Wagner, Josef: Unsere Milchtütenautos. In: Grundschule, Heft 5/1990, S. 31-34

Wollny, Dietmar: Vom Rad zum Auto. In: Grundschule, Heft 6/1994, S. 31–33

Projektübersicht

1. Woche

Heimat- und Sachunterricht:
- ... und wer hat das Rad erfunden?
- Versuche, einen Tisch zu bewegen.
- Zeichne die verschiedenen Räder und benenne ihre Teile.

Mathematik:
- Ordne deine Schachteln, Dosen, Rollen nach geometrischen Körpern.
- Benenne und unterscheide die geometrischen Körper.
- Ordne sie in einer Tabelle.

Deutsch:
- Geschichten rund um's Rad (Lesebuch, Sachbücher)
- Ordne Fahrzeuge, die auf zwei bzw. auf vier Rädern fahren.
- Schreibe Gedichte.
- Gestalte Plakate: Fahrzeuge früher/heute; Fahrzeuge auf zwei bzw. vier Rädern.

Sport:
- Geschicklichkeitsübungen

2. Woche

Sachunterricht:
- Fachbegriffe: Windschutzscheibe, Lenkrad, Motorhaube, Karosserie, Motorraum, Kühler/Kühlerfigur, Stoßstange, Vorder-, Hinterrad, Radkappe, Reifen, Felge, Tür, Fond, Dach, Nummernschild, Heck-, Frontscheibe, Heckleuchte, Kofferraum, Fahrgestell
- Ordne die Wortkarten einem Autoplakat zu.
- Ordne Fahrzeuge: nach dem Alphabet, nach Luft-, Wasser- und Landfahrzeugen.

Mathematik:
- Wiederhole die geometrischen Grundformen.
- Zeichne einen Bauplan, wie dein Auto aussehen soll.

Kunstunterricht:
- Baue ein Fahrzeug nach deinem Bauplan.
- Gestalte es nach deinen Vorstellungen.

Musik:
- Lieder: Mein Wagen hat vier Räder, Mein Auto, Mein Roller hat Räder

Deutsch:
- Setze Substantive zusammen: Koffer-, Fahr-, Heck-, Motor-, -raum, -gestell, -leuchte, -haube.

- Mache aus falschen Zusammensetzungen richtige: Kofferfenster, Rückraum, Nummernkappe, Radschild, Lenkwischer, Scheibenrad.
- Übe die Wortfamilien „Rad" und „fahren".

3. Woche

Sachunterricht:
- Forsche im Sachbuch nach, wie sich das Rad weiterentwickelte.
- Vom Laufrad zum Tretrad.
- Schreibe den Text ab und male ein Lauf- oder Tretrad dazu.
- Male ein Räderfahrzeug von früher/heute/in Zukunft.

Mathematik:
- Löse die Sachaufgaben zum Messen von Strecken und Längen.
- Wandle die Längenmaße der zurückgelegten Entfernungen um.

Deutsch:
- Schreibe eine Fantasiegeschichte über dein Fahrzeug.
- Suche dir ein Gedicht aus, schreibe es ab, gestalte es und übe den Vortrag.
- Lies im Lesebuch: „Das erste Auto".

4. Woche

Sachunterricht:
- Eröffnung der Ausstellung: „Rund ums Rad"

Mathematik:
- Rechne die Sachaufgaben in deinem Buch/Abfahrt und Ankunft.

Deutsch:
- Mache ein Wörtertraining zu den Wörtern aus dem Sachgebiet.
- Löse Rätsel, Kreuzworträtsel, Suchbilder.
- Beantworte Fragen „Rund ums Rad".
- Erstelle selbst Fragen zum Rad.

Fortführungsmöglichkeiten des Themas:
- Besuch im Museum
- Verkehrserziehung: Mit den selbst gebauten Fahrzeugen werden Situationen im Verkehr nachgespielt.
- andere Fahrzeuge bauen (z. B. Wasserfahrzeuge)

So könntest du dein Fahrzeug bauen

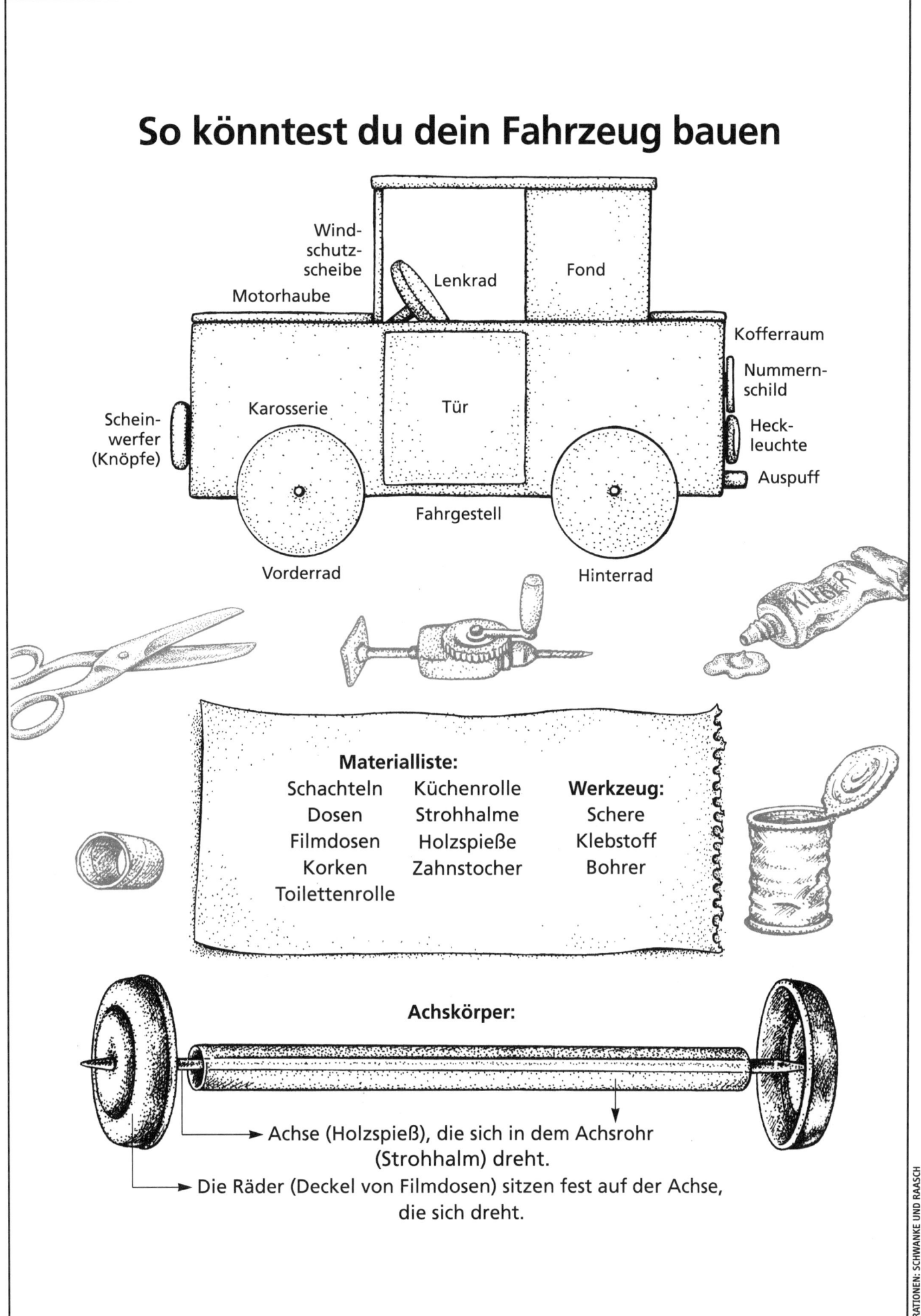

Windschutzscheibe
Motorhaube
Lenkrad
Fond
Kofferraum
Nummernschild
Heckleuchte
Auspuff
Scheinwerfer (Knöpfe)
Karosserie
Tür
Fahrgestell
Vorderrad
Hinterrad

Materialliste:

Schachteln Küchenrolle
Dosen Strohhalme
Filmdosen Holzspieße
Korken Zahnstocher
Toilettenrolle

Werkzeug:

Schere
Klebstoff
Bohrer

Achskörper:

→ Achse (Holzspieß), die sich in dem Achsrohr (Strohhalm) dreht.

→ Die Räder (Deckel von Filmdosen) sitzen fest auf der Achse, die sich dreht.

Mein Fahrzeug

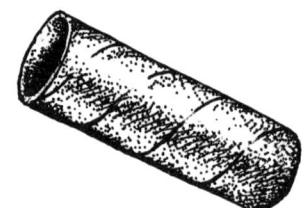

Das ist mein Fahrzeug:

Ich habe es aus folgenden Materialien gebaut:

....

....

Beim Bauen bin ich so vorgegangen:

....

....

....

....

Beim Anschubsen rollte mein Auto .... m weit.

Von der Ablauframpe rollte es .... m weit.

Mit Last rollte es .... m weit.

Die weiteste Strecke, die das Auto zurücklegte, betrug .... m.

Mein Auto kann die Spur halten.   Es gelang mir, ins Tor zu fahren.

☐ ja   ☐ nein   ☐ ja   ☐ nein

Das könnte ich an meinem Auto noch verbessern: ....

....

eere Akkus wieder aufladen – mit einem
adegerät kein Problem! Doch wie wäre
s, die Akkus einmal mit der eigenen
luskelkraft aufzuladen? Man muss nur
inen Baladyn erfinden ...

Wir er-fahren Strom!

Kinder entwickeln einen „Batterieladegerät-Dynamo"

Fotos: Mario Spies

Mario Spies

EIN SCHÜLER BEOBACHTETE bei einem Besuch bei seinem Großvater, dass dessen Hörgerät nicht mehr funktionierte, da die Batterien des Gerätes erschöpft waren. Das brachte ihn auf die entscheidende Idee: Könnte man den Dynamo des Trimmrades an die erschöpften Batterien des Hörgerätes anschließen und die Batterien bei den täglichen Ausdauerübungen aufladen?

Diese Idee wurde im Unterricht begeistert aufgenommen. Zuerst versuchten wir, die in den Batteriehalter eingelegten Akkus mit den Clipdrähten direkt an die Pole des Dynamos zu klemmen, das Rad zu bewegen und somit die Akkus aufzuladen (siehe Abb. 1). Der Versuch misslang und war die Grundlage für eine neue Frage: Was passiert eigentlich im Dynamo?

Um der Sache auf den Grund zu gehen, bauten die Kinder einen Dynamo auseinander. Den Schülern waren die Besonderheiten des Magnetismus bekannt, daher war es möglich, das Prinzip der Stromerzeugung in einem Dynamo zu erarbeiten (siehe Kasten S. 104). Man schließt ein analoges Demo-Multimeter, ein elektrisches Zeigerinstrument für Strom und Spannung mit Nullpunkt in der Mitte, an den Dynamo an. Dreht man nun am Rädchen des Dynamos, kann eindrucksvoll ge-

zeigt werden, wie im Dynamo Wechselspannung erzeugt wird: Der Zeiger des Multimeters schlägt abwechselnd in den positiven und negativen Bereich der Skala aus.

Es folgten Überlegungen zum Stromfluss im Akku. Messungen ergaben, dass der Strom des Akkus den Zeiger des Multimeters nicht zum „Schwanken" brachte, sondern dass er mit der immer gleichen Richtung floss, der so genannte „Gleichstrom". Der vom Dynamo erzeugte Wechselstrom war also nicht für den Akku geeignet, obwohl es sich schon um Strom handelte — nur die Richtungen des Stromes „passten" nicht zueinander.

Wie kommt die Energie in die Akkus?

Wir befragten einen Elektrotechniker, und es stellte sich heraus, dass ein Aufladen von Akkus grundsätzlich auch mit Fahrraddynamos möglich ist, jedoch eine Umwandlung des Wechselstromes des Dynamos in den Gleichstrom der Akkus nötig ist. Technisch möglich wird das durch den Einsatz eines Gleichrichters. Der Erfindung und dem Bau eines Batterieladegerät-Dynamos („Baladyn") stand also nichts mehr im Weg!

Da Energie keine direkt wahrnehmbare Eigenschaft ist, wie beispielsweise die Farbe oder die Größe eines Gegenstandes, wird der Zugang zu diesem Konzept erschwert. Erfahrbar wird Energie erst, wenn sie aus ei-

Foto: Mario Spies

Abb. 1: Warum funktioniert das direkte Aufladen der Akkus nicht?

nem Träger freigesetzt und umgewandelt wird, wenn wir z. B. mit elektrischer Energie eine Glühlampe leuchten lassen.

Der „Baladyn" bietet den Kindern u. a. folgende Erfahrungen:

▶ Energie in Form von Strom kann durch körperliche Arbeit beim Fahrradfahren hergestellt werden.
▶ Es braucht körperliche Anstrengung, um einen kleinen Akku aufzuladen.
▶ Die hergestellte Energie kann in einem Akku in chemische Energie umgewandelt werden.
▶ Die aufgeladenen Akkus lassen sich in vielen Geräten des täglichen Lebens nutzen (z. B. ferngesteuerte Autos, MP3-Player).

Der Klassenraum wird zur Erfinderwerkstatt

Ausgehend von den Angaben des Elektrotechnikers wurden die Materialien für den Prototypen des „Baladyn" angeschafft. Die einzelnen Bauteile kosten ca. 10 Euro, Klebepistole und Lötkolben sind in der Anschaffung teurer und können eventuell ausgeliehen werden. Die Kinder bauten den „Baladyn" unter Anleitung zusammen (siehe Abb. 2). Löten musste geübt werden, wurde aber von Jungen und Mädchen nach anfänglicher Hilfestellung sehr gerne durchgeführt.

Unseren Prototypen befestigten wir mit Klebeband provisorisch am

Lenker, erweiterten das Testfahrrad um einen Dynamo für das Hinterrad. Es funktionierte! Damit die Kinder von nun an in jeder Pause im Flur Strom „er-fahren" konnten, bauten wir das Fahrrad auf ein Gestell. Nach ersten Fahrten brachten die Kinder Verbesserungsideen ein, und der „Baladyn" wurde so optimiert, wie er auf S.105-106 in der Bauanleitung beschrieben wird. Besonders das Gehäuse musste verbessert werden: Es sollte widerstandsfähiger, spritzwasserabweisend und elastischer als das des Prototypen sein. So kamen die Kinder auf die Idee, eine Pausenbrotdose aus weicherem Kunststoff als Gehäuse zu verwenden, die am Lenker des Fahrrades befestigt werden sollte.

Natürlich kann man den „Baladyn" weiterentwickeln. Die Verklebungen können z. B. teilweise mit Silikon getätigt werden. Diese benötigten zwar mehr Zeit zum

Abb. 2: Unser Prototyp

Foto: Mario Spies

Trocknen, sind aber elastischer als die Befestigungen der Klebepistole.

In jedem Fall gab die gemeinsame Entwicklung in der Erfinderwerkstatt den Kindern als auch dem Lehrer das gute Gefühl und die Erkenntnis, dass man durch eigenes Nachdenken und Experimentieren mit dem „Baladyn" zu grundlegenden Einsichten in den Bereich Energie gekommen war, und dies mit viel Freude und Einsatz — mit Kopf, Herz und Hand. ∎

ℹ WIE FUNKTIONIERT EIN DYNAMO?

Der Fahrrad-Dynamo leistet im Prinzip die gleiche Arbeit wie ein Generator in einem Kraftwerk.

▶ Der Fahrradreifen rollt und bringt das Laufrädchen am Dynamo zum Drehen.
▶ Im Dynamo befindet sich auf der gleichen Achse wie das Laufrädchen ein Magnet. Dieser dreht sich, wenn sich das Laufrädchen bewegt.
▶ Darunter befindet sich ein Eisenstück, das mit Draht umwickelt ist, die so genannte Drahtspule. Durch die Drehbewegung des Magneten ändert sich das Magnetfeld in der Spule ständig (wie bei dem Generator).
▶ Es erzeugt innerhalb des Drahtes einen Stromfluss, wenn der Stromkreis geschlossen ist.
▶ Der so erzeugte Strom fließt durch ein Kabel zum Scheinwerfer. Er bringt die Glühlämpchen der Fahrradlampen zum Leuchten. Durch den Fahrradrahmen fließt der Strom zurück zum Dynamo und schließt so den Stromkreis.

LITERATUR
Grygier, Patricia/Günther, Johannes/Kircher, Ernst (Hrsg.): Über Naturwissenschaften lernen. Baltmannsweiler 2004

DER AUTOR
Mario Spies ist Rektor einer Grundschule.

Wir bauen einen „Baladyn"
(Batterie-Ladegerät-Dynamo)

Du brauchst:

- 1 Fahrrad mit Dynamo
- 1 Batteriehalter
  (2x AA Mignon – Clipanschluss)
- 2 Akkus AA Mignon
- 1 Batterieclip für Batteriehalter
- 1 Brückengleichrichter B40C1500 (40 V/1,5 A)
- 1 Hebelschalter (einpolig mit Lötösen)
- 1 Gehäuse aus Kunststoff
  (z. B. Pausenbrotdose)

- 1 Rohrschelle (26 mm)
  als Lenkerhalterung
- 2 Rundsteckerhülsen
- 2 Rundstecker
- ca. 2,0 m Litze (Kabel) rot
- ca. 2,0 m Litze schwarz
- Kabelbinder
- Klebepistole
- Lötkolben und Lötzinn
- Isolierband

1. Verlöte Schalter, Gleichrichter, Batteriehalter
und Kabel so wie auf dem Bild.
(Der Dynamo wird später befestigt.)
Die rote Litze verbindest du
mit dem Pluspol des Gleichrichters,
die schwarze Litze mit dem Minuspol.
Achtung: Manchmal sind die Lötstellen
auf den Gleichrichtern unterschiedlich!
Die Kabel, die zum Dynamo führen,
müssen mindestens 1,50 m lang sein.
Sie sollen vom Lenker bis zu Dynamo führen.

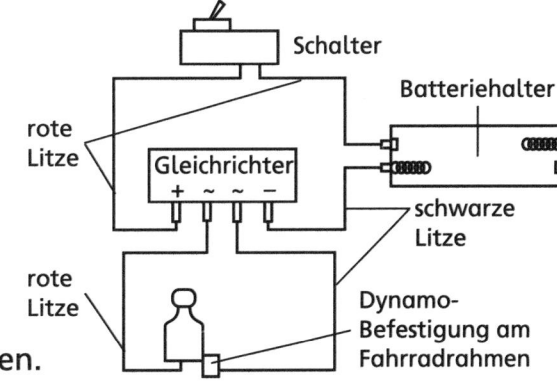

2. Bohre in das Kunststoffgehäuse
ein Loch für den Schalter,
eines für die Kabel, die nach außen führen,
und zwei Löcher für die Befestigung am Lenker.
Achte auf die passende Größe der Löcher.

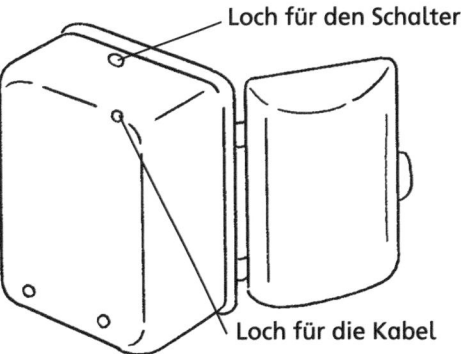

3. Schiebe den Schalterkopf vorsichtig
durch das Loch und schraube ihn
mit der Mutter fest.
Achte auf die Schalterstellung
und beschrifte das Gehäuse
richtig mit „an" und „aus".

4. Befestige den Batteriehalter am Clip,
und klebe den Clip mit der Klebepistole
am Boden des Gehäuses fest.
Achte darauf, dass der Batteriehalter
oberhalb der Mitte des Gehäuses angebracht wird,
da unten noch Platz
für die Lenkerbefestigung bleiben muss.

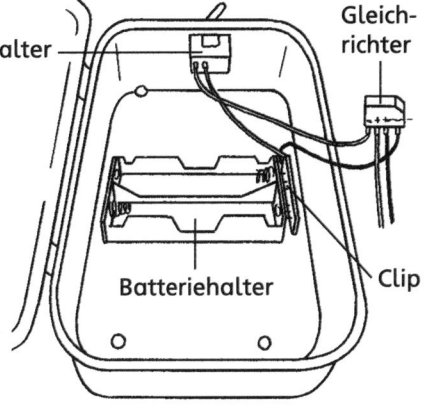

ILLUSTRATIONEN: SCHWANKE UND RAASCH

5. Klebe den Gleichrichter neben dem Schalter
in der Dose fest.
Achte darauf, dass keine Lötstelle abreißt.
Drücke die Kabel vorsichtig in das Gehäuse.

6. Die beiden langen Kabel sollen
aus dem Gehäuse zum Dynamo führen.
Umwickle die beiden Kabel im Gehäuse
so dick mit Isolierband,
dass die Umwicklung nicht
durch das Loch des Gehäuses passt.
Führe die beiden langen Enden der Kabel
durch das Loch nach außen.

7. Befestige die Dose mit der Rohrschelle
am Lenker, wie auf der Abbildung.

8. Setze die Akkus ein!
Schon ist der Baladyn fertig.

9. Klemme die vorhandenen Kabel des Dynamos ab.
Führe die Leitungen des Baladyns zum Dynamo
und befestige sie mit den Kabelbindern
am Fahrradrahmen.
Befestige die Kabel
an den Kontakten des Dynamos.
Manche Dynamos haben nur einen Kontakt.
Dann kannst du das zweite Kabel
an der Dynamo-Befestigung
an der Vordergabel verbinden.
Achte darauf, dass die Leitungen
guten Kontakt haben.

10. Damit man den Baladyn ab und zu
von Lenker entfernen kann,
können in die Zuleitungen zum Dynamo
Rundstecker und Steckerhülsen gesetzt werden.

11. Wenn du die Akkus laden willst,
lege sie richtig gepolt
in die Batteriehalterung des Baladyns,
schalte den Schalter auf „an",
klicke den Dynamo an den Reifen
und du kannst fahren!
Danach kannst du die Akkus herausnehmen
oder im Baladyn lassen und
den Schalter auf „aus" stellen.

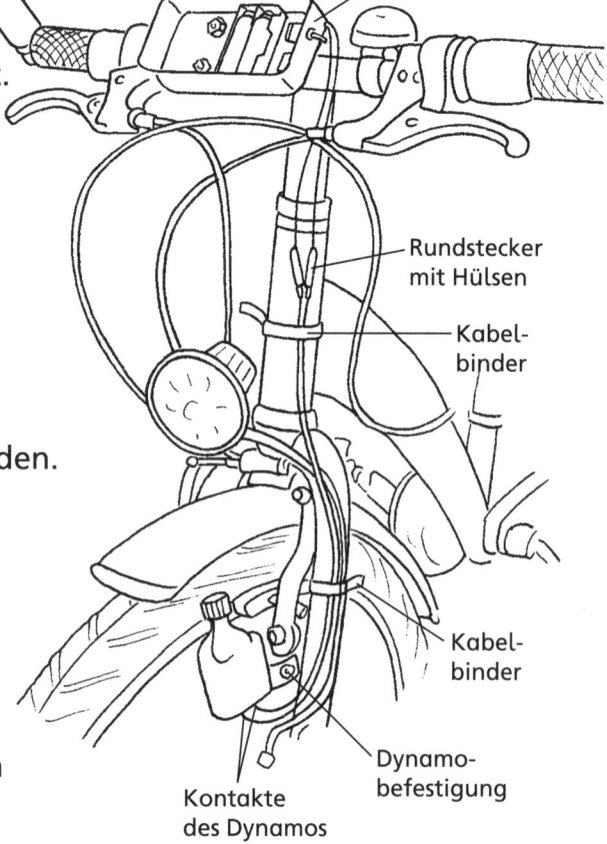

Umwicklung   Schalter
Gleichrichter

Einzelteile der
Rohrschelle

Baladyn
Lenker

Baladyn

Rundstecker
mit Hülsen

Kabel-
binder

Kabel-
binder

Kontakte
des Dynamos

Dynamo-
befestigung

ILLUSTRATIONEN: SCHWANKE UND RAASCH

Die Sonne treibt uns an

Funktionsmodelle mit Solarzellen bauen

HEIKE BLÜMER

Durch den eigenständigen Bau von Modellen, die durch Solarenergie betrieben werden, vertiefen und erweitern die Kinder ihr Wissen über die Nutzung von Sonnenenergie. Beim Bau der Modelle kommt die Kreativität nicht zu kurz.

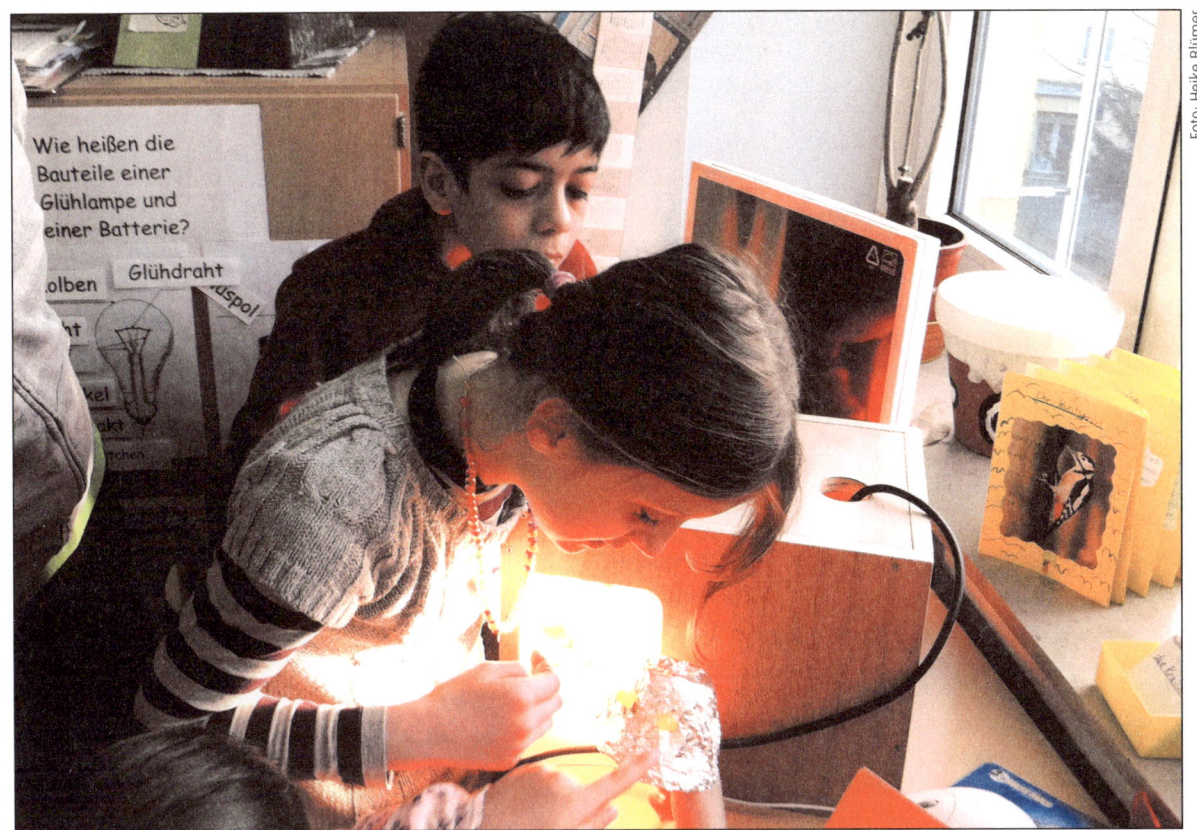

Teilweise haben die Kinder ihre Ideen in Partnerarbeit entwickelt.

Die Sonne ist das Lebenselixier des Menschen: Sie lässt Pflanzen wachsen, schenkt uns Licht und Wärme, gibt uns Lebensenergie. Aber nicht nur Pflanzen und Lebewesen versorgt sie mit Energie, sondern ganz speziell auch Solarzellen. Solarzellen sind zu einem festen Bestandteil unserer Lebenswelt geworden. Sie begegnen uns in unterschiedlichen Situationen und vielfältigen Anwendungsbereichen. Eine Befragung unter Grundschülerinnen und Grundschülern konnte belegen, dass bereits Kinder im Alter von 9 bis 11 Jahren ein ganz beachtliches Wissen zum Einsatz von Solarzellen haben (vgl. Meyer 2004). Die Thematisierung der Sonnenenergienutzung mit Hilfe von Solarzellen im Sachunterricht hat das Ziel, das vorhandene Wissen zu aktivieren und zu erweitern und so einen Beitrag dazu zu leisten, die Lebenswelt der Kinder transparenter zu machen.

SOLARZELLEN

Solarzellen können Lichtstrahlen direkt in elektrische Energie umwandeln. Die Vorgänge, die dabei ablaufen, sind schwer zu erfassen und benötigen zu deren Verständnis das Wissen um das Teilchenmodell. Vereinfacht kann die Wirkungsweise der Solarzelle mit der durch die Sonnenenergie initiierten gerichteten Bewegung von Ladungsträgern zusammengefasst werden, die zu einer Potenzialdifferenz führt, die bei Anschluss eines Verbrauchers einen Gleichstrom fließen lässt. Einen sehr anschaulichen, kindgerechten Einblick in die Funktionsweise der Solarzelle gibt der Film „Sachgeschichten mit der Maus – Solarenergie" (Maiwald 2006). Dieser Einblick in den Aufbau und die Wirkungsweise kann bei der unterrichtlichen Umsetzung gegeben werden, muss aber nicht. Es ist sehr wohl auch ein Unterricht geeignet, der auf der phänomenologischen Ebene verbleibt, um den Zusammenhang zwischen der Erzeugung von elektrischem Strom aus Sonnenlicht zu verdeutlichen sowie Grundkenntnisse zum geschlossenen Stromkreis zu vermitteln. Durch die Anfertigung ganz unterschiedlicher Modelle werden die Anwendungsmöglichkeiten von Solarzellen offen gelegt.

DER UNTERRICHT

Ziel ist die Aktivierung und der Ausbau des bei den Schülerinnen und Schülern bereits vorhandenen Wissens zur Sonnenenergienutzung. Durch die Anfertigung eines solarbetriebenen Funktionsmodells wird Raum gegeben für die fachliche Vertiefung, für die Anwendung von Problemlösungsstrategien und für die Umsetzung von gestalterischen Aspekten. Die Schülerinnen und Schüler nehmen die Technik als Bereich der Kreativitätsentfaltung wahr.

Der Unterricht beginnt mit einem Klassengespräch, in dem ein Bild von der Sonne der Impulsgeber ist. Aktivierende Fragen, die das Unterrichtsgespräch lenken, werden von der Lehrkraft gestellt:

• Warum ist die Sonne eigentlich so heiß?
• Wie nutzt man auf der Erde die Wärme der Sonne?
• Wer kennt eine Solarzelle?
• Wo kommen Solarzellen überall zum Einsatz?
• Was braucht eine Solarzelle unbedingt, um funktionieren zu können?

• Was genau entsteht eigentlich mit Hilfe einer Solarzelle?
• Wie ist wohl eine Solarzelle aufgebaut und woraus besteht sie?
• Was glaubt ihr, wie aus Licht Strom werden kann?

Zu den unterschiedlichen Bereichen werden nach den Antworten der Kinder passende Bilder und Gegenstände präsentiert. Die bedeutsamsten Stationen des Unterrichtsgesprächs, die sich auf die Solarzelle beziehen, werden auf einem Plakat festgehalten. Auf diese Weise werden die Präkonzepte als Ausgangswissen der Kinder festgehalten und können zum Abschluss der Unterrichtreihe direkt mit dem durch den Unterricht erlangten Wissen verglichen werden.

Im Anschluss an das Unterrichtsgespräch kann dann die Solarzelle näher untersucht werden. Die Funktionsweise wird – unterstützt mit dem Film „Sachgeschichten zur Solarenergie" – offengelegt und die Bestandteile werden analysiert. Dazu erhält jede Schülergruppe eine Solarzelle. Die Solarzelle wird von den Schülerinnen und Schülern gezeichnet und es wird geklärt, wo sich die Kontakte befinden, an denen später die Drähte angeschlossen werden sollen.

Stationenarbeit zur Anwendung

An Stationen liegen Materialien bereit, um in die unterschiedlichen Anwendungsbereiche einer Solarzelle einzuführen. Jede Station ist mit einer Solarzelle und Drähten ausgestattet. Die Stationen unterscheiden sich durch die bereitgestellten Verbraucher. Diese können sein: Leucht-

SACHINFORMATIONEN

Die Sonne ist ein Stern unter den unzähligen Sternen der Milchstraße. Sie ist ein riesiger glühender Gasball, in dem enorm hohe Temperaturen herrschen (ca. 15 Millionen Grad Celsius). Die Extrembedingungen im Inneren der Sonne ermöglichen das Verschmelzen von Wasserstoffkernen zu Heliumkernen, wobei große Energiemengen freigesetzt werden. Die Sonne strahlt ihre Energie nach allen Seiten ab und versorgt so auch die Erde mit Wärme und Licht.

Eine Solarzelle nutzt das Licht der Sonne und kann daraus direkt elektrischen Strom herstellen. Dazu werden zwei Siliziumschichten so vorbehandelt, dass in einer Schicht ein Elektronenüberschuss (n-Schicht) und in der anderen ein Elektronenmangel (p-Schicht) herrscht. Strahlt Licht auf die Solarzelle, baut sich zwischen den beiden Schichten eine Spannung auf. Die überzähligen Elektronen der n-Schicht wandern zur p-Schicht. Diese Wanderung erfolgt über den angeschlossenen Verbraucher, der auf diese Weise mit elektrischem Strom versorgt wird.

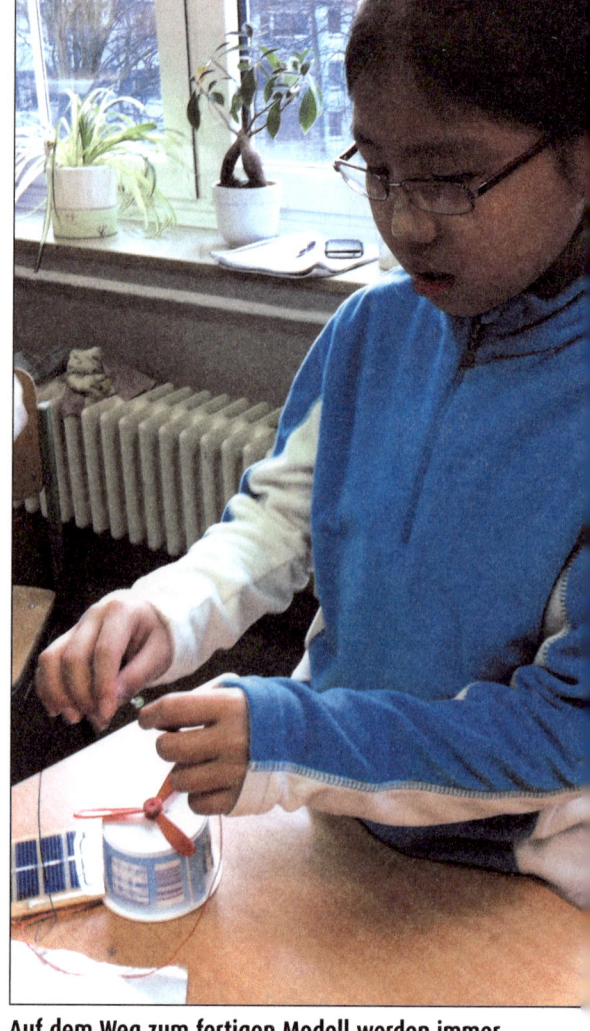

Auf dem Weg zum fertigen Modell werden immer wieder die Funktionen überprüft.

AUF EINEN BLICK

Klasse:	ab Klasse 4
Zeit:	7 Unterrichtsstunden
Kompetenzen:	Produktionsplanung und -durchführung, Kommunikationskompetenz, Problemlösekompetenz, Funktions- und Sachwissen
Inhalte:	Entwerfen, Konstruieren und Bau eines solarbetriebenen Funktionsmodells
Voraussetzungen:	Umgang mit kleineren Werkzeugen wie Styroporschneider, Handbohrer, Schere, Abisolierzange, Lochzange und evtl. Heißklebepistole
Zusätzliches Material:	Solarzellen, Drähte, LEDs, Elektromotoren, Summer, Propeller in unterschiedlichen Größen, Zahnräder verschiedener Größen und Ausführungen, Holzscheiben in unterschiedlichen Größen mit Führungsrille, Übergangsstücke, Plastikräder, Styropor, Pappe, Kleber, Schnüre und Alltagsmaterialien wie Schaschlikspieße, Joghurtbecher, Gummis, Tetra-Paks, Papprollen u. a.

Foto: Heike Blümer

Das Anschließen eines Verbrauchers an eine Solarzelle wurde separat erprobt.

Foto: Heike Blümer

Die fertigen Modelle werden stolz präsentiert.

dioden, Summer (Buzzer), Elektromotoren kombiniert mit einem Ventilator, einem Propeller, einer Achse und Zahnrädern oder einem Riemengetriebe. Während die Stationen mit den Leuchtdioden, dem Ventilator, dem Propeller und dem Summer nur die Verbindungsdrähte benötigen, haben die restlichen Stationen bereits einen Grundaufbau, um die Bewegungsübertragung über die Zahnräder und Riemen zu realisieren. An diesen Stationen ist es das Ziel, die jeweiligen Verbraucher sachgerecht anzuschließen und auf diese Weise mit Strom zu versorgen.

Modellbau

Mit den verschiedenen Anwendungsmöglichkeiten einer Solarzelle vertraut gemacht, können die Kinder jetzt in Gruppen ganz unterschiedliche Modelle entwerfen. Sie fertigen Skizzen an, machen eine Aufstellung zum benötigten Material und legen die Abfolge der Arbeitsschritte fest. So vorbereitet beginnen sie mit dem Modellbau. Verschiedene Tippkarten (siehe M1–6) helfen bei der Überwindung von Problemen: Fehlt überhaupt eine Idee, was gebaut werden könnte, geben Bilder von Solarmodellen Inspiration (siehe M1, S. 111). Ergeben sich Schwierigkeiten beim Anschluss der Solarzelle, zeigen Abbildungen die Verbindungstechniken (siehe M2–4, S. 112–114). Entstehen Schwierigkeiten beim Zusammenbau des Getriebes mit Zahnrädern oder Riemen, dokumentieren Detailbilder deren Aufbau (siehe M5–6, S. 115–116). Die Tippkarten helfen den Kindern, eigenständig weiterzuarbeiten.

Der Museumsgang

In einer Art Museumsgang präsentieren die Gruppen der Lehrkraft und den Mitschülerinnen und Mitschülern das gebaute Modell und erläutern dessen Funktionsweise. Sie berichten von möglichen Problemen und deren Überwindung während des Herstellungsprozesses des Modells und stellen den Transfer zu real existierenden Objekten her.

Die Abschlussreflexion

In einem Klassengespräch werden die einzelnen Sequenzen der Unterrichtsreihe noch einmal reflektiert. Dazu wird das zu Beginn der Unterrichtsreihe angefertigte Plakat mit einbezogen. Es steht die Frage im Mittelpunkt: „Was haben wir alles in den vergangenen Stunden kennen- und dazu gelernt?" Neu gewonnenes Wissen wird auf dem Plakat ergänzend eingetragen. Im Rahmen der Abschlussreflexion werden auch die Mittel und Wege, die zu den Erkenntnisgewinnen führten, offengelegt.

Möglichkeiten zur Weiterarbeit

Solaranlagen in der Umgebung können besichtigt, Fachleute interviewt werden.

ANMERKUNGEN

Der Materialaufwand zu diesem Unterricht ist hoch, die Solarzellen und Elektromotoren relativ teuer. Die genannten Komponenten sind allerdings auch äußerst langlebig und können, nachdem die Modelle eine

Weile im Klassenraum ausgestellt wurden, ausgebaut und immer wieder verwendet werden. Möglich ist auch, dass man den Kindern die Modelle überlässt und lediglich die Solarzellen, die von den Kindern durch Batterien ersetzt werden können, herausnimmt und für die nächste Solarzellen-Unterrichtseinheit wiederverwendet. Ein Großteil des Materialeinsatzes kann durch Alltagsmaterialien abgedeckt werden.

Je nach Modellbau kann der Material- und Werkzeugbedarf variieren. I

LITERATUR UND MEDIEN

Bundesministerim für Umwelt, Naturschutz und Reaktorsicherheit: Unterrichtsmaterialien für die Grundschule und Mittelschule (Klassen 4-6). Berlin 2009
Meyer, C.: Vorerfahrungen und Vorstellungen von Kindern zur Solarzelle. Kassel 2004
Übelacker, Erich: Die Sonne. In: Was ist Was. Band 76. Nürnberg 2010

DVD: Maiwald, Armin: Bibliothek der Sachgeschichten. S6 – Solarenergie. Köln 2006

DIE AUTORIN

Dr. Heike Blümer
leitet das Fachgebiet Technische Elementarbildung an der Universität Kassel.

Tippkarte 1: Welches Modell könnten wir bauen?

Auto

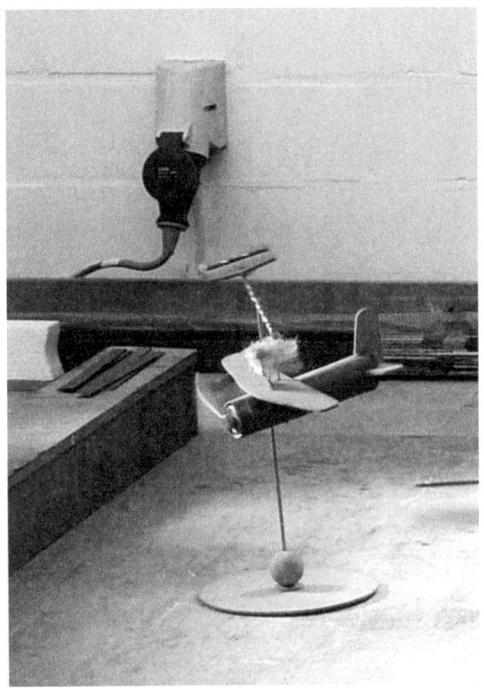

Flugzeug

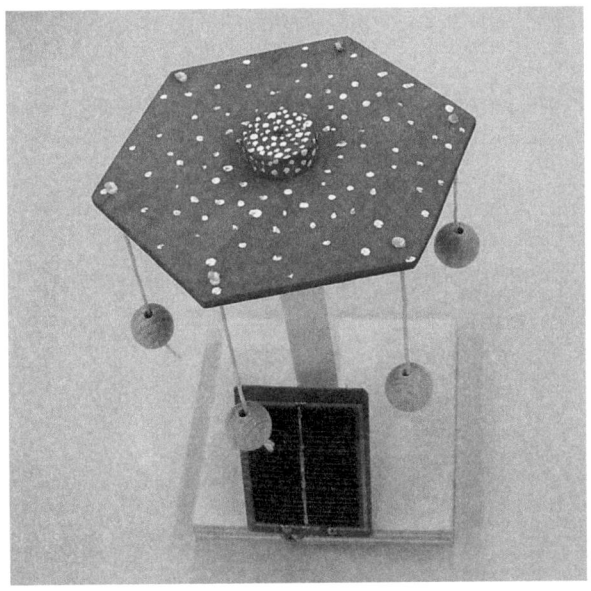

Karussell

Schiff

Riesenrad

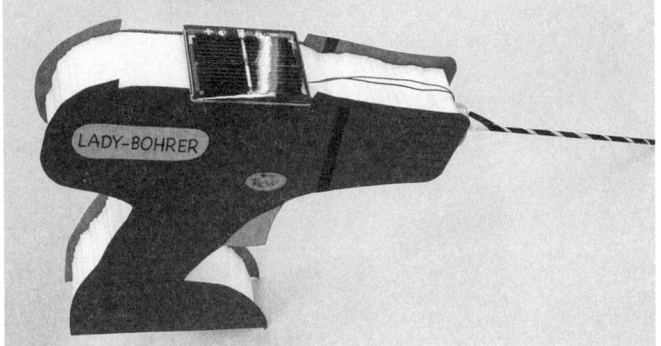

Bohrmaschine

Tippkarte 2: Wie verbinden wir eine Solarzelle mit einer Leuchtdiode?

Solarzelle

Leuchtdiode

Unterlegscheibe

Mutter

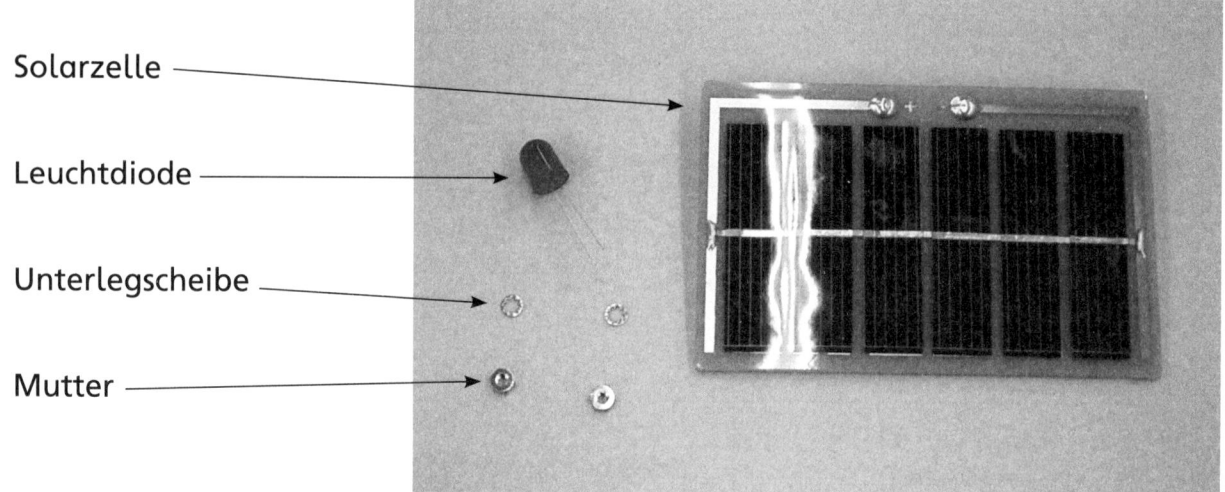

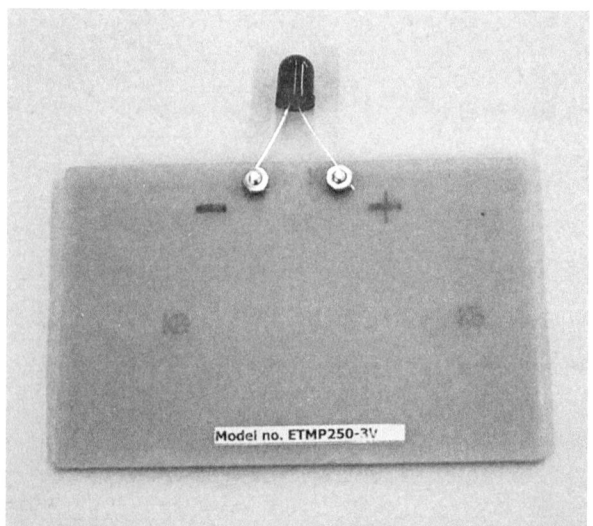

Befestige die Drähte der Leuchtdiode mithilfe der Muttern an der Solarzelle.

Achtung:
Der längere Draht muss
am Pluspol festgeschraubt werden!

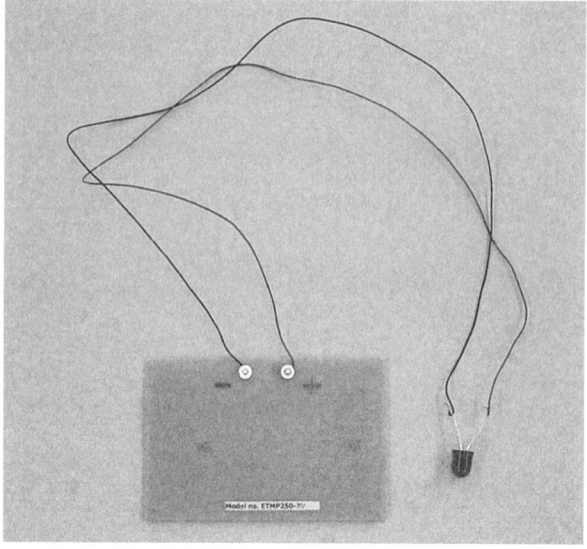

Um die Verbindung zu verlängern, kannst du auch zwei Drähte zwischen Leuchtdiode und Solarzelle anbringen.

Achte wieder darauf, dass
der lange Draht der Leuchtdiode
mit dem Pluspol der Solarzelle
verbunden ist.

FOTOS: HEIKE BLÖMER

Tippkarte 3: Wie verbinden wir eine Solarzelle mit einem Elektromotor?

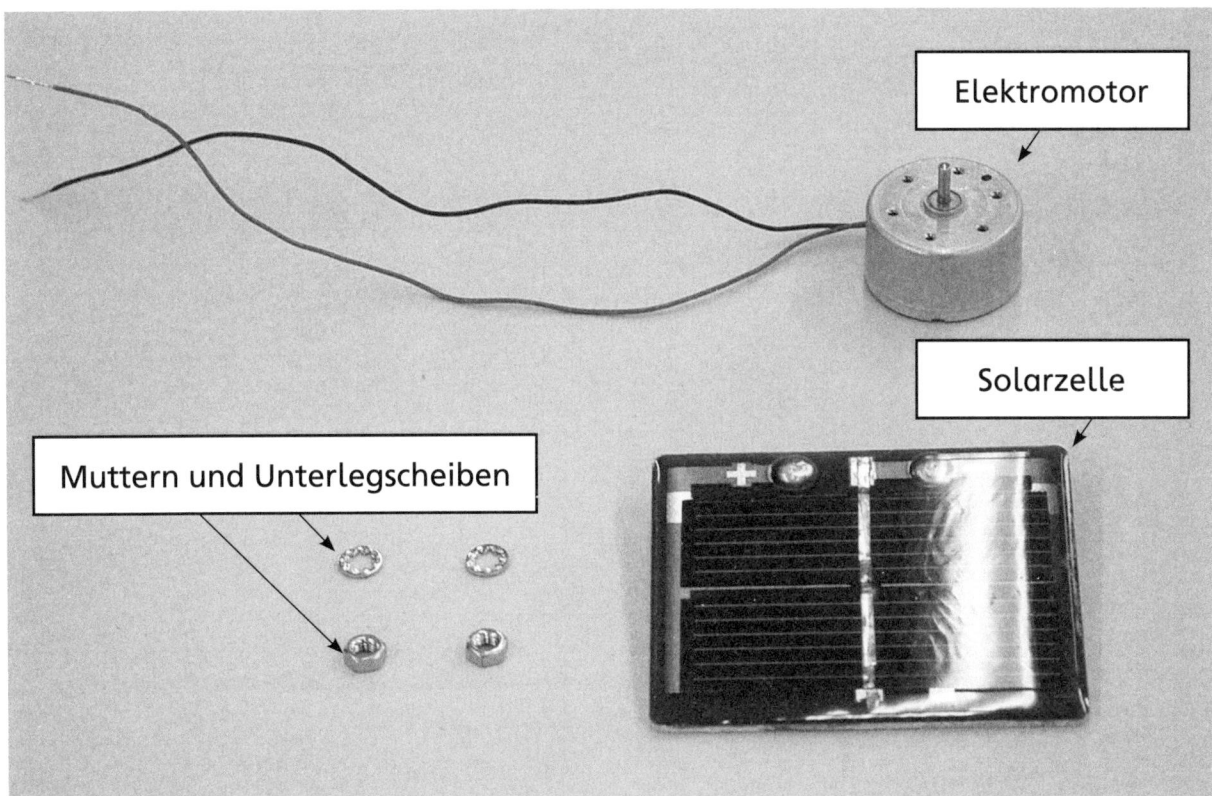

Elektromotor

Solarzelle

Muttern und Unterlegscheiben

Die Drähte des Elektromotors lassen sich
mit Hilfe der Muttern an der Solarzelle befestigen.

Je nachdem, welcher Draht an welchem Pol angeschlossen wird,
dreht sich der Elektromotor rechts oder links herum!

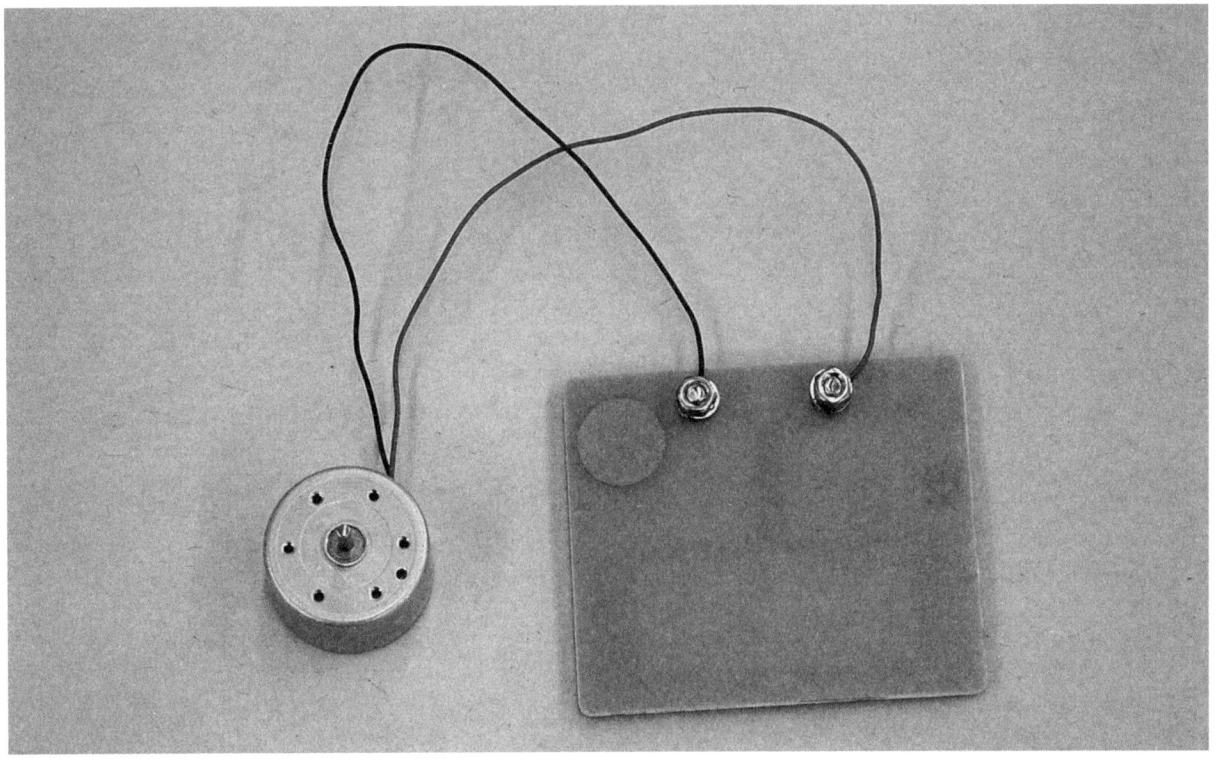

FOTOS: HEIKE BLÜMER

Tippkarte 4: Wie verbinden wir eine Solarzelle mit einem Summer?

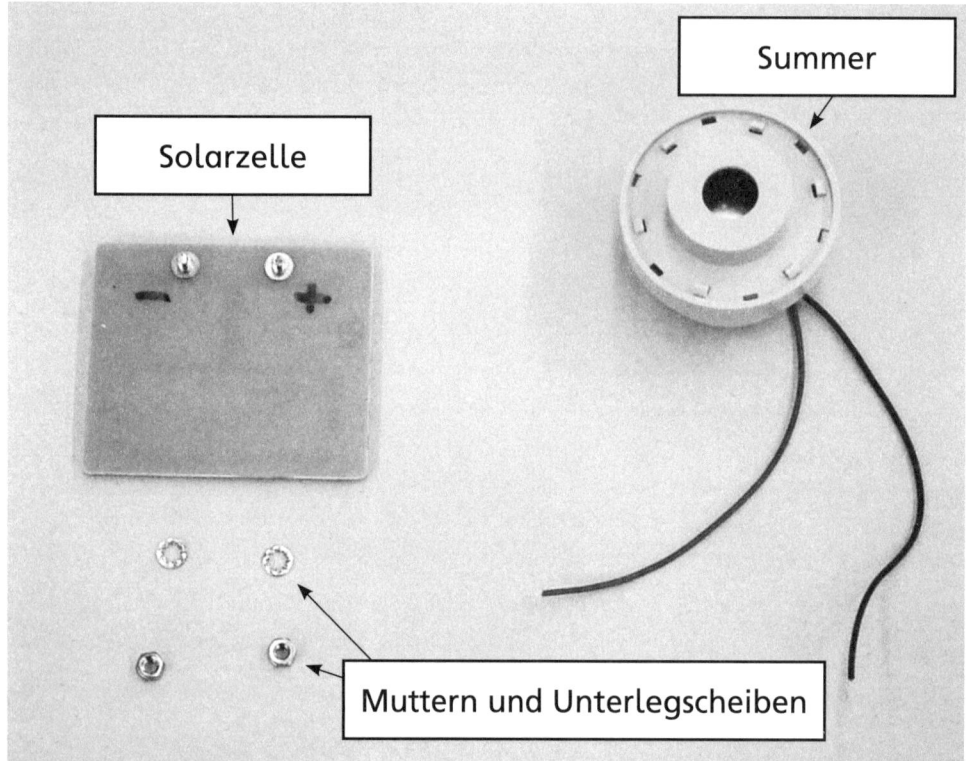

Solarzelle

Summer

Muttern und Unterlegscheiben

Umwickle die Anschlüsse der Solarzelle
mit den blanken Enden der Drähte des Summers.

Setze jeweils eine Unterlegscheibe auf die Anschlüsse
und schraube dann eine Mutter darauf.

Achte darauf, den roten Draht an den Pluspol
der Solarzelle anzuschließen!

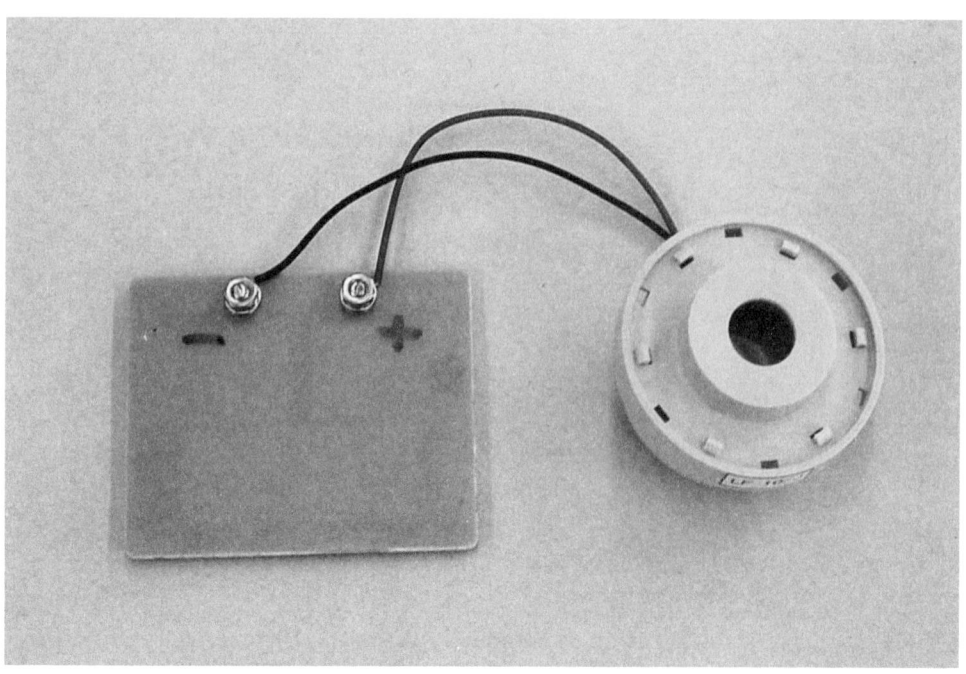

FOTOS: HEIKE BLÖMER

Tippkarte 5: So baust du ein Riemengetriebe

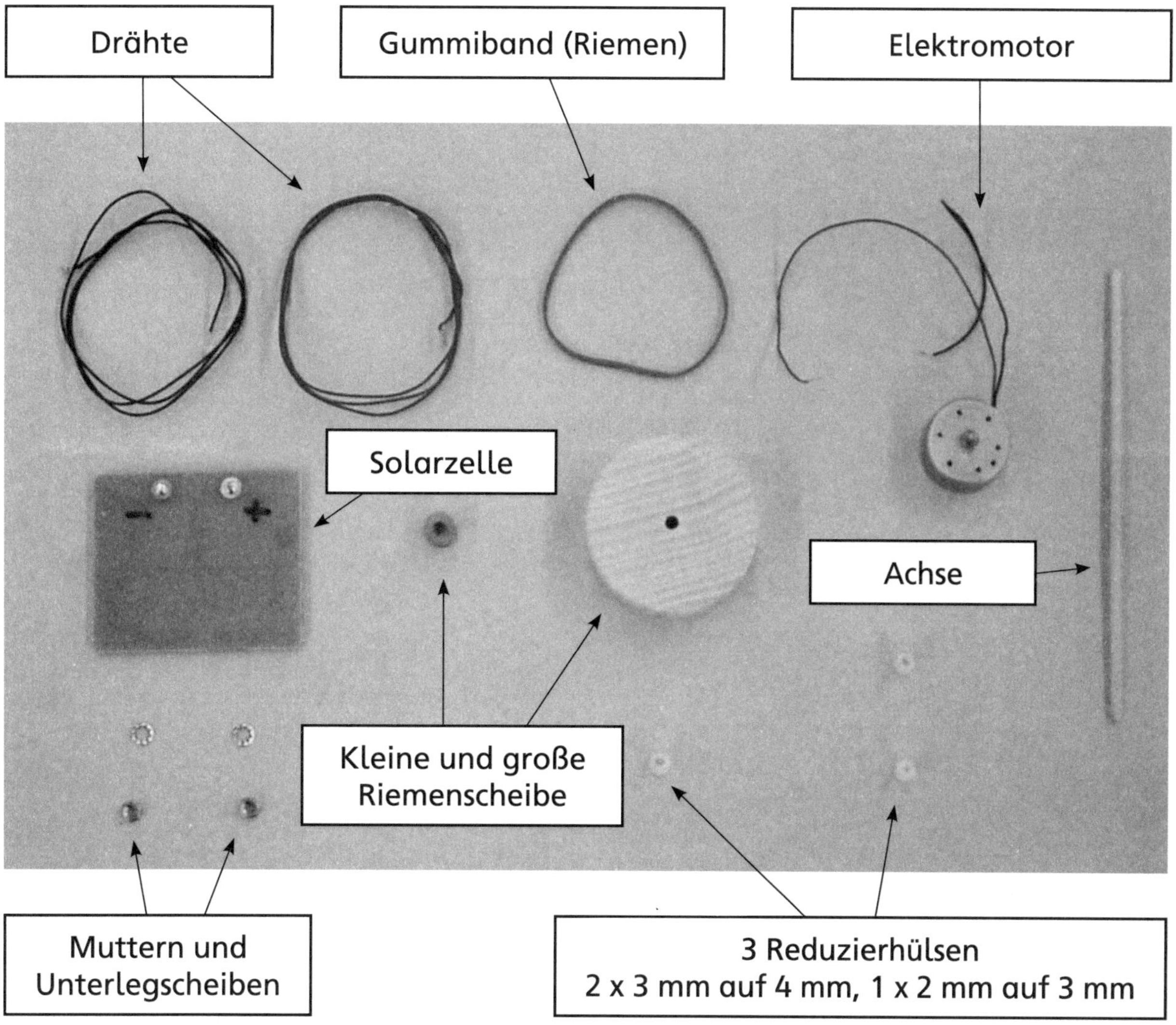

Drähte	Gummiband (Riemen)	Elektromotor

Solarzelle

Achse

Kleine und große
Riemenscheibe

Muttern und
Unterlegscheiben

3 Reduzierhülsen
2 x 3 mm auf 4 mm, 1 x 2 mm auf 3 mm

1. Überlege dir eine Befestigungs- oder
   Lagermöglichkeit für die Achse.

2. Mit den Reduzierhülsen kannst du
   die Riemenscheiben auf der Achse
   und dem Motor befestigen.

3. Die Drähte dienen zur Verbindung
   von Elektromotor und Solarzelle.

4. Mit den Muttern und Unterlegscheiben kannst
   du die Drähte an der Solarzelle befestigen.

5. Das Gummiband legst du um beide
   Riemenscheiben, um die Drehbewegung
   des Motors von der kleinen auf die große
   Riemenscheibe zu übertragen.

FOTOS: HEIKE BLÜMER

Tippkarte 6: So baust du ein Zahnradgetriebe

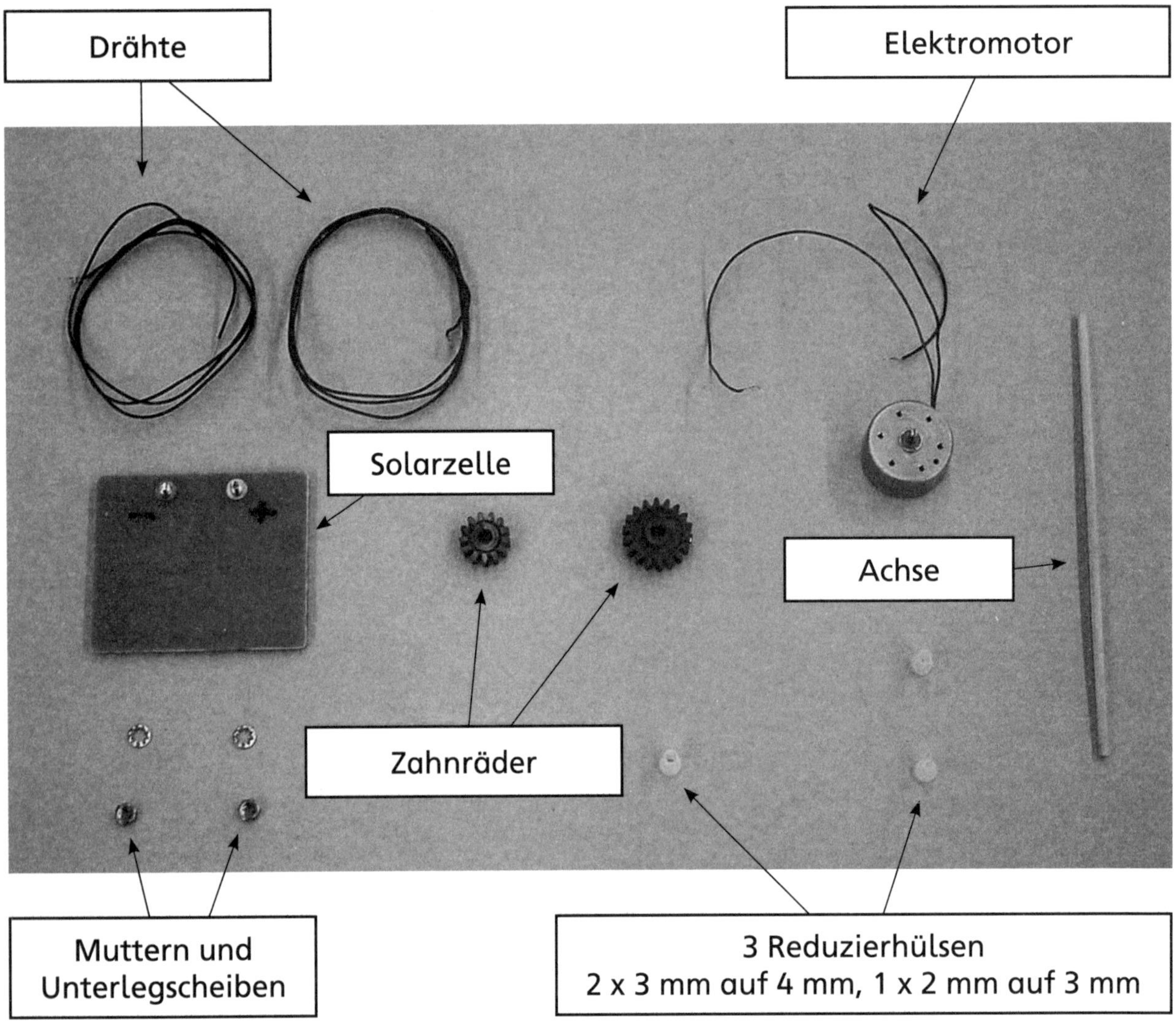

Drähte

Elektromotor

Solarzelle

Achse

Zahnräder

Muttern und
Unterlegscheiben

3 Reduzierhülsen
2 x 3 mm auf 4 mm, 1 x 2 mm auf 3 mm

1. Überlege dir eine Befestigungs- oder Lagermöglichkeit für die Achse.

2. Mit den Reduzierhülsen kannst du
   die Zahnräder auf der Achse und
   dem Motor befestigen.

3. Die Drähte dienen zur Verbindung
   von Elektromotor und Solarzelle.

4. Mit den Muttern und Unterlegscheiben kannst
   du die Drähte an der Solarzelle befestigen.

5. Die Drehbewegung des Motors wird von
   einem auf das andere Zahnrad übertragen.
   Achte darauf, dass die Zähne der Zahnräder
   sauber ineinandergreifen.

FOTOS: HEIKE BLÜMER

Fliegen – längst keine Utopie mehr

Bernd Thomas

Heute erscheint es fast selbstverständlich, dass der Mensch mithilfe von Maschinen fliegen kann. Der Flug in den Urlaub gehört zu den Erfahrungen unserer Zeit, auch viele Grundschulkinder sind schon einmal geflogen. Darüber gerät leicht in Vergessenheit, dass dieser Menschheitstraum erst seit etwa 100 Jahren keine Utopie mehr ist.

F liegen ist für die meisten Menschen immer noch eine Ausnahmesituation. Vom Fliegen geht daher nach wie vor eine große Faszination aus, denn der Mensch bewegt sich hier in einem Medium, für das er nicht geschaffen ist. Fliegen ist für ihn nur mit technischer Hilfe möglich und bis heute ein Wagnis. Wie groß muss dieses Wagnis für die ersten Flugpioniere gewesen sein, die vor knapp 100 Jahren damit begannen, ihre ersten „fliegenden Kisten" in die Lüfte zu erheben?

Curricular ist das Thema „Fliegen" dem Sachunterricht zuzurechnen, wobei sich auch fächerübergreifendes Arbeiten anbietet, so könnte z. B. im Werkunterricht mit den Kindern ein Flieger gebaut werden (vgl. Praxis Grundschule 4/1990). Innerhalb des Sachunterrichts bedient die vorliegende Thematik die technische und besonders die historische Dimension. Technikgeschichtliche Themen eignen sich gut für das historische Lernen im Sachunterricht, da sie sehr motivieren (vgl. *Feige* 1998, S. 12).

Deshalb habe ich zum Thema verschiedene Arbeitsblätter entwickelt. Diese haben informativen Charakter und fordern die Kinder zu vielfältigen, durchaus anspruchsvollen Aktivitäten auf. Der Umgang mit den neuen Medien wird ebenfalls vorgeschlagen. Für die eigene Recherche ist es z. B. hilfreich unter www.wissen.de das Stichwort Flugzeug aufzurufen und dann dem Link Flugzeugseite zu folgen. Dort finden sich eine Fülle von Informationen zum Thema Fliegen.

Zu den Arbeitsblättern

• Der wohl berühmteste Flugmythos ist die Sage von Dädalus und dessen Sohn Ikarus. Sie spielt etwa 2500 Jahre v. Chr. (siehe S. 118). Dädalus hatte das Labyrinth für den Minotaurus erbaut. König Minos wollte das Geheimnis des Labyrinths auf keinen Fall preisgeben und ließ deshalb Dädalus festsetzen. Dieser jedoch ersann das Fliegen als Fluchtweg und baute entsprechende Flügel. Vorbild war für ihn der Vogelflug.
• Auch das italienische Universalgenie *Leonardo da Vinci* (1452–1519) orientierte sich am Flug der Vögel. Er trieb aber auch Studien über den Flug der Insekten und der Fledermäuse. Letztere standen Pate bei der Konstruktion der Flugschwingen. *Leonardo* entwarf eine Vielzahl von Flugmaschinen, die auf dem Prinzip von Schwingflügeln beruhten (siehe S. 119). Der Schwingflügelflug war aber ein Irrweg.
• Auch *Otto Lilienthal* (1848–1896) und dessen Bruder *Gustav* (1849–1933) studierten den Vogelflug (siehe S. 120). 1889 legte *Otto Lilienthal* das Buch „Der Vogelflug als Grundlage der Fliegekunst" vor. Obwohl er sich darin für den Flug mit Schwingflügeln aussprach, ging er in der Praxis einen anderen Weg. Ab 1891 baute er verschiedene Gleiter mit deren Hilfe ihm bald zahlreiche Flüge gelangen. Die Tragflächen an seinen Gleitern waren aber stets eine starre Konstruktion.
• *Gustav Weißkopf* (1874–1927) ist bis heute eine umstrittene Figur in der Geschichte der Fliegerei (vgl. www.weisskopf. de). Allerdings finden seine Leistungen zunehmend Berücksichtigung in den Standardwerken zur Geschichte der Fliegerei (vgl. *Streit/Taylor* 1975). Aber gerade in den für Kinder zugänglichen Büchern zum Thema „Fliegen" fehlt zumeist jeglicher Hinweis auf diesen Flugpionier. *Weißkopf* war der Erste, der zum Starten und Landen seines Fliegers eine Betonpiste baute (siehe S. 121).
• Die Brüder *Wright* entwickelten den berühmten Flyer 1 (siehe S. 122). Am 17. Dezember 1903 gelangen beiden damit vier erfolgreiche Flüge. Das Hauptproblem für *Orville* (1871–1948) und *Wilbur Wright* (1867–1912) war dabei der Antrieb, da die Entwicklung leistungsfähiger und gleichzeitig nicht zu schwerer Motoren noch in den Kinderschuhen steckte. Flyer 1 wurde bei einem Eigengewicht von 340 kg – der Pilot kommt noch hinzu – von einer nur 12 PS-starken Motoreigenkonstruktion angetrieben. Das Höhenruder befindet sich noch am Bug der Maschine. Das Seitenruder steht senkrecht am Heck der Konstruktion. Zwischen den Tragflächen und dem Seitenruder kreisen die Propeller. Die Seilzüge führen von den Händen des Piloten über Rollen zu einem Gestänge, das die Ruder bewegt.

Als *Wilbur Wright* in Frankreich 1908 mit einer leistungsfähigeren Konstruktion spektakuläre Flugvorführungen machte, begann sich eine größere Öffentlichkeit – darunter auch das Militär – dafür zu interessieren. Durch die Vorführungen wurde die Entwicklung des Flugzeugbaus in Europa enorm beschleunigt. Die Ideen der beiden Brüder wurden nun zahlreich aufgegriffen und auch weiterentwickelt.

Bevor die Kinder anfangen, dieses Arbeitsblatt zu bearbeiten, wird es an der gestrichelten Linie geknickt. Haben sie die Aufgaben beendet, können die Kinder selbstständig kontrollieren, ob sie die zweite Aufgabe richtig gelöst haben.
• Die Kinder können von eigenen Flugerfahrungen berichten. Aus Zeitungen u. Ä. können Bilder und Berichte zum Thema Fliegen gesammelt werden. Aus den Bildern könnte eine große Collage angefertigt werden. Zur Technik des Fliegens teilt das Arbeitsblatt nur das Nötigste mit (siehe S. 123). Weitere wichtige Faktoren sind die Geschwindigkeit, um eine entsprechende Luftanströmung der Tragflächen zu erreichen und die Steuerbarkeit, um einen kontrollierten Flug durchführen zu können (vgl. *Alberts* 1998, S. 42–47).

Sicherlich ist das Fliegen eine große Errungenschaft der Menschheit. Im Sinne einer kritischen historischen Längsschnittbetrachtung (Vergleich von früher und heute) dürfen aber auch negative Aspekte der Thematik nicht übersehen werden (vgl. *Feige* 1998, S. 12). Zu denken ist dabei an Umweltbelastungen, an luftkriegerische Einsätze und an Flugzeugkatastrophen. Andererseits ist das Fliegen die sicherste Reiseform und die Erfüllung eines uralten Menschheitstraums.

Literatur

Alberts, Sonja: Wieso kann ein Flugzeug fliegen? In: Grundschule, Heft 10/1998, S. 42–47
Feige, Bernd: Historisches Lernen im Sachunterricht der Grundschule. In: Grundschule, Heft 11/1998, S. 10–13
Praxis Grundschule, Heft 4/1990, Themenheft „Fliegen"
Streit, Kurt W./Taylor, John W.: Geschichte der Luftfahrt. London, Künzelsau 1975

Die Sage von Dädalus und Ikarus

Schon die griechische Sagenwelt kannte den Traum vom Fliegen.

Dädalus und dessen Sohn Ikarus wurden von König Minos
auf der griechischen Insel Kreta gefangen gehalten.

Um zu fliehen gab es für beide nur einen Weg: fliegen.

Alle anderen Möglichkeiten waren ihnen versperrt.

Dädalus war von Beruf Baumeister.

Heute würde man sagen, er war Architekt oder Ingenieur.

Er baute also für sich und seinen Sohn Fluggeräte
aus Adlerschwingen,
die er mit Wachs verklebte.

Es funktionierte tatsächlich.

Dädalus und Ikarus schwangen sich in die Luft
und flogen davon.

Sohn Ikarus jedoch wurde übermütig
und kam der Sonne zu nah.

Das Wachs schmolz und Ikarus stürzte ins Meer.

Vater Dädalus war entsetzt und traurig.

Er konnte allerdings nach Sizilien entkommen.

- Diese Sage wird
  in verschiedenen Formen erzählt.
  Suche in der Schulbibliothek,
  in eurer Leseecke
  oder zu Hause nach Büchern,
  in denen die Sage erzählt wird.
  Lies sie dir durch
  und bringe die Texte mit in die Schule.

- Suche die Inseln Kreta und Sizilien
  im Atlas oder auf dem Globus.

- Kann das mit der heißen Sonne stimmen?
  Warst du schon einmal
  auf einem hohen Berg?
  Wird es dort kälter oder wärmer?
  Woran mag das liegen?

ILLUSTRATIONEN: SCHWANKE UND RAASCH

Leonardo da Vinci

Vor 500 Jahren fertigte der italienische Maler, Architekt,
Naturforscher und Erfinder Leonardo da Vinci
erste Zeichnungen von Fluggeräten an.

Diese wurden zwar damals noch nicht gebaut,
aber sie sahen den ersten tatsächlichen Flugapparaten sehr ähnlich.

Das folgende Bild zeigt dir den von Leonardo entworfenen Schwingflügel.

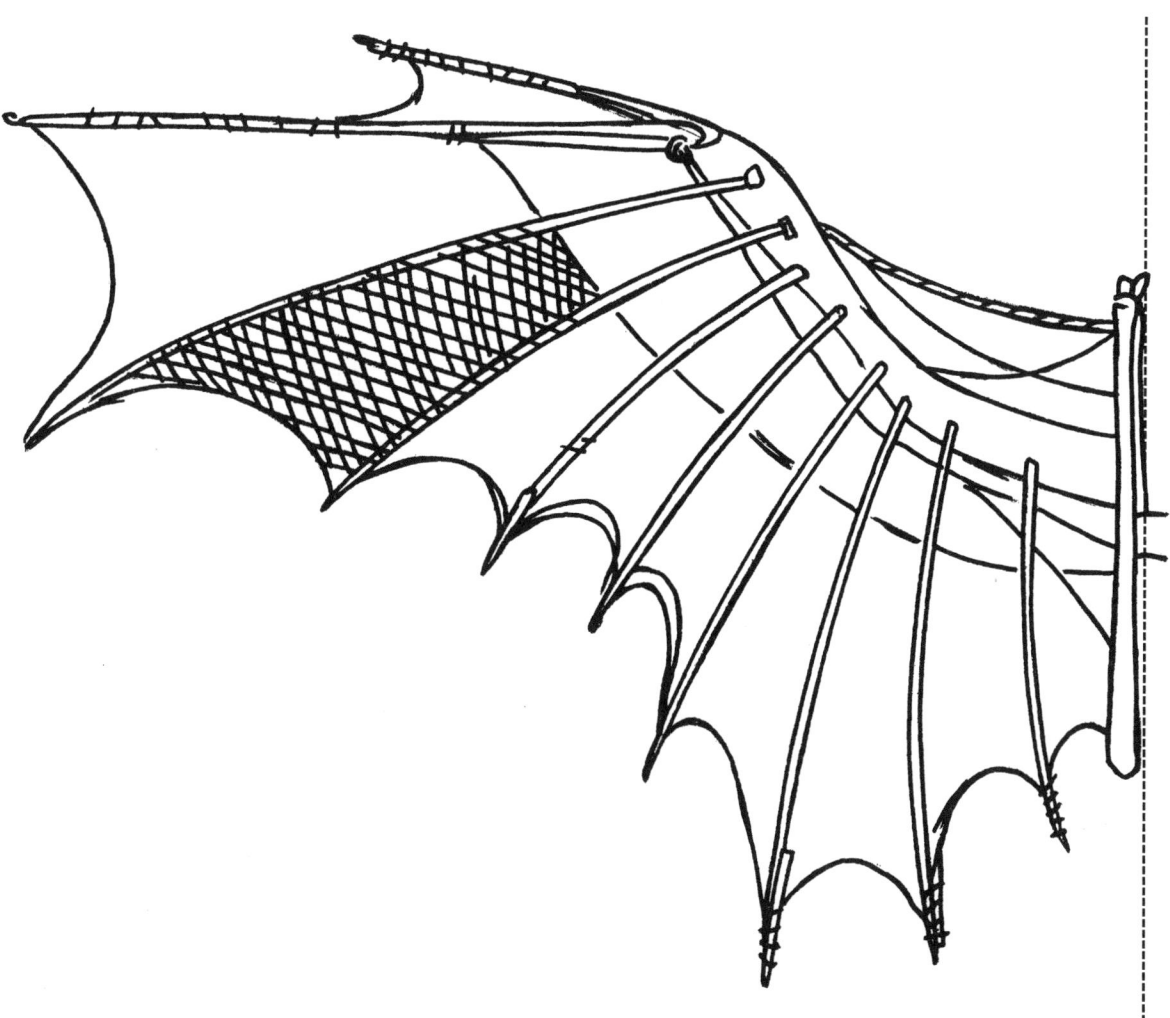

- Schau dir die Zeichnung genau an.

- Stelle einen Spiegel auf die verlängerte Linie.
  Was beobachtest du?
  Kennst du das vielleicht noch aus dem Mathematikunterricht?

- Versuche den Schwingflügel abzuzeichnen.

- Mithilfe des Spiegelbildes kannst du auch versuchen,
  die rechte Armschwinge zu zeichnen.
  Arbeite mit einem gut gespitzten Bleistift.

- Schau im Lexikon unter „Leonardo da Vinci" nach.
  Was erfährst du dort noch alles über ihn?

Otto und Gustav Lilienthal

Otto Lilienthal ist der erste Mensch, der wirklich geflogen ist.
Fliegen bedeutet, dass das Fluggerät schwerer als Luft ist
und trotzdem in ihr fliegt.
Die Ballonfahrer hingegen konnten sich schon viel früher in die Luft erheben.

Das gelang aber nur, weil ihre Gefährte
durch Gas oder heiße Luft leichter als Luft waren.
Ottos Bruder Gustav half beim Konstruieren und Bauen der Flugapparate.
1891 erhob sich Otto mit seinem Fluggerät
für einen Satz von 25 Metern zum ersten Mal in die Luft.
Etwa 2500 Flüge folgten.
Seine Flüge erreichten dabei eine Länge von 300 Metern.
1896 wurde Otto von einer starken Windbö überrascht
und stürzte tödlich ab.

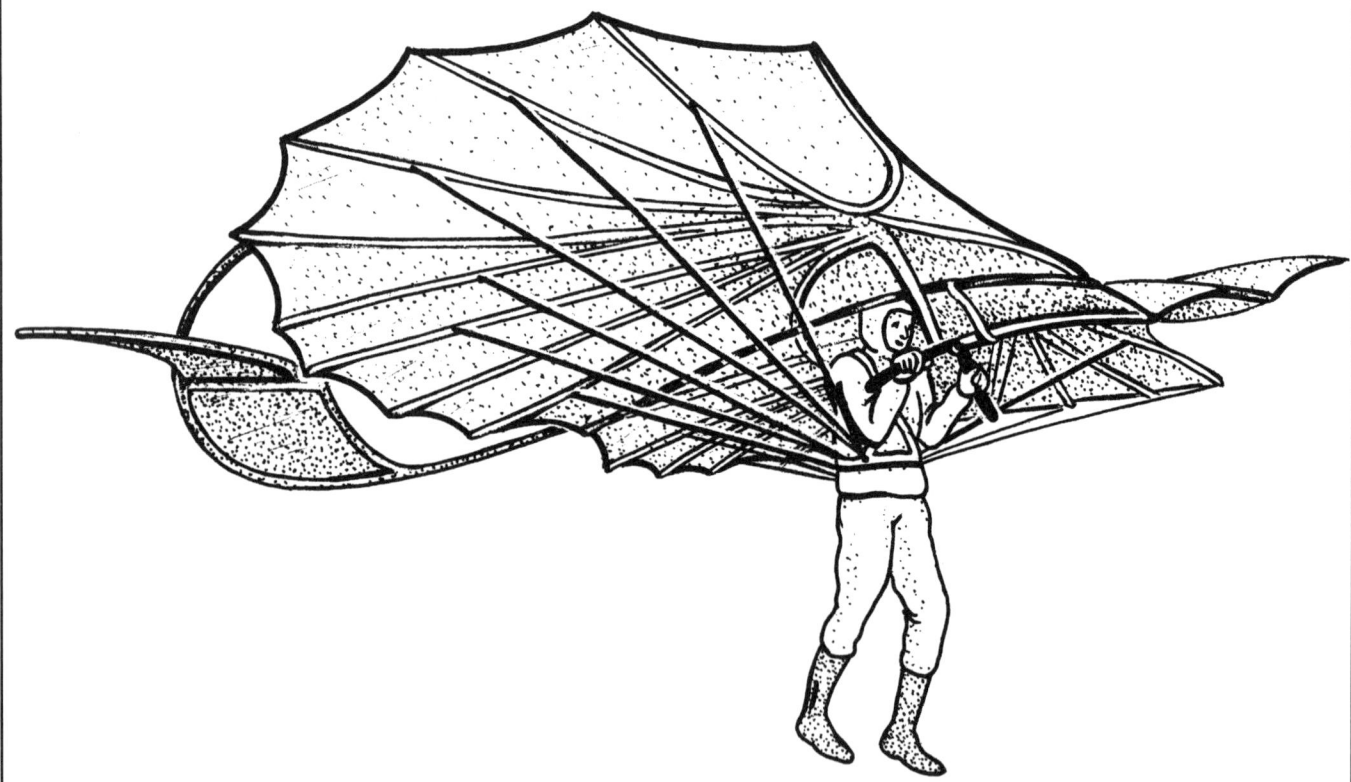

- Das Bild oben zeigt dir Otto Lilienthal.
  Betrachte das Bild genau
  und vergleiche die Tragflächen
  des Fluggeräts mit der Zeichnung
  von Leonardo da Vinci.
- An welche heutige Art des Fliegens
  erinnert Otto Lilienthals Flug?
- Miss 300 Meter auf dem Schulhof ab.

- Bringe ein Flugspielzeug mit zur Schule
  und beobachte es beim Fliegen.
  Worin bestehen Ähnlichkeiten
  zu dem Flug von Otto Lilienthal?
- Bastele selber Papierflieger.
  Probiere verschiedene Typen aus.
  Welcher fliegt am besten?

ILLUSTRATIONEN: SCHWANKE UND RAASCH

Gustav Weißkopf

Der fränkische Flugpionier Gustav Weißkopf gilt
mittlerweile als der erste Mensch,
der sich mit einem Motorflugzeug in die Lüfte schwang.

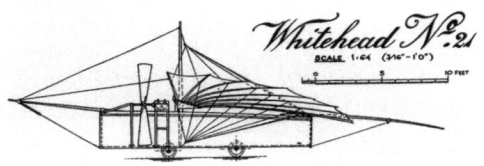

Kurze Zeit arbeitete er mit Otto Lilienthal zusammen.

Danach wanderte er in die USA aus.

Ab 1895 baute er dort Gleitflieger.

Am 14. August 1901 erhob er sich mit einem Motorflieger in die Lüfte.

Mit einer neuen Konstruktion soll er am 17. Januar 1902
einen Flug von über sieben Meilen absolviert haben.

Die tollen Flugleistungen Gustav Weißkopfs
waren zu seiner Zeit nur wenigen Menschen bekannt.

Erst später wurden sie wieder entdeckt.

Seine Geburtsstadt Leutershausen in Bayern
ist heute sehr stolz auf ihn und hat ihm zu Ehren
ein Museum eingerichtet.

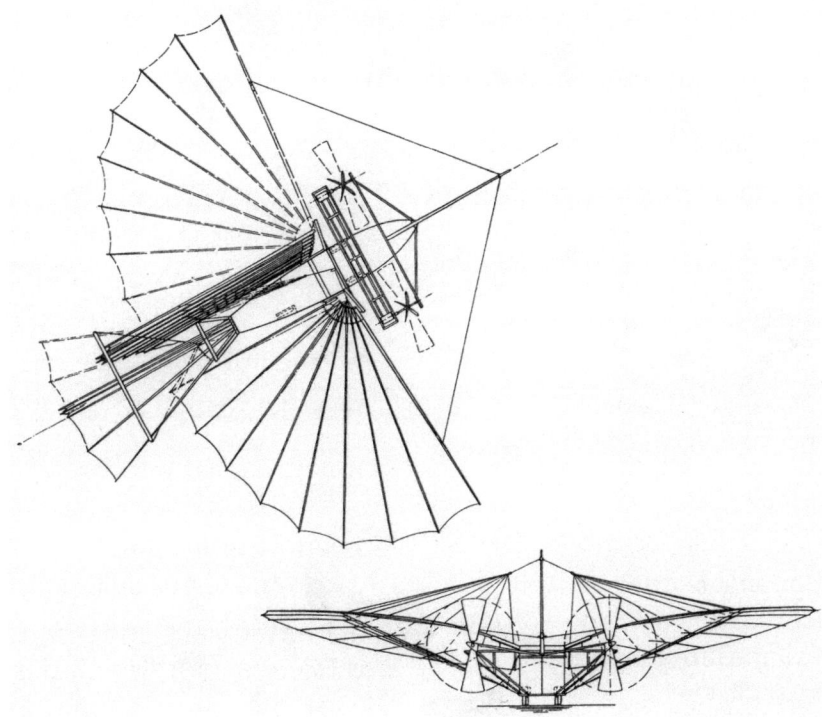

- Sieh dir das Flugzeug genau an.
  Versuche das Flugzeug genau
  zu beschreiben.
  Benutze dabei treffende Adjektive.

- Der längste bekannte Flug
  von Gustav Weißkopf war
  sieben Meilen lang.
  Wie viel ist das in Kilometer?
  Lege bei der Berechnung die Länge
  einer englischen Landmeile
  von rund 1,6 Kilometer zu Grunde.

- Die Stadt Leutershausen hat
  für Gustav Weißkopf ein Museum
  eingerichtet.
  Suche diese Stadt im Atlas.

- Über das Museum kannst du mehr
  im Internet erfahren:
  www.leutershausen.de oder
  www.weisskopf.de.

- Schreibt als Klasse das Museum an.
  Die Anschrift findet ihr im Internet.
  Vielleicht erhaltet ihr dann kostenlos
  weiteres Informationsmaterial.

Orville und Wilbur Wright

Weltruhm erlangten die amerikanischen Brüder Orville und Wilbur Wright.

Sie führten am 17. Dezember 1903
die ersten Flüge mit einem steuerbaren Motorflieger durch.

Die Brüder losten aus, wer es zuerst versuchen sollte.

Orville war als erster an der Reihe:
Der Flug dauerte 12 Sekunden und ging 36 Meter weit.

Noch am selben Tag gelang den Brüdern
ein Flug von 59 Sekunden Dauer und 260 Metern Weite.

Schon knapp zwei Jahre später gelangen ihnen
mit neuen Konstruktionen Flüge von fast 40 Kilometern.

Die letzten Wright-Flugzeuge wurden 1911 und 1915 gebaut.

Sie waren voll flugtauglich und konnten so lange fliegen,
wie der Benzinvorrat reichte.

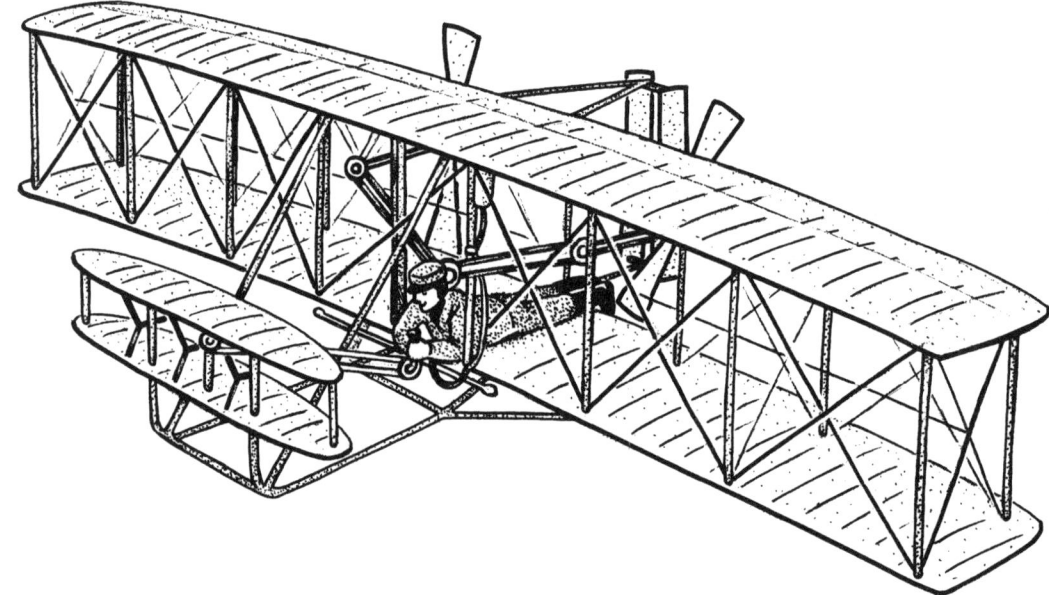

- Das Bild zeigt dir,
  wie die ersten Flüge der Brüder Wright
  1903 durchgeführt wurden.
  Der Pilot flog auf dem Bauch liegend.
  Das Höhenruder war vorne
  vor dem Piloten angebracht,
  das Seitenruder findest du
  im Heckbereich, ebenso die Propeller.

Gesteuert wurde über
ein kompliziertes Seilzugsystem.

- Male mit jeweils anderen Farben an:
  das Höhenruder (blau), das Seitenruder
  (grün), die Tragflächen (gelb),
  die Steuerseile (rot) und die Propeller
  (orange).

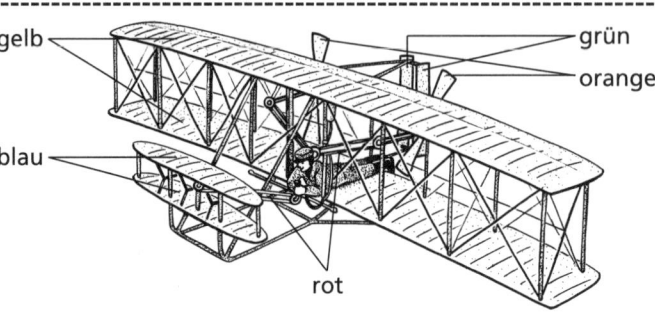

gelb   grün   orange   abknicken

blau

rot

Fliegen heute

Heute ist das Fliegen fast eine Selbstverständlichkeit geworden.
Es ist schon erstaunlich, wie schnell diese Entwicklung ging.
Die ersten Motorflüge von Weißkopf und den Brüdern Wright
sind gerade mal 100 Jahre her.

Heute gibt es alle möglichen Flugzeuge:
riesige Jumbojets, pfeilschnelle Düsenflugzeuge,
kleine Privatmaschinen, wendige Hubschrauber,
Wasserflugzeuge, Senkrechtstarter …

Das Fliegen mit Geräten, die schwerer als Luft sind,
funktioniert nach einer Erkenntnis,
die schon die ersten Motorflieger kannten
und nach der sich auch heutige Flugzeugbauer richten müssen.

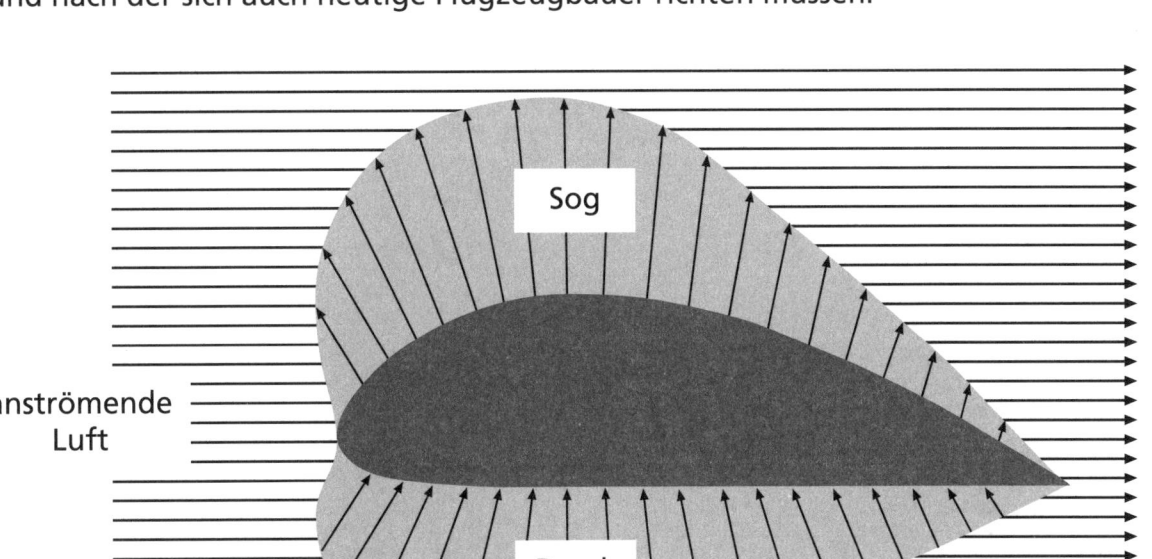

anströmende Luft

Sog

Druck

- Die Zeichnung verdeutlicht dir,
  wie das Fliegen funktioniert.
  Die anströmende Luft hat oberhalb
  der Tragfläche einen weiteren Weg
  über die Wölbung zurückzulegen
  als die Luft unterhalb an der glatten
  Seite der Tragfläche.
  Die Luft oben fließt dadurch schneller
  und erzeugt einen Sog nach oben.
  Die Luft unten fließt langsamer
  und erzeugt einen Druck nach oben.
  Das Flugzeug steigt in die Luft und fliegt.

- Formel 1 Autos haben auch
  tragflächenartige Aufsätze.
  Besonders deutlich sieht man sie
  am Heck der Autos.

Die Autos sollen aber nicht fliegen,
sondern auf die Straße gepresst werden.
Wie sieht nun wohl das Profil aus?

- Bringt die Entwicklung der Fliegerei
  auch Nachteile mit sich?
  Diskutiere mit deinen Mitschülerinnen
  und Mitschülern darüber.

- Tragt alle Bücher, die ihr
  zum Thema Fliegen findet zusammen.
  Dort gibt es noch
  viele andere Informationen,
  Bilder und auch Bastelanleitungen
  zum Bau von Papierfliegern,
  Heißluftballons, Drachen oder
  Fallschirmen.

Wieso kann ein Flugzeug fliegen?

Sonja Alberts

Aerodynamik, Luftwiderstand oder Auftrieb können auch Kindern im Grundschulalter verständlich gemacht werden. Physikalisches Vorwissen brauchen sie dafür nicht – nur das Interesse dafür, warum ein großes und schweres Flugzeug fliegen kann.

Für die meisten Kinder ist das Flugzeug als Verkehrs- und Transportmittel ein selbstverständlicher Teil der Alltagswelt. Während aber das zu Grunde liegende Funktionsprinzip anderer Verkehrsmittel wie Fahrrad, Auto oder Eisenbahn durch eigene Beobachtung von Kindern erschließbar ist, ist dies beim Flugzeug nicht ohne weiteres möglich. Auch anschauliche Experimente in der Art, wie sie z. B. zur Klärung der Frage „Warum schwimmt ein Schiff?" mit einfachen Mitteln durchgeführt werden können, scheiden beim Flugzeug aus. Das führt dazu, dass das Thema „Warum fliegt ein Flugzeug?" meist in die höheren Klassen der Sekundarstufe verbannt ist, wo es dann im Physikunterricht mit viel Fachvokabular und Formeln versehen durchgenommen wird.

Oft ist dies aber auch nicht der Fall, und so gibt es viele Erwachsene, denen es nach wie vor völlig rätselhaft ist, wieso ein riesiges voll besetztes Großraumflugzeug sich in die Lüfte erheben kann. Das Einsteigen in ein Flugzeug wird damit zum Erlebnis des Ausgeliefertseins an eine „Maschine", die wie eine „Blackbox" begriffen wird: Das Flugzeug fliegt, manchmal stürzt eins ab, aber warum, ist für den Laien unverständlich. Solches Unverständnis kann Ängste und falsche Vorstellungen erzeugen.

Die Arbeitsblätter auf den Seiten 125–129 bieten eine einfache Erklärung dafür, warum ein Luftfahrzeug, das schwerer als Luft ist, trotzdem fliegen kann. Sie beschränken sich dabei auf das Wichtigste, das Prinzip des dynamischen Auftriebs. Alle anderen auf ein Flugzeug einwirkenden Kräfte bleiben unberücksichtigt. Die Erklärungen kommen ohne Formeln und physikalisches Vorwissen der Schüler aus und verzichten deshalb auch auf Versuche wie das Venturi-Rohr.

Die abstrakte Vorstellung von Luft als einem Teilchengemisch wird durch ein anschaulicheres Gedankenexperiment (siehe S. 126) ersetzt.

Einfach herzustellende Flügelmodelle (siehe S. 128) beweisen, dass ein Flügel nur dann gleitet, wenn er der Stromlinienform angenähert ist und wenn die stumpfe Seite der Flügelkante in Flugrichtung zeigt. Die Kinder vermuten meistens, die spitze Seite müsse nach vorne zeigen.

Zum Einstieg in das Thema bieten sich zum Beispiel die folgenden Fragen und Arbeitsaufträge an:

● Hast du dir ein Flugzeug schon einmal näher angesehen? Versuche, das Aussehen eines Flugzeugs von außen und von innen zu beschreiben.

● Was unterscheidet Flugzeuge von Autos? Schreibe Unterschiede und Gemeinsamkeiten auf und unterstreiche rot, was es nur bei Flugzeugen gibt.

● Weißt du, wie ein Flugzeug in die Luft kommt? (Bist du schon einmal in einem Flugzeug geflogen?) Versuche, den Start eines Flugzeugs zu beschreiben.

● Was macht die Luft mit den Flügeln des Flugzeugs?

Außerdem ist es sinnvoll, den Schülerinnen und Schülern einiges Anschauungsmaterial wie Abbildungen oder Modelle verschiedener Flugzeugtypen (Düsen- und Propellermaschine z. B.) zur Verfügung zu stellen. Die Faszination für das Thema „Fliegen" wird sicher dafür sorgen, dass die Kinder motiviert sind und es auch bleiben. ●

Foto: iStockphoto.com/rusm

Zum Thema „Fliegen" vgl. auch *Kirchner, Maria* und *Ursula Komac:* Fliegen - ein Traum. In: GRUNDSCHULE, Heft 7-8/1998, S. 22 ff.

Das große Flugzeug

Auf der großen Festwiese ist Jahrmarkt.
Tim und Imke haben beide einen
wunderschönen Luftballon,
der von allein nach oben steigt
und bestimmt wegflöge,
wenn er nicht
an einer Schnur
festgehalten würde.
„Das liegt daran", hatte jedenfalls
der Luftballonverkäufer gesagt,
dass in dem Luftballon gar keine Luft,
sondern Heliumgas ist
und Heliumgas ist leichter als Luft.
„Er kann fliegen, weil etwas drin ist,
was ihn leicht macht", sagt Imke zu Tim
und sieht ihrem Ballon zu,
wie er an der Schnur wackelt.
Da sagt Tim plötzlich:
„Erinnerst du dich
an die Sommerferien,
als wir alle mit
dem großen Flugzeug
geflogen sind?
Das Flugzeug war riesig und
es waren so viele Menschen
mit sehr vielen Koffern
und Taschen darin, außerdem
Mengen an Essen und Trinken,
die wir während
des Fluges serviert bekamen.
Wieso konnte das Flugzeug eigentlich fliegen?"
„Weiß ich auch nicht", antwortet Imke:
„Voll gepackte Koffer machen ein Flugzeug
bestimmt nicht leichter.
Wir beide sind auch schwerer als Luft,
sonst könnten wir ja von allein fliegen.
Flugzeuge werden doch aus Metall gebaut,
oder?
Seltsam, dass so etwas fliegt, besonders,
wenn es auch noch mit schweren Sachen
gefüllt wird!"
Als Tim und Imke der Frage nachgehen,
warum ein schweres Flugzeug fliegt,
treffen sie Frau Popp.
Frau Popp weiß, wie Flugzeuge gebaut werden,
denn sie ist Flugzeugingenieurin.

„Die Form des Flugzeugflügels ist wichtig",
sagt sie.
„Stellt euch vor, ihr schneidet einen Flügel
in kleine Scheiben,
so als ob er ein Weißbrot wäre.
Bei einem guten Flügel
haben die Scheiben eine Form,
die irgendwie an einen Fisch
mit plattem Bauch erinnert.
Da wo der Kopf wäre,
ist die Vorderkante des Flügels."

So sieht die Flügelscheibe aus.
Man sagt dazu **Flügelprofil.**

Stell dir vor . . .

Stell dir vor, das Flugzeug startet und
fliegt in eine Wolke von Seifenblasen,
die alle gleich groß sind und nicht platzen.
Stell dir außerdem vor, dass alle Luft
in diesen Seifenblasen eingefangen ist.

Betrachte die beiden Seifenblasen
an der Vorderseite der Flügelkante.
Das Flugzeug fliegt auf sie zu:
Seifenblase 1 geht oben über den Flügel,
Seifenblase 2 nimmt den Weg unten herum.
Welche der beiden hat den längeren Weg,
um ans Ende des Flügels zu gelangen?
Vergleiche die Wegstrecken mittels eines Fadens,
den du erst auf Weg 1, dann auf Weg 2 legst.

Ergebnis:

....

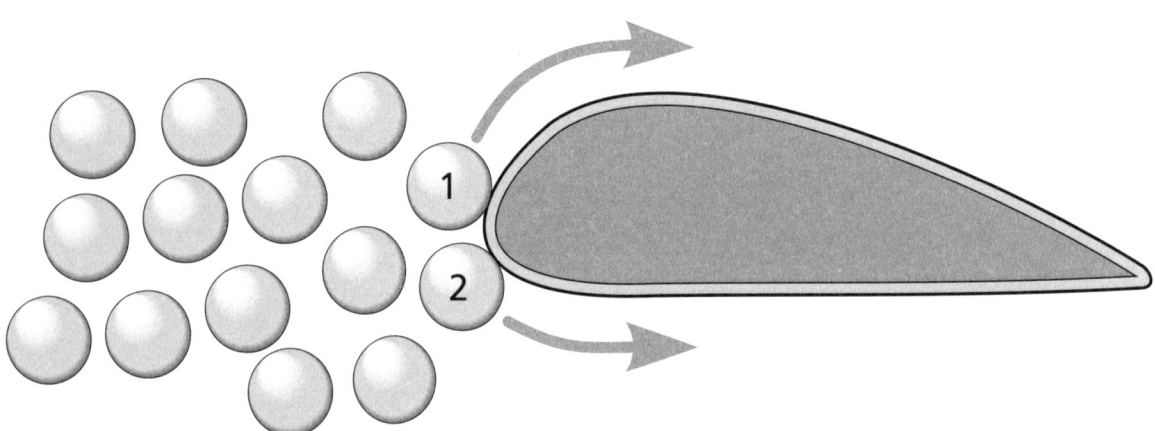

Weil der Weg oben länger ist,
haben die Seifenblasen,
die den Weg über den Flügel nehmen,
aber auch mehr Platz
als die Seifenblasen unten:

Unten drücken sich 7 Seifenblasen eng
aneinander. Und oben?
Man sagt: Unter dem Flügel herrscht **Überdruck,**
oben auf dem Flügel ist **Unterdruck.**
Wenn die Seifenblasen oben genauso schnell
an die hintere Flügelkante kommen wollen
wie die Seifenblasen unten,
müssen sie sich schneller bewegen.
Denn sie haben einen längeren Weg.
Das bedeutet, dass die Seifenblasen im
Unterdruck schneller sind.

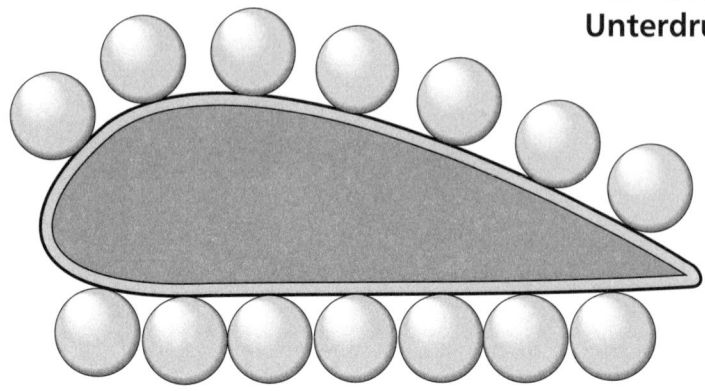

ILLUSTRATIONEN: VIETH + VIETH

Pusteversuche

Halte einen Bogen Papier
ohne ihn zu knicken so,
dass ein schmales Stück
oben waagerecht ist,
während der Rest
nach unten hängt.

Halte die Papierkante so,
dass sie zwischen Nase und Oberlippe liegt.
Kräftig pusten. Was passiert?

Halte die Papierkante so,
dass sie zwischen Unterlippe und Kinn liegt.
Kräftig pusten. Was passiert?

Nimm in jede Hand einen Bogen Schreibpapier
und halte sie so,
wie auf der Zeichnung zu sehen.
Puste von oben zwischen die Blätter.
Was passiert?

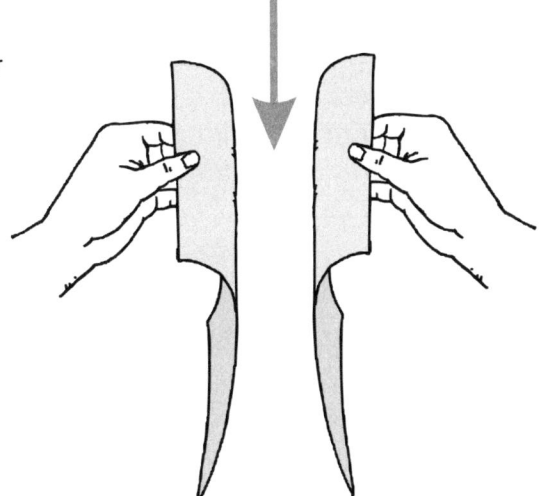

**Was hat das Papier-Pusten
mit einem fliegenden Flugzeug zu tun?**

ILLUSTRATIONEN: VIETH + VIETH

So kannst du Flügelmodelle basteln

Du brauchst für zwei
Flügelmodelle:

● Pappe

● Bleistift

● Schere

● einen
  kleinen Bohrer

● 4 Schaschlikstäbe

● Schreibpapier DIN-A3

● Tesafilm

Zeichne die beiden Flügelprofile
je neunmal auf Pappe
und schneide sie aus.
Bohre an den Markierungen Löcher.
Stecke die Profilteile in gleichmäßigem Abstand
auf die Schaschlikstäbe.
Ein Stab kommt durch alle vorderen Löcher
und ein Stab durch alle hinteren.
Jetzt überspanne dieses Gerüst so mit Papier,
dass es eng anliegt.
Die Profilform muss deutlich zu erkennen sein.
Klebe die Papierränder mit Tesafilm zusammen
und befestige das Papier auch an
den beiden Seiten mit Tesafilm.

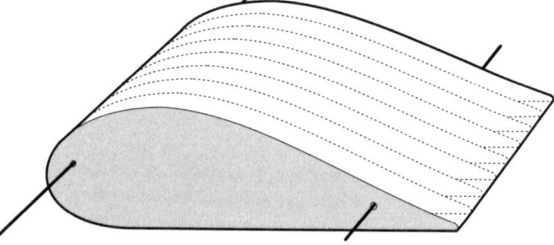

Jetzt kannst du die Flugeigenschaften testen:
Halte jedes Modell waagerecht hoch in die Luft
und lass es los.
Welches Modell fliegt am besten?
Wie musst du das Modell dabei halten?

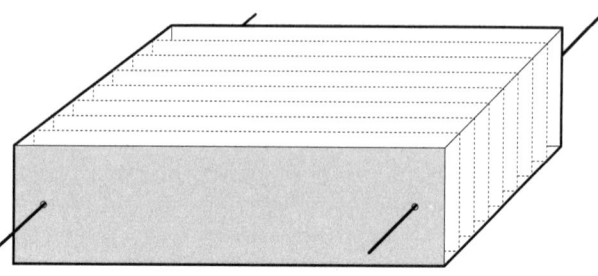

ILLUSTRATIONEN: VIETH + VIETH

Was haben Pusteversuche mit einem fliegenden Flugzeug zu tun?

Schnellere Luft über dem Papier hat das Papier hochgehoben.

Auch das Flugzeug wird durch schnellere Luft hochgehoben:
Die schnellere Luft ist oben über dem Flugzeugflügel.
Die Luft wird aber nicht durch das Pusten schneller,
sondern durch die Form des Flügelprofils.

Wenn ein Flugzeugflügel die Luft schnell durchschneidet,
verhalten sich die Luftströme um den Flügel herum ähnlich wie die Seifenblasen im Gedankenexperiment.
Die Luft, die oben über den Flugzeugflügel hinwegstreicht, hat den längeren Weg.

Sie wird dadurch im Vergleich zur übrigen Luft dünner,
es herrscht ein Unterdruck.
Im Unterdruck wird die Luft schneller.
Dadurch entsteht ein Sog,
der das Flugzeug nach oben hebt.
Der Überdruck unter dem Flügel schiebt das Flugzeug zusätzlich nach oben.

Sog und Druck am Flügel ergeben zusammen den Auftrieb.
Er ist so groß, dass er ein ganzes schweres Flugzeug in die Luft heben kann.
Der Sog ist dabei das Wichtigste,
er ist etwa doppelt so stark wie der Druck.

An der hinteren Flügelkante vereinigen sich die beiden Luftströme wieder.

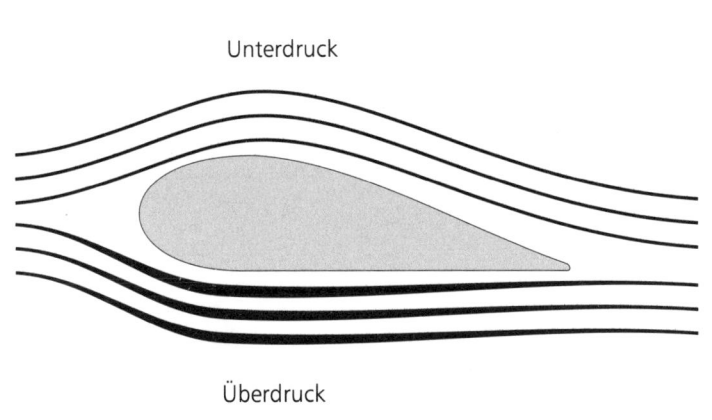

Unterdruck

Überdruck

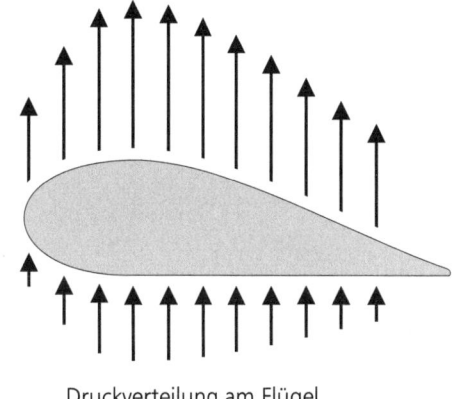

Druckverteilung am Flügel

Wozu haben Flugzeuge einen Motor?

Der Motor sorgt dafür, dass das Flugzeug schnell genug nach vorne in die Luft hinein bewegt wird.
Das eigentliche Fliegen passiert durch das Zusammenwirken von Luft und Flügeln.
Deshalb gibt es auch Flugzeuge ohne eigenen Motor.

Warum zeigt beim Flügelprofil das breite Ende nach vorne?

Auf diese Weise kann der Flügel die Luft am besten durchschneiden.
Man sagt dazu, der Flügel hat einen geringeren Luftwiderstand.
Das ist wichtig beim Fliegen.
Das kannst du ausprobieren,
indem du dir ein Flügelmodell bastelst.

ILLUSTRATIONEN: VIETH + VIETH

Lesen Sie weiter

ANITA SCHILCHER u. a.
Burg Adlerstein - Schreibtraining

Die Materialien in diesem Arbeitsheft schaffen mit dem Sportinternat auf Burg Adlerstein einen spannenden Rahmen, in dem Kinder von Klasse 4 bis 6 ihre eigene Geschichte zur Burg entwickeln können. Dabei lernen die Schülerinnen und Schüler wichtige Schreibstrategien kennen und anzuwenden. Lernfortschritte werden dokumentiert und reflektiert, am Ende steht eine eigene Abenteuergeschichte in fünf Kapiteln.
Schreiben kann man trainieren - hier wird gezeigt, wie es erfolgreich gelingen kann.

ISBN: 978-3-14-162205-8

SIGRID BINDER u. a.
GanzOhrSein
Ein fächerübergreifendes Grundschulprojekt

Dieser Band befasst sich mit dem Thema „Hören und Zuhören in Schule und Unterricht". Neben dem Vorstellen von sinnvollen Wegen zum achtsamen Hören werden u. a. folgende Bereiche aufgegriffen: Hineinhören in die Umwelt, Hörspaziergänge, akustische Qualität von Klassenräumen, Ohrensehen und Augenhören, Sprechen - Zuhören - Verstehen.

ISBN: 978-3-14-163022-0

MARTINA KLUNTER u. a.
Daten, Zufall und Wahrscheinlichkeit

Mathematik ist mehr als das eindeutige Lösen von Aufgaben. So bilden beschreibende Statistik, Kombinatorik und Wahrscheinlichkeit eine Einheit, mit der z. B. die Frage beantwortet werden kann, ob die gesammelten Würfelergebnisse zufällig entstanden sind oder ob es doch nicht nur Zufall ist, dass das Ergebnis 7 beim Würfeln mit zwei Würfeln besonders häufig auftritt.
Die beiden Bände bieten neben theoretischen Grundlagen konkrete, im Unterricht erprobte Aufgaben zu allen drei Themenbereichen, mit denen die Kinder an diese Themengebiete und die Bearbeitung solcher Fragen herangeführt werden.

Unterrichtsideen zum Beobachten und Kombinieren
für die Klassen 1 und 2   ISBN: 978-3-14-163044-2
Unterrichtsideen zum Beobachten und Kombinieren
für die Klassen 3 und 4   ISBN: 978-3-14-163045-9

Bestellen Sie Ihre Bücher unter www.westermann.de, telefonisch (0531 708-664) oder im Buchhandel.

Vorschau

Praxis Grundschule Extra
Gedichte
ISBN: 978-3-14-161057-0

Impressum

Herausgeber und Verlag:
Westermann Bildungsmedien Verlag GmbH
Georg-Westermann-Allee 66
38104 Braunschweig

Redaktion:
Uschi Pein-Schmidt
Telefon: 05305 930071
E-Mail: lektoratsickte@aol.com

Katrin Bokemeyer
Telefon: 0531 708-382
E-Mail: katrin.bokemeyer@westermanngruppe.de

Redaktionsleitung: Thomas Michael

Titel: Esther Sejtka, Ganz. Schön. Mutig., Braunschweig

Gesamtherstellung:
westermann druck GmbH, Braunschweig
ISBN: 978-3-14-161056-7

Leserservice:
Telefon: 0531 708-8631
Telefax: 0531 708-617
E-Mail: leserservice@westermann.de

Quellenverzeichnis:
In diesem Heft finden Sie Beiträge aus den folgenden Themenheften der Zeitschriften Grundschule, Praxis Grundschule und Sachunterricht Weltwissen:

Seite 6–9: Grundschule 2/2002: Grundschule professionell leiten / Sachunterricht: Standort und Perspektiven
Seite 10–12: Grundschule 10/1997: Lernen, Wissen, Verstehen
Seite 13–15: Grundschule 1/1997: Phantasien und Stille entdecken
Seite 16–17: Sachunterricht Weltwissen 1/2012: Das haben wir selbstgemacht! Technisches Lernen: Dinge des Alltags herstellen
Seite 18–27: Sachunterricht Weltwissen 2/2010: Vom Rad zum Roboter - Technisches Lernen: Maschinen
Seite 28–33: Sachunterricht Weltwissen 4/2006: Alltagstechnik: Wie funktioniert das?
Seite 34–37: Sachunterricht Weltwissen 4/2006: Alltagstechnik: Wie funktioniert das?
Seite 38–43: Sachunterricht Weltwissen 4/2006: Alltagstechnik: Wie funktioniert das?
Seite 44–49: Sachunterricht Weltwissen 1/2006: Mitten im L1 ftmeer
Seite 50–54: Weltwissen Sachunterricht 4/2006: Alltagstechnik: Wie funktioniert das?
Seite 55–58: Praxis Grundschule 3/2012: Kreativität und Technik - Kinder als Erfinder
Seite 59–63: Sachunterricht Weltwissen 3/2008: Achtung: Baustelle!
Seite 64–67: Sachunterricht Weltwissen 2/2008: Auf rätselhaften Spuren: das Alte Ägypten
Seite 68–71: Sachunterricht Weltwissen 3/2008: Achtung: Baustelle!
Seite 72–73: Praxis Grundschule 3/2007: Jahrgangsübergreifendes Arbeiten im Mathematikunterricht
Seite 74–79: Sachunterricht Weltwissen 3/2013: Erfindungen verändern die Welt - Historisches Lernen: Erfindungen und Erfinder entdecken
Seite 80–84: Praxis Grundschule 3/2012: Kreativität und Technik - Kinder als Erfinder
Seite 85–89: Praxis Grundschule 3/2012: Kreativität und Technik - Kinder als Erfinder
Seite 90–98: Sachunterricht Weltwissen 3/2013: Erfindungen verändern die Welt - Historisches Lernen: Erfindungen und Erfinder entdecken
Seite 99–102: Praxis Grundschule 1/2000: Bausteine zum Schulanfang
Seite 103–106: Sachunterricht Weltwissen 3/2007: Von Licht, Wärme und Bewegung: Energie
Seite 107–116: Praxis Grundschule 3/2012: Kreativität und Technik - Kinder als Erfinder
Seite 117–123: Praxis Grundschule 6/2001: Utopien
Seite 124–129: Grundschule 10/1998: Elternarbeit in der Schule / Experimente im Sachunterricht

Tippkarte 2: Wie verbinden wir eine Solarzelle mit einer Leuchtdiode?

Solarzelle

Leuchtdiode

Unterlegscheibe

Mutter

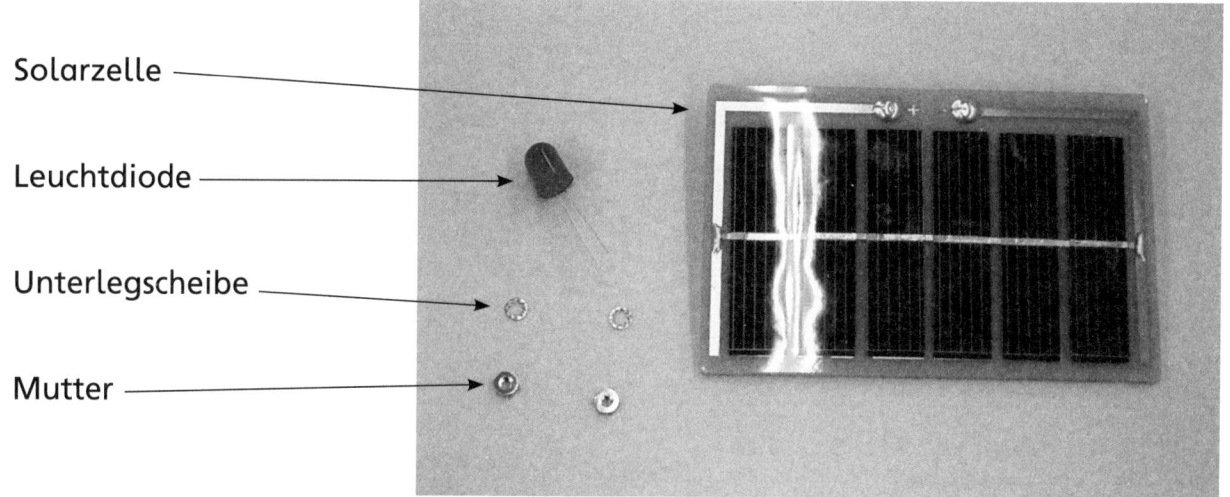

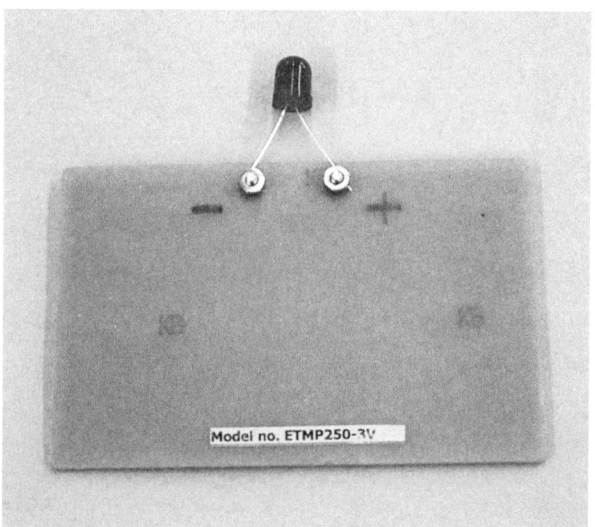

Befestige die Drähte der Leuchtdiode mithilfe der Muttern an der Solarzelle.

Achtung:
Der längere Draht muss
am Pluspol festgeschraubt werden!

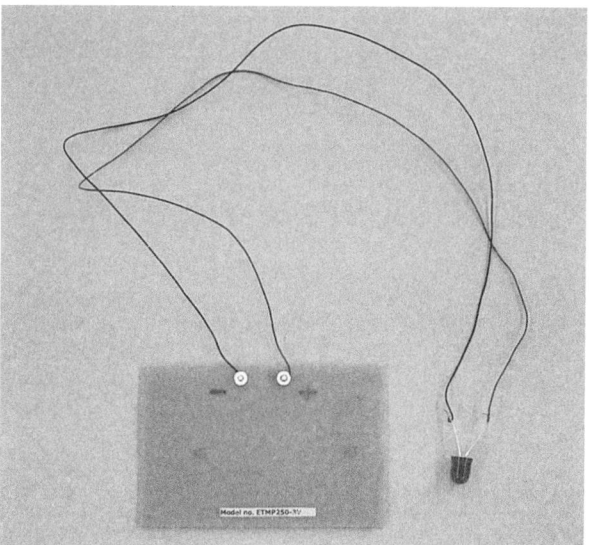

Um die Verbindung zu verlängern, kannst du auch zwei Drähte zwischen Leuchtdiode und Solarzelle anbringen.

Achte wieder darauf, dass der lange Draht der Leuchtdiode mit dem Pluspol der Solarzelle verbunden ist.

FOTOS: HEIKE BLÜMER

Tippkarte 1: Welches Modell könnten wir bauen?

Auto

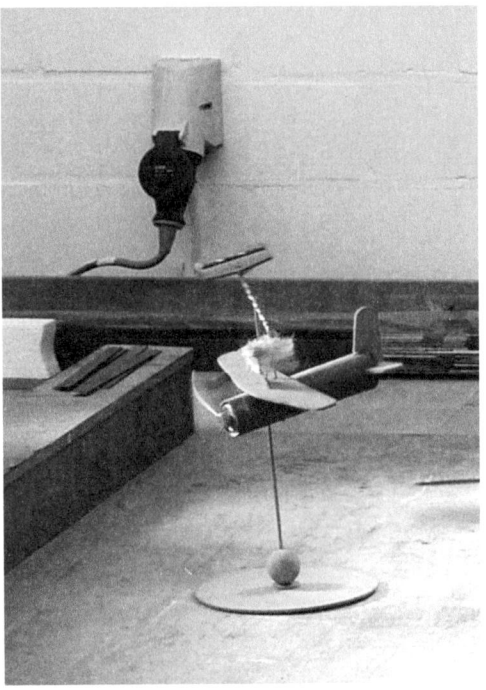

Flugzeug

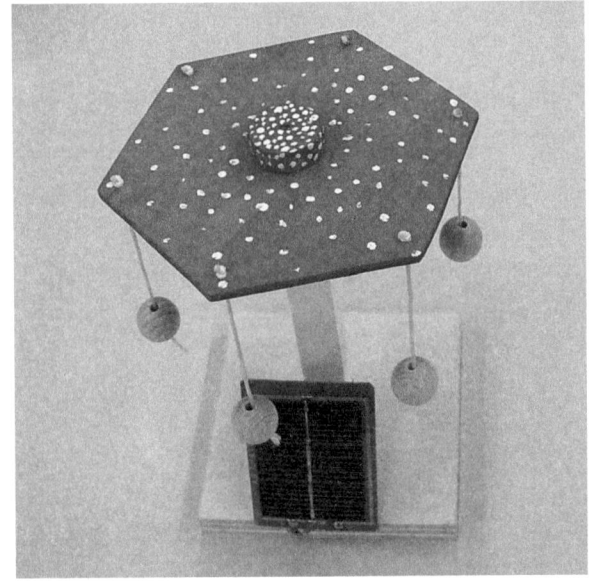

Karussell

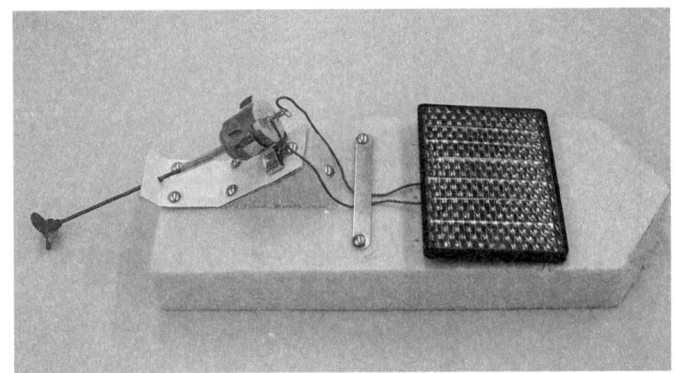

Schiff

Riesenrad

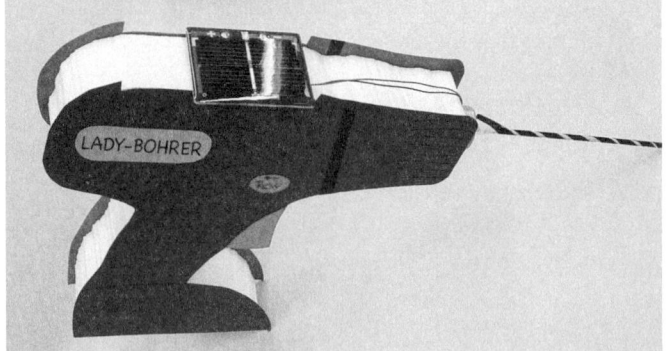

Bohrmaschine

FOTOS: HEIKE BLÜMER

5. Klebe den Gleichrichter neben dem Schalter
in der Dose fest.
Achte darauf, dass keine Lötstelle abreißt.
Drücke die Kabel vorsichtig in das Gehäuse.

6. Die beiden langen Kabel sollen
aus dem Gehäuse zum Dynamo führen.
Umwickle die beiden Kabel im Gehäuse
so dick mit Isolierband,
dass die Umwicklung nicht
durch das Loch des Gehäuses passt.
Führe die beiden langen Enden der Kabel
durch das Loch nach außen.

7. Befestige die Dose mit der Rohrschelle
am Lenker, wie auf der Abbildung.

8. Setze die Akkus ein!
Schon ist der Baladyn fertig.

9. Klemme die vorhandenen Kabel des Dynamos ab.
Führe die Leitungen des Baladyns zum Dynamo
und befestige sie mit den Kabelbindern
am Fahrradrahmen.
Befestige die Kabel
an den Kontakten des Dynamos.
Manche Dynamos haben nur einen Kontakt.
Dann kannst du das zweite Kabel
an der Dynamo-Befestigung
an der Vordergabel verbinden.
Achte darauf, dass die Leitungen
guten Kontakt haben.

10. Damit man den Baladyn ab und zu
von Lenker entfernen kann,
können in die Zuleitungen zum Dynamo
Rundstecker und Steckerhülsen gesetzt werden.

11. Wenn du die Akkus laden willst,
lege sie richtig gepolt
in die Batteriehalterung des Baladyns,
schalte den Schalter auf „an",
klicke den Dynamo an den Reifen
und du kannst fahren!
Danach kannst du die Akkus herausnehmen
oder im Baladyn lassen und
den Schalter auf „aus" stellen.

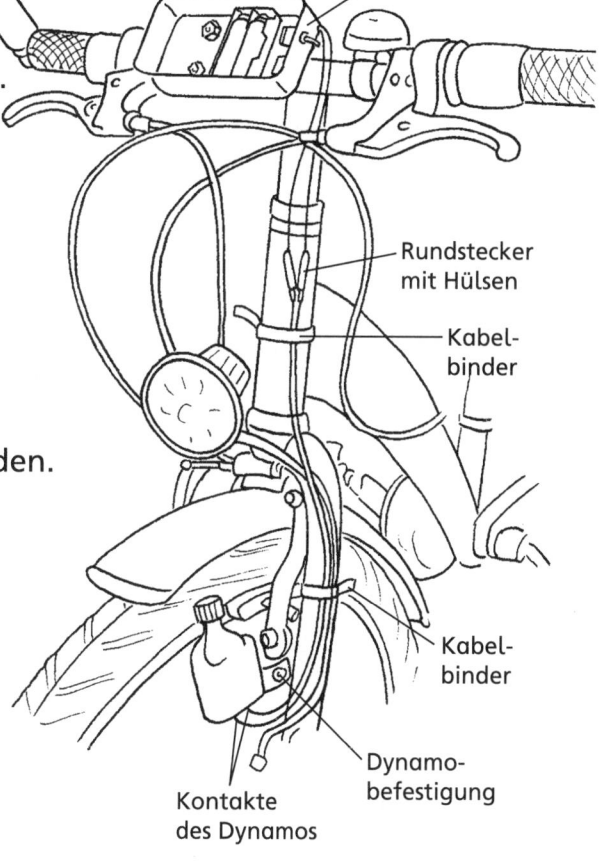

Umwicklung　　Schalter
Gleichrichter

Einzelteile der Rohrschelle

Baladyn
Lenker

Baladyn

Rundstecker mit Hülsen

Kabelbinder

Kabelbinder

Kontakte des Dynamos

Dynamo-befestigung

ILLUSTRATIONEN: SCHWANKE UND RAASCH

Wir bauen einen „Baladyn"
(Batterie-Ladegerät-Dynamo)

Du brauchst:

- 1 Fahrrad mit Dynamo
- 1 Batteriehalter
  (2x AA Mignon – Clipanschluss)
- 2 Akkus AA Mignon
- 1 Batterieclip für Batteriehalter
- 1 Brückengleichrichter B40C1500 (40 V/1,5 A)
- 1 Hebelschalter (einpolig mit Lötösen)
- 1 Gehäuse aus Kunststoff
  (z. B. Pausenbrotdose)

- 1 Rohrschelle (26 mm)
  als Lenkerhalterung
- 2 Rundsteckerhülsen
- 2 Rundstecker
- ca. 2,0 m Litze (Kabel) rot
- ca. 2,0 m Litze schwarz
- Kabelbinder
- Klebepistole
- Lötkolben und Lötzinn
- Isolierband

1. Verlöte Schalter, Gleichrichter, Batteriehalter
und Kabel so wie auf dem Bild.
(Der Dynamo wird später befestigt.)
Die rote Litze verbindest du
mit dem Pluspol des Gleichrichters,
die schwarze Litze mit dem Minuspol.
Achtung: Manchmal sind die Lötstellen
auf den Gleichrichtern unterschiedlich!
Die Kabel, die zum Dynamo führen,
müssen mindestens 1,50 m lang sein.
Sie sollen vom Lenker bis zu Dynamo führen.

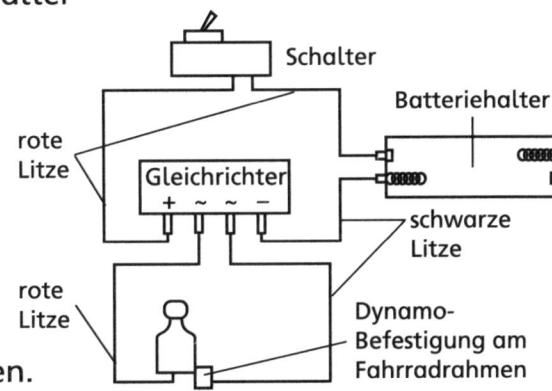

2. Bohre in das Kunststoffgehäuse
ein Loch für den Schalter,
eines für die Kabel, die nach außen führen,
und zwei Löcher für die Befestigung am Lenker.
Achte auf die passende Größe der Löcher.

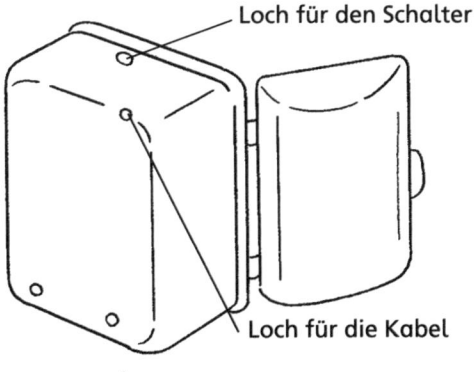

3. Schiebe den Schalterkopf vorsichtig
durch das Loch und schraube ihn
mit der Mutter fest.
Achte auf die Schalterstellung
und beschrifte das Gehäuse
richtig mit „an" und „aus".

4. Befestige den Batteriehalter am Clip,
und klebe den Clip mit der Klebepistole
am Boden des Gehäuses fest.
Achte darauf, dass der Batteriehalter
oberhalb der Mitte des Gehäuses angebracht wird,
da unten noch Platz
für die Lenkerbefestigung bleiben muss.

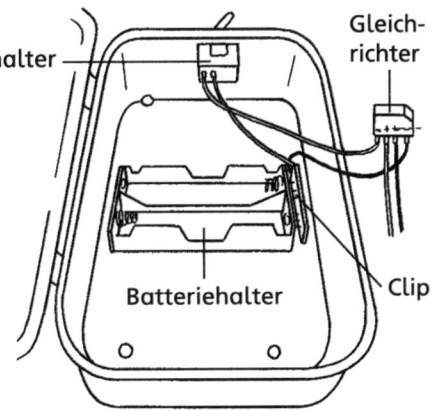